高职高专规划教材

浙江省精品课程配套教材

应用写作实务

第2版

主　编　朱利萍　斯静亚

副主编　方　梅　樊旭敏　马小敏

参　编　康粟丰　裘文意　慕　威

机 械 工 业 出 版 社

本教材以文种为主干、以案例为核心，全书涉及的文种有 30 余种，案例 150 余个，其中部分是企事业单位的真实案例，具有很强的实践性。全书共七章，分别为：应用写作基础知识，信函文书写作技巧，公关礼仪文书写作技巧，契约文书写作技巧，策划研究文书写作技巧，总结调研文书写作技巧，公务文书写作技巧。

与目前市场上同类教材编写方法不同，本教材以写作技巧的前后关联为依据设计章节编排体例。在编写中力求写作知识介绍简约明了、案例规范新颖。同时，每章设有明确的应知、应会目标以及相应的实训鉴定题目，每章内容结构安排由浅入深、循序渐进，并附相关知识的拓展延伸，因此，本教材内容精练、实用性强，特别适合用作高职高专应用写作课程教材，也可作为秘书写作课程教材，同时，还适合其他院校学生、企业办公文秘人员以及社会各类学习应用写作的人员参考。

本教材还配有教学课件（详见前言）。

图书在版编目（CIP）数据

应用写作实务 / 朱利萍，斯静亚主编. —2 版. —北京：机械工业出版社，2015.7（2017.7 重印）
高职高专规划教材
ISBN 978-7-111-50240-1

Ⅰ. ①应… Ⅱ. ①朱… ②斯… Ⅲ. ①汉语-应用文-写作-高等职业教育-教材 Ⅳ. ①H152.3

中国版本图书馆 CIP 数据核字（2015）第 101099 号

机械工业出版社（北京市百万庄大街 22 号 邮政编码 100037）
策划编辑：孔文梅 责任编辑：孔文梅
版式设计：赵颖喆 责任校对：孙丽萍
封面设计：鞠 杨 责任印制：李 洋
北京振兴源印务有限公司印刷
2017 年 7 月第 2 版 · 第 3 次印刷
184mm×260mm · 16.75 印张 · 410 千字
6001—8500 册
标准书号：ISBN 978-7-111-50240-1
定价：39.80 元

凡购本书，如有缺页、倒页、脱页，由本社发行部调换

电话服务
服务咨询热线：010-88379833
读者购书热线：010-88379649

网络服务
机 工 官 网：www.cmpbook.com
机 工 官 博：weibo.com/cmp1952
教育服务网：www.cmpedu.com
金 书 网：www.golden-book.com

前言

近几年来，随着高等职业技术教育的迅速发展，人们对高职教育培养“适应生产、建设、管理、服务第一线需要的高素质技术技能型专门人才”的目的更加明确，对“技术技能型人才”的办学目标定位更加坚定。各课程逐渐从传统的“知识本位”的禁锢中走出来，走向“能力本位”。

本教材是浙江省精品课程应用写作课程的配套教材（精品课程网址：http://wlkc.zjtie.edu.cn/jpkc/C22/index.htm），作者在编写过程中十分强调以学生未来的职业岗位和生活为切入点，以学生职业能力和综合素质为中心设计教材内容和体例。在文种选择上突破传统思维模式，以相关能力前后的关联性为线索，以学生学习从易到难的规律构建教学模块；在体例编排上突出了应知目标，应会目标，情景导入，必备知识，能力技巧，案例评析，相关能力拓展，应知、应会目标鉴定等特色；在内容安排上强调理论知识的必需、够用，突出案例和实训；形式上力求生动、活泼。

本教材第 1 版自 2010 年出版以来，深受师生欢迎，先后印刷了 6 次。第 2 版在保留原有特色的基础上，更新了案例和部分内容。其中重点依据 2012 年 4 月中共中央办公厅与国务院办公厅发布的《党政机关公文处理工作条例》（中办发〔2012〕14 号），对第七章公务文书写作技巧进行了较大幅度的调整，使其内容更新、更规范，语言更精练。

本书由朱利萍、斯静亚老师任主编，负责拟订大纲、编写体例并统稿。各章的编写人员有：朱利萍（第一章）、斯静亚（第二章）、樊旭敏（第三章）、方梅（第四章）、斯静亚（第五章）、马小敏（第六章）、朱利萍（第七章）。康粟丰、裘文意、慕威在第一版中参与了编写。书中的缺点与不足，敬望专家与广大读者批评、指正。

本教材配有辅导教学的电子课件，凡选用本书作为教材的教师均可索取。请登录机械工业出版社教材服务网 www.cmpedu.com 下载，或发送电子邮件至 cmpgaozhi@sina.com。咨询电话：010-88379375，QQ：945379158。

在编写过程中，编者参考了一些文献资料，在此对原作者一并致谢。

编　者

目　录

第一章

应用写作基础知识

应知目标

- 了解应用写作基础知识以及它与文学写作的区别，熟悉应用写作的特点。
- 理解应用写作的主题要求。
- 理解应用写作的材料要求。
- 理解应用写作的结构要求。
- 理解应用写作的语言要求。

应会目标

- 正确理解应用写作知识，并运用于写作实践中。
- 会写作主题明确的应用文。
- 能选择真实、典型、突现主题的材料进行应用文写作。
- 能够在具体应用写作中合理安排材料。
- 能在应用写作中选择合理的表达方式，熟练运用书面语言，正确把握应用文语体风格。

第一节　应用写作概述

情景导入

陈婷是浙江经济职业技术学院行政管理专业毕业生，2012 年，她被上虞市恒盾伞业有限公司录用，分配在总经理办公室内勤岗位工作，主要从事办公室日常事务管理、公司的商务接待、会议管理和后勤服务等工作。陈婷十分珍惜这一工作机会，勤勤恳恳，赢得了领导同事的一致好评。一年后，公司安排陈婷担任专职秘书，主要负责公司文书的写作与处理。

担任专职秘书，对陈婷来说是一次良好的发展机遇，更是一次挑战。在大学期间，陈婷专门学习过“应用写作”课程，对常用文书的写作与处理有所了解。她认识到，要做好秘书工作必须对应用文写作的特点有清楚的认知，熟练掌握应用写作对主题的要求，学会合理选择和安排材料，选择合理的表达方式，正确把握应用写作的语体风格。

必备知识

一、应用文的起源、含义及作用

（一）应用文的起源

应用文的起源可以追溯到殷商社会晚期，距今 3 000 多年前，殷墟出土的甲骨卜辞，商周时期的钟鼎文，《周易》中的卦、爻辞等，都是应用文的原始形态。如果说，神话是中国文学的“祖先”，那么甲骨文则是应用文的“祖先”了。

“应用文”一词，最早出现于宋代，但当时并没有把应用文作为专用的文体概念。清代学者刘熙载在其《艺概·文概》中使用了“应用文”这一术语。后来，徐望之在《尺牍通论》中对应用文包含的文种做出了界定。20 世纪 20 年代以后，陈子展的《应用文作法讲话》（1931 年）是应用文著作中有代表性的一部，他从社会上经常使用的文体中，选出公牍文、电报文、书启文、庆吊文、联语文、契据文、广告文、规章文、题署文等 9 种。新中国成立后，“应用文”这一概念被广泛使用。

（二）应用文的含义

对应用文的含义，1979 年上海辞书出版社出版的《辞海》的解释是：应用文是人们在日常生活、工作和学习中所应用的简易通俗文字，包括书信、公文、契约、启事、条据等。定义很简单，但没能概括出应用文的本质特征，仅仅指出应用文的“简易通俗”，这只是应用文的一个方面，而不是全部特征。

目前，我国对应用文含义比较一致的界定是：应用文是国家机关、企事业单位、社会团体和人民群众在日常生活、学习与工作中，处理公务或个人事务时，用于交流情况、沟通信息所使用的具有某种惯用格式和直接实用价值的一种书面交际工具。

这个定义规定了应用文的本质特征，使它明显区别于其他文体，又涵盖了应用文的基本特性。

（三）应用文的作用

应用文的使用非常广泛，几乎涉及各个领域、各个部门、各个阶层以及每个个人。比如，科研单位的人员，需要用学术论文；政府机关指导工作，需要用公文；工商企业经营，需要用合同、商务信函等；打官司，需要用诉状……相对于其他文体来说，应用文的使用频率要高得多。许多人可以一辈子不写小说、剧本、诗歌和散文，但在工作、生活与学习中却免不了要写应用文，小到写请假条、借条，大到计划、总结、论文或经济报告等。教育家叶圣陶先生指出：“大学毕业生不一定能写小说诗歌，但是一定要能写工作和学习中实用的文章，而且非写得既通顺又扎实不可。”

二、应用写作与文学写作的联系与区别

应用写作与文学写作有着密切的联系，有共性，也有个性。共性是它们都是对客观事物的反映，都要谋篇布局、用词造句、使用标点符号，讲究条理性、逻辑性，同样使用叙述、说明、议论等表达方式，同样要求准确、鲜明、生动的文风。但二者存在着较

大的区别：

一是在基本的思维形式方面，文学写作属形象思维的范畴，应用写作属逻辑思维的范畴；二是在反映生活方面，文学写作可以在真实生活的基础上虚构，应用写作必须反映生活的本来面目；三是在社会功用方面，文学写作为人们提供精神食粮，强调艺术性，应用写作是为解决实际问题而撰写的，强调实用性；四是在表现形式方面，文学写作强调个性化和独创性，应用写作强调的是程式化和规约性；五是在语言表达方面，文学写作追求的是艺术美，应用写作追求的是实用美。

案例评析

【案例一】

春之针缕（节选）

张晓风

春天的衫子有许多美丽的花为锦绣，有许多奇异的香气为熏炉，但真正缝纫春天的，仍是那一针一缕最质朴的棉线——初生的禾田，经冬的麦子，无处不生的草，无时不吹风的，风中偶起的鹭鸶，鹭鸶足下恣意黄着的菜花，菜花丛中扑朔迷离的黄蝶。

跟人一样，有的花是有名的，有价的，有谱可查的，但有的没有，那些没有品秩的花却纺织了真正的春天。赏春的人常去看盛名的花，但真正的行家却宁可细察春衫的针缕。

乍酱草常是以一种倾销的姿态推出那些小小的紫晶酒盅，但从来不粗制滥造。有一种菲薄的小黄花凛凛然地开着，到晚春时也加入抛散白絮的行列，很负责地制造暮春时节该有的凄迷。还有一种小草莓的花，白得几乎像梨花——让人不由得心情矛盾起来，因为不知道该祈祷留它为一朵小白花，或化它为一盏红草莓。小草莓包括多少神迹啊。如何棕黑色的泥土竟长出灰褐色的枝子，如何灰褐色的枝子会溢出深绿色的叶子，如何深绿色的叶间会沁出珠白的花朵，又如何珠白的花朵已锤炼为一块碧涩的祖母绿，而那颗祖母绿又如何终于兑换成浑圆甜蜜的红宝石。

春天拥有许多不知名的树，不知名的花草，春天在不知名的针缕中完成无以名之的美丽。

【案例二】

经济管理学院工会关于组织教职工春游活动的通知

各工会小组：

为丰富教职工业余生活，学院工会决定组织教职工春游活动。经征求各工会小组意见，旅游线路分为：巴比松度假 2 日游和白水涧 1 日游。现将有关事宜通知如下。

一、活动内容与时间

巴比松度假 2 日游：2015 年 4 月 25—26 日（周六、日）两天。

白水涧 1 日游：2015 年 5 月 10 日（周日）一天。

具体线路安排及费用（预算）见附件 1、2。

二、活动报名相关事项

（一）按照自愿的原则，每位教职工可选择其中的一条线路。

（二）每位教职工在4月12日前向各工会小组长处报名。各工会小组长在4月12日下午下班(16点)前将报名情况汇总表(附件3)报吴霞凤老师处：电子邮件：email: wxf@zstu.edu.cn。

（三）若带家属，报名时请先预交全部费用，2日游500元/人，1日游220元，活动结束后进行结算，多退少补（符合免门票条件的儿童除外）。

特别提醒：家属报名后又无法参加活动者（2日游在4月15日、1日游在5月2日之后退报的），在预交费用中扣除车费、保险费等相关费用后退还余下款项。

三、请各工会小组组织好本部门教职工报名，并通知参加活动的教职工提前安排好自己的生活和工作，准时参加活动。

经济管理学院工会

2015年4月2日

【评析】上述两个案例，前一篇运用文艺语体，生动形象地描写了春天的神奇之美。后一篇是有关春游的通知，文风朴实简约。两个案例行文风格迥异，写作样式也完全不一样：一篇带有文学色彩，一篇是应用文书。

第二节　应用写作主题的确立

情景导入

上虞市恒盾伞业有限公司是一家专门生产各类实用晴雨伞、工艺伞的企业，今年他们开发了融入中国传统文化元素的新产品：青花瓷系列的太阳伞，为打开销路，需要做广告宣传，广告文案的写作任务落到了陈婷肩上。

陈婷记得应用写作老师讲过，广告文案最主要的是要抓住特点，有创意，突出主题。如何围绕“青花瓷”主题，设计出创意独特的广告文案呢？陈婷陷入了沉思。

必备知识

一、应用文主题的特点

应用文的主题就是解决问题的方法、建议，主要有以下特点：

（一）主题先行

文学作品的主题是从生活中、从已获取的材料中提炼出来的，往往反对主题先行。而应用文往往是在写作之前先确立主题，所谓“意在笔先”。因为应用写作是一种被动写作，是应解决问题的需要而动笔，写作的过程更是确切地体现主题。如《浙江省物产集团公司与浙江经济职业技术学院产学研结合实施意见》一文就是为推动校企产学研结合而写的，用于指导这项工作有序规范地开展，写作之前明确了主题。

（二）主题单一

文学作品的主题一般具有其复杂性，对主题的理解更呈多元化，所谓“一千个人心目中有一千个哈姆雷特”。而应用文的主题则必须单一、明确，读者对主题的理解不允许多元，这样才有利于统一认识，更有利于问题的解决。

（三）主题鲜明

文学作品的主题要求含蓄、曲折，令人回味。而应用文要求直截了当地点明主题，表明态度，提出解决问题的措施和办法，对文章所涉及的各类问题，必须有明确的观点立场，应该怎么做，解决什么问题，达到什么目的，都要明确地表达出来。

因此，应用文对主题的要求是：单一、集中、鲜明。

二、应用写作主题的表现方法

应用写作主题的表达要做到明确、显露。那么怎么才能做到主题从文章中显露出来呢？一般有以下几种表现方式：

（一）标题显旨

这种方式是在文章的标题中直接点明主题。如《三季度物价水平再次转降，出口增速趋于稳定》，这篇经济活动分析报告的标题就直接点明了主题，让人一看就大致明白了文章的主要内容，主题十分鲜明。几乎所有的公务文书写作都采用标题显旨的方法。

（二）开头点旨

这种方式是在文章的开头或每一段落的开头用简短的语句陈述主题，使主题凸现出来。如入党申请书的开头往往用“我申请加入中国共产党”一句开门见山，亮出主题；再如调查报告《靠名牌赢得市场—— 关于深圳市飞亚达（集团）股份有限公司的调查》一文在“启示：现代企业必须重视实施名牌战略”的小标题下，分三段来阐述这一问题，在每段开头用段首句点明主旨。第一段的段首句：实施名牌战略是提高产品质量、提升企业品味的内在要求。第二段的段首句：实施名牌战略是企业参与市场竞争尤其是国际市场竞争的客观需要。第三段的段首句：实施名牌战略是增强国家经济实力的重要手段。在这三句主题句的提示下，每段的中心就十分明了了。

（三）结尾点旨

这种方式是在文章的结尾之处点明文章主题。如中华人民共和国商务部综合司《中国对外贸易形势分析报告》一文就是采用这一方法结尾：“总体上看，2013 年中国外贸发展具有许多有利条件，世界经济缓慢复苏特别是新兴经济体较快增长将带来更大的需求空间，但也面临许多不确定因素，存在不少困难和问题。综合考虑各种因素，预计 2013 年中国对外贸易将继续平稳发展，但增速比去年可能略有回落；在国内需求不断增加、扩大进口政策支持和国际市场大宗商品价格上涨等因素共同作用下，进口增长有望继续快于出口，贸易平衡状况将进一步改善。”这一结尾清楚地显示了主题。

三、应用文主题的作用

主题是一篇应用文的灵魂。主题决定文种的选用、决定材料的选取、决定结构的安排、决定表达方式的选用。

案例评析

改　变（有删节）

——在杭州电子科技大学 2013 年开学典礼上的讲话

薛安克

亲爱的 2013 级同学们：大家好！

今天，你们用十多年的寒窗苦读，实现了自己的华丽转身，也赢得了杭电为你们转身。欢迎你们，新杭电人！

同学们，你们是第一届乘着地铁来报到的杭电人。钱塘江的磅礴，西湖的秀美，杭州的繁华，瞬间穿越。

从严管的中学到开放的大学；从父母给零花钱到有自己的银行卡。你们自由了，潇洒了。

从一节课学不了一页，到一口气学 20 多页；从老师整天围着你转，到你要主动找老师。你们独立了，自主了。

从整齐刻板的校服，到个性时尚的形象；从一心为高考的单调生活，到诗情画意的浪漫世界。你们丰富了，精彩了。

我想，有些变化你们已经体会到了，你们还将体会到更多的变化。变是唯一的不变，世界永远处于变化之中。“适者生存，变者发展”。找到正确的方向，改变让我们更美好！

今天，老薛想与诸位谈谈改变。

请改变你对大学的认知。中学老师说，大学是炼狱后的天堂。招生广告说，大学是就业的保险箱。偶像剧说，大学是校花、校草的俱乐部。我也曾经听到一些中学生们互相鼓励：现在学得很苦，到大学就轻松了。

我理解这些流行看法对你们的影响。我当然也了解，功利化的教育让你们的青春不堪重负，渴望“高中苦三年，大学玩四年”。尽管中学让你们苦不堪言，但是大学绝不是你们的“疗伤胜地”。不然，你们会伤得更重。

同学们，大学不是终点站，而是加油站；不是游乐园，而是梦工厂；不是象牙塔，而是微社会。大学是大学问、大智慧、大世界，读大学是做人、做事、做学问。大学是人生的重要旅程，是你奋斗的地方。请诸位记住，大学教育不仅仅是为了知识和求职，而是为了你们更有尊严地生活！

请改变你的学习。大学的学习具有系统性、综合性和广博性。人文与科学、历史与当代、东方与西方、理论与实践、继承与创新、演绎与归纳、论证与实验融会贯通，才是学之大者。

任何一门专业都离不开其他专业的支撑和启迪。比如，你是学工程的，要有精湛的科学和技术的功底；还要有经济的头脑，懂得计算成本和收益；更要有人文情怀、社会责任感以及对大自然的敬畏。

请改变你的习惯。当下流行“宅居”，但我希望你们改变“宅”的习惯。虚拟世界固然吸引人，但你终究是现实中的人；“英雄联盟”里战斗力再强，也无法兑换成真实世界的成就感。更可怕的是，过分的宅居可能让你退化成自我封闭、惧怕交流的“宅男宅女”。让我们投身多彩多姿的校园生活，到体育馆、运动场去，到图书馆、实验室去，到琴房、剧院去。让我们亲近大自然，到宝石山、北高峰去，到西湖、西溪去。让健康拥抱你，让精彩妒忌你！

当下流行“刷屏”，但我希望你们改变“微阅读”的习惯，养成“悦读”的习惯——愉悦的读书。虽然手机屏、电脑屏、电视屏极大地满足了我们的感官，却淹没了我们的深刻。

当下流行“摇一摇”，但我希望你们改变网络交友的习惯，养成“face to face”的交流习惯。靠“摇一摇”找到的“小伙伴”毕竟不太靠谱，靠“非诚勿扰”找到终身伴侣概率也太小。我们学校有近3万名同学，整个下沙大学城有近30万师生。在这里，你们可与不同专业、不同性格、不同爱好的人交往。从而不断提升交流、沟通、合作的空间和能力。

请改变你对未来的定位。同学们，你们来大学的目的是什么？获得一张毕业证、一份工作，还是为成就人生打好基础？不管你们的目的是什么，我都想告诉你们，如果仅仅为就业而学习，面对巨大的就业压力，你会陷入迷茫；为择业而学习，你会有清晰的目标；为创业而学习，你会有无限的动力。因此，请同学们认真思考改变你对未来的定位。

电影《中国合伙人》中有句话讲得挺好，“最大的骗子其实是我们自己，因为我们总是想改变别人，而拒绝改变自己”。同学们，与其被动改变不如主动求变。当然，我也要请你们注意，不变的是我们永恒的善良、爱心、正直，还有我们无限的激情、梦想、执着。

同学们，我们的今天取决于过去的改变，我们的明天取决于今天的改变！

亲爱的各位新同学，改变是自信、自立、自强、成功的开始！

请从我做起，从当下做起。在改变中成熟！在改变中成才！在改变中成功！

改变自己，改变别人，从而改变世界！

谢谢大家！

【评析】此文是杭州电子科大校长薛安克在2013年开学典礼上的讲话，全文围绕“改变”这一主题，切合大学新生面临的学习、生活等实际问题，没有居高临下的说教，而是娓娓道来，材料的选择、热情洋溢的语言风格等无不体现为主题服务的宗旨。

第三节 应用写作材料的运用

情景导入

今年一季度，上虞市恒盾伞业有限公司取得了良好的工作业绩，但由于国内外整体经济形势的影响，出口业务等板块出现了滞缓现象。陈婷接到总经办主任交给的任务，起草一篇公司第一季度经营情况分析报告，为领导下一步的决策提供参考和建议。

陈婷通过分析，认为自己在办公室工作，很少深入业务一线了解情况，写作经营情况分析报告，难度很大。她决定先向各经营部门搜集材料，再查阅各部门的月份和季度报表，再找出去年同期经营业绩情况进行比较分析。

必备知识

一、应用文材料的特点

应用写作对材料是十分依赖的，常言道“巧妇难为无米之炊”，为了表现主题，需要收集一系列材料，或综合或舍取地运用到文章的写作之中，使主题真实、立体地体现出来。应用文材料的使用除了与文学作品有共通之处外，更多地体现了自身的特点：

（一）真实性

应用文在材料的选用过程中不得改变材料本身的性质，必须保持材料的真实性，对材料的时间、地点、数据、事实过程及结果都不能任意改动，否则就会使材料本身的价值发生变异，导致歪曲事实的真相、弄虚作假的后果，不仅不能解决问题，反而于事无补。应用写作不仅对搜集到的材料要反复核实，在材料的解释上，也要有科学的态度，实事求是。

（二）新颖性

应用写作是为了解决现实问题而作的即时之作，其主要的材料必须选取能反映现实的新颖材料，必须是围绕要解决的问题而存在的新鲜事实和最新的数据材料。

（三）典型性

所谓典型性是指那些最能支持主题和说明问题的材料。典型材料可以是一个具体的事例、一些有说服力的数据和一些带有普遍性的现象。

二、应用写作材料的选取

应用文材料主要通过直接和间接两种方法获取。

（一）直接材料的获取

1. 在实践之中积累材料。在自身及周围同事的工作实践中获取有价值的事件及数据。

2. 在观察中掌握材料。对要分析的对象做全面、系统、动态的观察，以获取真实、广泛、完整的材料。

3. 在调查中拓展材料。采用合适的调查方法向有关人士了解情况，做一些调查，获取材料上的补充。尤其是市场调查报告、市场预测报告等经济类的应用文，调查是必不可少的步骤。

（二）间接材料的获取

通过查阅文献资料获取材料。从有关文件、正式出版物、企事业单位的资料以及网络中获取材料。

三、应用写作材料的正确使用

（一）材料的主次详略

应用写作对材料的加工整理，是为了突出文章的主题，加强表达效果。处理材料要分清主次、详略得当。一般来说，突出事件特征的主要材料要详写，一般材料可略写；处于主体地位的材料详写，处于从属地位、过渡的材料略写；读者不熟悉的材料详写，熟悉的略写；材料之间角度相异的详写，角度相同的略写。

（二）材料的先后逻辑

应用写作要根据主题的需要，按照一定的组织形式，安排材料的先后顺序。在安排顺序时要考虑材料的主次、时间的先后、材料间的逻辑顺序、人们认识事物的规律、事物发展的过程等因素。

（三）数据材料的规范

数据材料是应用文写作中十分重要的材料，数字有时比文字材料更具体、准确，更能说明问题。尤其是财经类应用文，如预算报告、决算报告、经济活动分析报告等主要靠数据说明问题。运用数据材料必须做到真实、准确，可适当地使用统计图表，以便一目了然地说明情况；要对统计数据进行分析论证，以便更好地为主题服务。

案例评析

2013 年是××公司开拓进取、稳健发展的一年，也是深化改革、积极调整的一年。一年来，公司在省总公司和董事会的领导下，按照总公司“能上则上、优化协调”的经营方针和“强基础、上水平、求卓越”的总体要求，围绕年初制定的工作计划，针对较为不利的外部环境，审时度势、顺势而为，齐心协力、迎难而上，取得了良好的经营业绩，完成了股东会、董事会确定的资产保值增值目标，经营规模在国内机电汽车流通行业中继续保持领先地位。

据统计，2013 年我公司实现销售 113.3 亿元，同比增长 3.6%；进出口总额 9 215.8 万美元，同比增长 5%；实现利润总额 1.5 亿元，同比增长 20.8%；上缴税金 9.6 亿元，同比增长 2.45%。公司销售利润率 1.68%，净资产收益率 17.92%。销售汽车 60 353 辆、摩托车 65 133 辆，分别比上年增长 7.6%、12.9%；销售钢材 15.1 万吨，同比增长 9.1%；实现期货代理交易额 910.1 亿元，同比增长 42.5%。

【评析】这是××公司 2013 年度工作总结的开头，短短的两段文字将公司的经营方针，取得的总体成绩展现出来。尤其是第二段的数据材料，较直观地体现了公司良好的经营业绩和各大主营业务板块取得的成绩和增长幅度。

第四节　应用写作结构的安排

情景导入

经过一个星期紧张的工作，陈婷搜集到了丰富的材料。各经营部门第一季度的经营情况总结都上交了，各部门的月份和季度报表也熟悉了，去年同期经营业绩情况分析材料也仔细地研读过了，同时，通过调研，陈婷还获得了一些典型案例。但面对庞大的材料，要整理一篇思路清晰、逻辑严密、简洁明了的经营活动分析报告，对陈婷来说实属不易。

思考：陈婷该按照怎样的逻辑顺序来安排结构呢？标题、开头、主体结构安排、结尾等都需要陈婷仔细琢磨。

必备知识

一、应用文结构的特点

（一）直接性

应用文对结构的要求和文学作品有明显不同。文学作品讲究波澜起伏、跌宕曲折，以“曲”

为美，应用文书要求开门见山、直截了当地点明主题，以“直”为佳。

（二）规约性

应用文经过长期写作实践，逐渐形成较固定的写作结构，以适应实际工作需要，使写作更快速，阅读更便捷，办事效率更高。特别是公务文书，其行文规则由中共中央办公厅和国务院办公厅下文作明确的规定，格式更规范，结构更固定。

（三）条理性

应用写作要求有严密的思路，表现在结构上，要求清晰有条理。在写作中要根据主题的需要安排好结构。应用写作结构安排还需适应不同文体的要求。如写合同就需要将合同的条款按标的、数量和质量、价款或酬金、履行期限、履行地点和履行方式、违约责任等内容分条列项地写清楚；写请示要按请示理由、请示事项、请求批准或指示的结束语的顺序安排结构。

二、常见的应用文结构模式

（一）单段式

内容少而单一，不便分开时，往往采用一段文字来表达，如写在商品外包装上的说明文。简单的日常应用文书，如介绍信、证明信等，也常用一段文字来进行写作。

（二）两段式

正文内容用两个自然段来表达。如转发、发布性公文中，将发布或转发的文件名和发文意见列为一段，执行要求另为一段。

（三）三段式

这是短篇应用文比较规范的常用模式。正文把写作目的缘由、写作事项、结尾分为三段来写。

（四）多段式

用于内容较多，篇幅较长的应用文。一般开头概述基本情况，说明原因、目的、依据；主体部分分为若干部分，各部分分条列项；结尾单独成段。内容多、篇幅长的应用文，则用小标题将主体内容分为几个层次来写。

（五）条款式

用分条列项的形式安排结构。如规章制度、计划、合同等较多采用条款组织内容，给人以眉目清楚、排列有序的印象。

（六）表格式

表格式通常有以下两种形式：

1. 由企业事先印制好表格式的规范文本。如银行、厂矿、公司等单位或企事业单位管理部门事先印制表格，将有关内容分项列出，各项之后留下空白，让使用或合作单位和个人按规定填写。如申请专利、商标的文书，合同，税务征管文书，财务会计文书等，大都采用这种形式。

2. 企事业单位临时制作的表格式文书。一般是根据写作目的，将有关统计数据编制成表格。

三、应用写作结构的基本内容及写法

（一）标题

应用写作的标题，要求充分体现主题。与文学作品形式多样、灵活多变的标题明显的不同，应用文的标题通常有四种形式：

1．公文式标题。这类标题程式性强，表达直接而少变化，主要用于公文，如“关于进一步营造良好金融环境、支持金融发展的通知”。

2．论文式标题。这类标题或表达文章的观点和内容，或点明所论述范围。如“构筑大学生心理工程迫在眉睫”“人力资源会计的计量探析”等。

3．提问式标题。如“测谎仪真的能测出谎言吗”。

4．多行标题。主要有正题和副题的双行标题，其中正题更多地突出文章主题，副题则对正题起补充作用，常常说明文章的内容范围和文种，如“靠名牌赢得市场—— 关于深圳市飞亚达（集团）股份有限公司的调查”。也有一些应用文书有三行标题，即在主、副标题前再加上一个引题，主要用于新闻写作，如“广州再次禁行电动车惹争议（引题）地方政令违背国家法律（正题）一刀切又怎能做到政令顺通呢？（副题）”。

（二）开头

应用写作开头担负着统领全文、揭示主题的作用。一般要求开门见山，直接显露题意。常见的开头方式有：

1．概述式。这种方式要求用简明扼要的语言，围绕主题介绍有关情况或背景。总结、通报、报告、纪要、调查报告等文种常用此种开头方式。

2．说明依据式。开头引用上级指示精神或有关法律，常以“根据”“按照”“遵照”等词语领起下文。

3．陈述目的式。开头以简明的语言，直接说明写作的目的和意义，常用介词“为”“为了”等领起下文。

4．说明原因式。开头常用“由于”“鉴于”“因为”等词领起下文，也可以简述发文原因，再引出写作目的。

5．议论式。开头用议论的表达方法，表达作者的看法，提出观点。

6．提问式。先提出问题，然后引出下文。这种开头方式能引起读者的注意和思考。这种开头方式常见于调查报告、学术论文的写作。

（三）结尾

应用文的结尾讲究言尽意尽，不留“余味”，不添“蛇足”，更不能草率。常用的结尾方法有：

1．强调式。对文中提出的问题作强调说明，以引起重视。或用“特此报告”“特此通知”“特此函达”等结束语强调。

2．结论式。对文中的主要观点或问题，加以归纳总结或略作重申，以加深印象。

3．说明式。对与主体内容有关但性质不同的问题或事项作补充交代、说明，以保证内容的完整性，如公文结尾交代施行日期、执行范围、传达对象、与该文规定不符的原有规定如何处置等；论文结尾处说明尚未解决而应另作讨论的问题。

4．号召式。提出希望，发出号召，展望未来。如公文的通报、市场预测报告等常用这种结尾形式。

5．建议式。针对设定的施行目标、产生的问题提出意见和建议。调查报告中的情况调查、问题调查常用此法。

除了上述几种结尾方式，还有请求式、责令式、表态式等，在此不一一列举，有的则没有结尾，自然收尾。

案例评析

【案例一】

消费者对近20个行业消费环境不满意

食品存在问题　消费者难以放心消费

一、食品中的假冒伪劣屡禁不止

二、食品中短斤少两现象严重

三、包装食品使用不适当的促销手段

四、食品安全问题仍很突出

五、食品日常监督、管理和指导力度有待跟上

家装、建材市场混乱　健康、安全隐患多

一、建材市场虚假宣传，乱打乱贴“绿色”牌

二、建材产品认证不规范，以假乱真，坑害消费者

三、销售人员服务意识差

四、家装市场混乱，消费者不敢装修

金融、保险行业须强化规范服务

一、金融方面的问题

（一）银行卡合同文本中的个别条款需进一步明晰

（二）用卡环境欠理想

（三）信贷捆绑问题必须改变

（四）存款安全需加强

二、保险方面的问题

（一）保险格式合同令消费者费解，缺乏透明度

（二）保险公司对保险销售人员缺乏监督管理

（三）保险销售人员素质要提升，职业道德要加强

（四）适销对路的保险产品不多，保险产品难以适应消费者的需要

（五）保险行业售后服务跟不上

【案例二】

大学生购买盗版情况调查

一、大学生购买盗版的现状——牵挂你的人是我

二、原因剖析——乱花渐欲迷人眼

（一）正、盗版制品价格存在着巨大差距

（二）正、盗版制品的销售网络存在差距

（三）盗版制品在种类和引进速度上更胜一筹

（四）正版的质量未必令人满意

（五）对盗版制品打击不力

三、解决方法——你知道我在等你吗

（一）调低正版价格

（二）加强正版的吸引力

（三）加大宣传力度

（四）制定相应措施

四、未来展望——正版的未来不是梦

【评析】上述两个案例是两篇调查报告的结构提纲。两个案例采用不同的结构方式：案例一，各小标题之间是并列式的关系，各部分内部也采用并列结构，属典型的横式结构；案例二，总体采用层层递进的文章结构，在分析原因和解决办法时，又从并列的几个方面加以说明，属于纵横结合的结构方式。无论采用哪种结构方式，都是为了更好地体现文章主题。

第五节　应用写作语言的表达

情景导入

经过两天的奋笔疾书和反复修改，陈婷终于完成了公司一季度的经营情况分析报告的起草工作，交给总经办主任审核。总经办主任审核后，称赞陈婷的文稿思路清晰，材料充实，分析和建议都比较到位。但同时指出，语言表述上不够简练，尤其是存在着口语化的倾向，要求陈婷再修改完善。

思考：应用写作在语言上有什么特殊要求吗？陈婷该如何进一步做到语言精练，同时克服口语化的语言习惯呢？

必备知识

一、应用写作的表达方式

应用写作中常用的表达方式有叙述、说明、议论三种，而描写、抒情一般在广告、经济新闻等文体中偶尔使用。

（一）叙述

叙述是应用写作常用的一种表达方式。有的以叙述事实作立论的依据，如经济活动分析报告、调查报告、总结等；有的以叙述事实为依据进行决策和预测，如情况通报、市场预测报告等；有的对事实作如实反映和记载，如纪要、诉讼公文等。叙述在应用文写作中有如下几个特点：

1. 记事为主。应用文中的记事一般是概括性的事实材料，用来说明事理，提供依据材料，侧重点在叙事而非写人。

2．客观、真实。文学作品的叙述可作艺术加工，所述事件不必是客观存在的事实。应用文则不同，其所述事实，必须客观真实，不允许对事实夸大或缩小，更不能歪曲事实或主观臆造，否则就会导致决策失误，使经济活动混乱，使企业和消费者蒙受损失。

3．概括叙述。文学作品需通过叙述细节来塑造人物形象，展开故事情节。而应用写作则是通过叙述为文章得出正确结论作依据。如通报、报告、总结、调查报告等文章的叙述是为后面分析服务，通过概述事实的主干，而不需要对具体情节进行描写。

4．多用顺叙。为使应用文条理清晰，让读者掌握、理解所述的客观事实，在文章中常常使用顺叙。在叙述时有的按照时间顺序，有的以事件发展的顺序，有的按人们认识事物的客观过程来叙述，这样叙述能使较复杂的事实头绪清晰，一目了然。

（二）说明

说明在应用文中常常与叙述相结合，起到对客观事物真实介绍说明的作用。有很多文种都依赖这一表达方式，如说明书、报告、请示、经济活动分析、合同、自荐书等，都离不开说明。说明在应用写作中表现出以下几个特征：

1．客观、科学。通过说明真实、客观地反映事物的真实面貌、本质特征，这就要求说明须客观、科学、严肃。

2．数字说明。说明不但要客观真实，而且要做到准确无误，用数字进行说明就能起到这样的作用。因此在应用文写作中就少不了数字说明，特别是需要反映量的变化时，数字的作用就尤为突出。

3．平实说明。在说明方法使用的过程中，常常使用数字说明、比较说明、定义说明和分类说明等平实的说明方法，而不用比喻、拟人等描写说明。

（三）议论

应用写作常常用议论的方式进行评论、分析，探寻事物发展的规律，阐述主题。其议论有以下几个特点：

1．数据、材料作依据。与议论文的议论不同，应用文中议论不是靠言论的雄辩，而是需要无可辩驳的事实材料和数据为依据，正可谓“事实胜于雄辩”。

2．说明、叙述相结合。夹叙夹议、说议结合，是应用文中的议论特点。应用写作往往不单独进行完整的议论，而是依赖于所叙述的事实和说明的现象，在事实和现象的基础上进行议论。

二、应用写作语言的运用

（一）应用文语言的特点

应用文的语言与文学创作的语言有较大的差别，其主要特点是：

1．程式化。程式化的语言是写作实践的产物，是应用写作实践中常用的习惯用语，这种语言已经约定俗成，得到广泛的认可和共识。程式化的语言根据功用不同，可大致分为下列几个方面：

开端用语：根据、查、兹、兹因、兹有、为了、关于、按照、前接、近查等。

称谓用语：第一人称——本、我；第二人称——贵（平级）、你（上下级）；第三人称——该、其。

经办用语：业经、前经、即经、兹经等。

引叙用语：悉、近悉、惊悉、前接、近接等。

期请用语：即请查照、希即遵照、希、希予、请、拟请、恳请、务求、务求等。

表态用语：照办、同意、可行、不宜、不可、不同意、遵照执行等。

征询用语：当否、可否、妥否、是否可行、是否妥当、可否同意等。

期复用语：请批示、请批复、请批准、请函告、请告之、请函复等。

结尾用语：为要、为盼、为荷、特此函达、特此通知、专此报告、特此函复等。

2．书面化。应用文的写作性质决定其语言风格须简明、规范、严肃，而书面语能较好地达到这一语言要求，因而应用文语言大多采用庄重的书面语进行书写。

（二）应用写作语言的要求

1．朴实、简洁。应用写作语言要求准确无误，朴实无华，简洁有力，不像有些文学作品用华丽多彩的语言去描摹事物，呈现事物的形象，而是提倡朴素美、简洁美。

2．严谨、有分寸。应用文语言表达是否严谨、有分寸，关系到对问题的判断、处理是否合理、准确。

3．规范、准确。应用文语言一定要表意清晰，使用规范、准确，尤其是数据语言一般要遵守《出版物上数字用法的规定》。在日常运用中应做到以下几点：

（1）在同一篇文章中序数数字的体例要统一，不能体例混杂。如“农历初一至初 7 放假”一句，前后数字体例书写不规范，需统一书写。同时分数与小数的体例也必须统一。如“该县企业所得税收入完成 95.6 万元，比去年增长百分之十三”也出现了混写的错误。

（2）表示公元世纪、年代、年、月、日、时刻均需使用阿拉伯数字，而星期则用汉字。如“21 世纪”“90 年代”“星期五”等。

（3）邻近两个数字并列表示概数时，应该用汉字书写，数字与数字之间不能用顿号将其隔开。如“3、4 天”应写成“三四天”，“七、八种”的“七”和“八”之间不能用顿号隔开。

（4）结构层次的数字依次为：一、（一）　1.（1）。

案例评析

报蜂蜡实盘

敬启者：

七月一日函悉。兹按贵社要求报盘如下：

一级蜂蜡 20 吨，每吨 3 100 美元 CIF 大阪，外层麻袋、内垫塑料袋包装，每袋 50 公斤、以毛作净，十月份交货，以保兑现的、不可撤销的、凭即期汇票付款的信用证支付，信用证须在交货期前 30 天开立。

本报盘以七月三十日前复到我处有效（以我地我方时间为准）。

顺颂

商安

【评析】这是一则商务信函，关系到商务往来过程中双方的经济利益，因此语言严密，措辞严谨；采用规范的书面语言，庄重得体。这种语言风格与我们平时的口头语言有很大区别。

相关能力拓展

应用文常用书面用语汇释

一、公文类

备查：供查考。备，准备提供的意思。
备考：书册、文件、表格中供参考的附录或附注。
存查：保存起来一备查考。
参照：参考并仿照。
定案：对方案、案件等所做的最后决定。
核准：审核后批准。
面洽：当面商量。洽，商量，接洽。
业已：已经。
业经：已经。
申明：郑重说明。申，申述，说明。
签发：由主管人审核后，签上名字，正式发出。签，书写名字。
签署：在重要文件上正式签字。署，题写名字。
纪要：记录要点的文字。
晋级：提升等级。
列席：参加会议，有发言权，无表决权。
鉴于：考虑到，察觉到。
就绪：事情安排妥当。就，趋于，归于；绪，条理。
颁布：公布、发布（命令、指示等）。
嘉奖：（上对下）赞许、奖励。
兹：这里；现在。
当否：是否合适。

二、法律类

起诉状：原告向法律提起诉讼的文书。

公诉：刑事诉讼的一种方式，由检察机关代表国家对认为确有犯罪行为、应负刑事责任的人向法院提起诉讼（区别于“自诉”）。

自诉：刑事诉讼的一种方式，由被害人自己向法院起诉（区别与“公诉”）。

上诉：当事人不服地方各级人民法院判决、裁定的，按法律规定程序，有权向上一级法院提起上诉。

申诉：当事人、法定代理人对已经发生法律效力的判决、裁定认为确有错误的，可以向原审人民法院或上级人民法院，提出重新审理的要求。但是，申诉不停止判决、裁定的执行。

取保：找保人。
反诉：在同一案件中，被告向原告提起诉讼。
副本：原稿以外的誊录本。
勘验：实地查看。

三、经济类

调拨：调动拨付（物质）。
托付：委托银行部门付给（钱款）；委托别人照料或办理。
托运：委托运输部门运送（行李、货物）。
债权：有权要求债务人按合同的约定或者依照法律的规定履行义务。
收讫：收清。（常刻成戳子，加盖在发票或其他单据上）。
索供：请求成交供货。
售罄：货物卖光。
打烊：晚上关门停止营业。
标的：合同当事人权利义务所指的对象，如货物、老务、工程项目等。

四、礼仪类

台鉴：你审阅的意思。台，对别人的敬称；鉴，审察的意思。
惠鉴：有劳你审阅的意思。惠，有求于人的敬辞。
雅鉴：请你指教、审阅的意思。雅，高尚不俗，对别人的敬誉之辞。
钧鉴：请你审阅的意思（对尊长或上级用）。
谨悉：谨慎地知道。悉，知道，了解。
台览：你审阅的意思。览，阅看。
已悉：已经知道了。
收悉：收到并知道了。
兹有：现在有。
兹对：现在对。
兹将：现在将。
顷接：刚才接到。
惠临：敬称对方到这里来。
届时：到时候。届，到。
莅临：到来，来临。莅，到。
为荷：甚为感谢。
谢忱：感谢的心意。
雅正：请对方指教，常用于书画题款上的客套话。
奉笺：接到来信的意思。
拟于：打算在。

本拟：本来打算。
拟订：起草制定。
就地：在原来的地方（不到别处）。
应予：应该给予。
不予：不给予。
径向：直接向。
径与：直接同。
均应：都应该。
查复：检查后再作答复。
查收：检查后收下。
查询：检查询问。
当即：当时立刻就。
洽商：接洽商谈。
庚即：接着直接。
洽妥：接洽妥当。
竭诚：竭尽忠诚，全心全意。
歉难：对方提出的要求难以满足，表示抱歉。
尚望：还希望。
孔殷：十分急切。孔，很，十分；殷，深厚。
疲软：商品销路不好，行情价格低落。
坚挺：商品销路好，很受人欢迎，行情价格上涨。
鉴宥：请求审察原谅。
函复：写信答复。
惠纳：承您照顾能接受。
诚盼：诚恳盼望。
台祺：您吉祥。
台安：您安好。
见谅：请原谅我。

本章小结

◎ 应用写作与文学写作在思维方式、反映生活、社会功用、表现形式、语言表达等方面均存在着区别。

◎ 应用写作主题要求：单一、集中、鲜明。

◎ 应用写作材料要求：真实、新颖、典型。

◎ 应用写作结构要求：直接、条理、规约。

◎ 应用写作语言要求：平实、准确、简明。

应知、应会目标鉴定

一、应知目标鉴定

1．正确解答应用写作与文学写作的区别。
2．正确判别应用文主题与文学作品主题的区别。
3．正确说出应用写作对材料的具体要求。
4．正确说出应用文常用开头方法、结尾方法和结构方式。
5．正确说出应用写作常用表达方式和语言要求。

二、应会目标鉴定

1．阅读下面的材料，完成练习：

（1）每段各用一句话概括段旨，填入段前括号中。

（2）用一句话概括整篇文章的主题，填入标题的括号中。

关于（　　　　　　　　　　　　）的意见（节选）

为贯彻党的十八大精神，落实中央扶贫开发工作会议要求和《中国农村扶贫开发纲要（2011—2020 年）》《国家中长期教育改革和发展规划纲要（2010—2020 年）》的战略部署，充分发挥教育在扶贫开发中的重要作用，培养经济社会发展需要的各级各类人才，促进集中连片特殊困难地区（以下简称片区）从根本上摆脱贫困，现就组织实施教育扶贫工程提出以下意见：

一、总体要求

（一）(　　　　　　　　)

以邓小平理论、“三个代表”重要思想、科学发展观为指导，落实国家扶贫攻坚总体部署，把教育扶贫作为扶贫攻坚的优先任务，以提高人民群众基本文化素质和劳动者技术技能为重点，推进教育强民、技能富民、就业安民，为全面建成小康社会奠定坚实基础。

（二）(　　　　　　　　)

按照党的十八大提出的基本公共服务均等化总体实现和进入人力资源强国行列的目标，加快教育发展和人力资源开发，到 2020 年使片区基本公共教育服务水平接近全国平均水平，教育对促进片区人民群众脱贫致富、扩大中等收入群体、促进区域经济社会发展和生态文明建设的作用得到充分发挥。

（　　　　　　　　　　　　）。到 2015 年，学前三年毛入园率达到 55%以上，少数民族双语地区基本普及学前一至两年双语教育，义务教育巩固率达到 90%以上，高中阶段毛入学率达到 80%以上，视力、听力、智力三类残疾儿童义务教育入学率达到 80%。到 2020 年，基本普及学前教育，义务教育水平进一步提高，基本普及视力、听力、智力三类残疾儿童义务教育，普及高中阶段教育，基础教育普及程度和办学质量有较大提升。

提高职业教育促进脱贫致富的能力。到2015年，初、高中毕业后新成长劳动力都能接受适应就业需求的职业教育和职业培训，力争使有培训需求的劳动者都能得到职业技能培训。到2020年，职业教育体系更加完善，教育培训就业衔接更加紧密，培养一大批新型农民和在二、三产业就业的技术技能人才。

(　　　　　　　　　　　)。通过调整优化高等学校空间布局和学科专业结构，改革人才培养模式，促进高等教育与当地经济、社会、科技发展和城镇化建设深度融合，使高等教育能为当地传统产业改造升级、新兴产业培育发展和基本公共服务提供有效的人才支撑和智力支持。通过多种途径，增加片区群众接受高等教育的机会。

提高继续教育服务劳动者就业创业能力。通过教育培训与当地公共服务、特色优势产业有效对接，大力提高就业创业水平。完善毕业生和接受培训人员就业服务政策，通过带技能转移、带技能进城、带技能就业，使转移劳动力在城镇多渠道、多形式、稳定就业。

（三）(　　　　　　　　)

一是以省为主，加强统筹。按照“省负总责、县抓落实、扶持到校、资助到生”的教育扶贫工作要求，省级人民政府对本行政区域内教育扶贫工程负总责，把教育扶贫纳入经济社会发展战略和总体规划，统筹各方面资源，加大教育扶贫工程的实施力度。

二是以人为本，尊重群众。围绕“人人受教育，个个有技能，家家能致富”的要求，着力解决群众最关心最直接最现实的问题，让广大人民群众真正得到看得见的实惠。工程实施的重大政策和关键环节要充分尊重群众意愿，做好政策解释和引导工作，确保工程有序稳步推进。

三是(　　　　　　　　)。针对制约贫困地区教育发展的瓶颈因素和关键领域，加大改革力度，着力破除制约发展的体制机制障碍，深化人才培养模式改革，调整培养结构，加快发展步伐。

四是(　　　　　　　　)。结合各个片区的实际情况，确定教育扶贫工程的重点任务和政策范围，做到“一区一策，一省一策”，不搞“一刀切”。根据各级各类教育的特点，实事求是确定规划目标，落实政策措施，科学组织实施。

五是规划引导，分步实施。加强与国家主体功能区规划、集中连片特困地区区域发展与扶贫攻坚规划相衔接，推动片区人口和劳动力通过教育向重点开发区和优化开发区转移。制定教育扶贫工程的实施方案和年度计划，明确重点，分步实施。

（四）(　　　　　　　　)

实施教育扶贫工程的范围为《中国农村扶贫开发纲要（2011—2020年）》所确定的连片特困扶贫攻坚地区，具体是：六盘山区、秦巴山区、武陵山区、乌蒙山区、滇桂黔石漠化区、滇西边境山区、大兴安岭南麓山区、燕山－太行山区、吕梁山区、大别山区、罗霄山区等区域的片区和已明确实施特殊政策的西藏、四省藏区、新疆南疆三地州。

2．请将下列材料按以下标准分类，并将其序号填在该类标题后的括号里。

（1）省政府各部门召开全省性的业务会议，原则上只开到市、地、州一级。

（2）部门业务工作需以省政府名义召开的或需市、地、州分管领导同志参加的全省性业务会议，除由省政府办公厅发开会通知外，其余会务组织工作，由主办会议的部门负责，会议经费由主办部门开支。

（3）部门召开的或以几个部门联合召开的全省性业务会议，须经分管副省长同意。

（4）可开可不开的会坚决不开，可合并召开的会议不要分别开。

（5）全省全局性的市长、州长、专员会议或县长会议由省政府直接召开。其会务组织工作，由省政府办公厅负责，会议经费由省政府办公厅承担。

（6）要尽量压缩会期，减少出席人员。会议工作人员不得超过会议人员的 10%。

（7）可开电话会议传达贯彻的工作就不要集中开会。

（8）省政府召开全省性的会议，由省政府常务会议研究决定。

（9）会议不得安排住高级宾馆，不准搞宴请，不准发纪念品，不得向下级转嫁会议经费负担，严禁以参观、学习为名搞公费旅游。

（10）上级一般业务性会议，已有正式文件的，可将文件翻印下达，结合实际情况制定贯彻措施下发执行，尽可能不层层开会传达。

（11）部门自行召开的全省性业务会议，其会务组织工作和经费概由部门负责承担。

（12）部门以省政府名义召开的全省性业务会议，应报经省长或常务副省长批准。

（13）要讲求实效，保证会议质量，会前认真做好调查研究，明确会议解决的主要问题，有争议的问题尽量在会前协商一致，以节约会议时间，提高议事的效率和质量。

第一类　大力精简会议：（　　　　　　　　　　　　）
第二类　明确责任分工：（　　　　　　　　　　　　）
第三类　严格审批制度：（　　　　　　　　　　　　）
第四类　切实改进会风：（　　　　　　　　　　　　）

3．指出下列开头所使用的方式。

（1）进一步促进资本市场健康发展，健全多层次资本市场体系，对于加快完善现代市场体系、拓宽企业和居民投融资渠道、优化资源配置、促进经济转型升级具有重要意义。20 多年来，我国资本市场快速发展，初步形成了涵盖股票、债券、期货的市场体系，为促进改革开放和经济社会发展做出了重要贡献。但总体上看，我国资本市场仍不成熟，一些体制机制性问题依然存在，新情况新问题不断出现。为深入贯彻党的十八大和十八届二中、三中全会精神，认真落实党中央和国务院的决策部署，实现资本市场健康发展，现提出以下意见。（　　　　　　　　）

（2）测谎仪真的能测谎吗？它到底是利用什么原理测谎的？在现代破案过程中到底发挥了怎样的作用？笔者展开了调查。（　　　　　　　　）

（3）根据《国务院关于建立职工医疗保险制度的决定》《浙江省推进城镇职工基本医疗保险制度改革的意见》和《国务院办公厅转发劳动保障部财政部关于实行国家公务员医疗补助意见的通知》精神，结合我省公务员医疗保障的实际，制定本实施意见。（　　　　　　　　）

4．从括号中选择合适的词，在下面画上横线。

（我局、我们）已请示（领导、上级），定（在、于）本月 15 日（开始、动手、动工）改建公路桥。改建期间，（这里、此地）禁止（走路、通行），（所有、一切、凡）来往行人、车辆，请（拐弯、绕道）而（走、行），特此（通知、通告、布告、公告）。

5．按照数字书写规范修改下列数字用法上的错误。

二十一世纪第 1 个十年代刚刚过去，我市国民经济安然度过了二○一○年。据统计，去年全市国民生产较上年增长百分之 14.5，增幅高于全国平均增幅六点七个百分点。

第二章

信函文书写作技巧

应知目标

- 熟悉信函文书的理论知识，了解日常信函、专业书信和商务信函等文体的不同种类，明确其在社会实践活动中的重要作用。
- 熟悉介绍信和证明信的写作要求。
- 熟悉自荐信、应聘信的写作要求。
- 理解商务信函的写作知识。

应会目标

- 会根据实际需要写作介绍信、证明信。
- 会结合自身实际制作毕业简历、写作自荐信和应聘信。
- 会根据具体情景写作常用商务信函。

第一节　证明信、介绍信的写作

情景导入

上虞市恒盾伞业有限公司为了培养更多的工艺大师，提升公司产品档次和质量，经研究决定，准备在浙江工艺美术职业学院设立培训点，开展定点培训，公司决定派总经理办公室副主任张磊前往联系，要求陈婷开具证明张磊身份的证明信或介绍信。陈婷随即开出了如下信件：

介　绍　信

浙江工艺美术职业学院：

兹介绍我公司总经理办公室副主任张磊等壹人，前往贵院联系开展定点培训相关事宜，望贵院予以接洽为盼。

此致

敬礼

上虞市恒盾伞业有限公司（章）

2014 年 9 月 16 日

（有效期叁天）

在人口流动不断加快的今天，出门联系工作、洽谈业务，往往离不了一封能证明你身份的证明信或介绍信。那么，我们该怎样写作证明信或介绍信呢？

必备知识

一、证明信的含义

证明信是单位或个人出具的用来证明某人的身份、经历或某事物的真实情况的专用书信，包括作为材料存入档案的证明信、证明某种情况属实的证明信、作为证件用的证明信三种。

二、介绍信的含义

介绍信是介绍本单位的人外出联系工作、洽谈事宜、参观学习或出席会议等而写的专用书信。持介绍信的人以此作为与对方单位联系工作的凭证。由于介绍信上一般还有持信人的职务、职称、政治面貌等，因此介绍信具有介绍和证明的双重作用。

三、介绍信与证明信的区别与联系

介绍信和证明信均具有证明功能。但证明信侧重于证明事实的真实情况，而介绍信除了证明身份外，更是与对方单位接洽工作的凭证。如某党员因临时外出学习、参加会议等需要证明党员身份，应开具党员证明信；而某党员因大学毕业或工作调动需要转移党员关系，则用党员介绍信作为党团关系从本单位转到对方单位的依据。另外，介绍信必须由单位开具，而证明信可以由单位开具，也可以以个人的名义出具。

能力技巧

一、证明信的写作技巧

（一）标题

标明专用书信的性质，在文首行的正中间书写“证明信”。

（二）行文对象

如果是外出办事只作身份证明，这一项目可以略去，如果是直接给某单位的证明材料，就必须标明单位名称，可根据具体情况而定。

（三）正文

写清楚证明的事项。如证明某人的工作经历，就应写明姓名、时间、在本单位工作时担任的职务、工作能力、业绩等。如证明某件事情的真实与否，须写清参加者的姓名、身份、在事件中的地位、作用和事件本身的前因后果。

（四）结尾

写明习惯用语“特此证明”“情况属实，特此证明”等。

（五）落款

写明证明单位名称并加盖公章、日期。个人的证明材料应写明证明人姓名、身份，并签字盖章。

二、介绍信的写作技巧

（一）标题

与证明信同，在文首行的正中间写上“介绍信”。

（二）行文对象

顶格写明要去办事的单位名称。

（三）正文

写明介绍信的主要内容。介绍前去办事者的姓名、同行者人数及接洽的事宜等，必要时介绍人物身份、职务。人数要大写。

（四）落款

写明单位名称，加盖公章、日期。

（五）有效期

介绍信的左下方应注明有效期限×天。同样，数字要大写。

案例评析

【案例一】

证　明　信

尊敬的签证官：

张健先生，男，身份证号码：330224××××10220022，自 1997 年起在我单位任职。现任人力资源部部长职位，年薪人民币 15 万元整。我们同意他在 11 月份参加为期一周的赴澳大利亚考察活动。我公司担保他（她）在活动结束后如期归国并继续在我公司任职。

特此证明

总经理：×××（签字）

杭州华城科技有限公司（盖章）

2015 年 3 月 16 日

【评析】此证明为出国签证的担保证明，要求写清出国者的个人信息、任职情况、收入情况及后续回国事宜，表述清楚，结构完整。

【案例二】

介　绍　信

杭州市永新商贸公司：

兹介绍王华等 3 人前往你处毕业实习 2 个月，请接洽。

2015 年 3 月 5 日

【案例三】

介　绍　信

杭州市小河街道：

根据中宣部、教育部、团中央统一部署，结合我校实际情况，兹介绍冯一兰同学到贵单位进行暑期社会调查或挂职（村委会主任助理、村支书助理、居委会主任助理或企业车间主任助理）锻炼，请大力支持为盼！

此致

敬礼

共青团浙江××大学委员会

2015 年 6 月 28 日

（有效期叁天）

【评析】相对于案例三的介绍信，案例二存在的问题较多：实习人的单位不明确，文中的数字没有大写，缺少祝颂语，缺少出具介绍信的单位名称及公章，缺少有效期，语言表达较生硬，是一封不合格的介绍信。案例三的介绍信各要素齐全，格式规范，内容完整，具备基本的介绍功能。

第二节　求职信的写作

情景导入

上虞市恒盾伞业有限公司业务发展越来越快，公司准备引进部分高素质技术技能型人才和管理人才，招聘启事发布以后，公司收到了一大摞的自荐信，公司从中挑选出思路清晰，内容具体，专业素质较高的人员参加面试。

在竞争激烈的社会，要想赢得就业机会或为自己寻找一个发展的空间，必须善于推荐自己，而求职信便是一种使用频率很高的自我推荐性应用文体。一封漂亮的求职信就像一位出色的使者，可以在你和用人单位见面之前，给人留下深刻的印象，从而增加你面试的机会。中华英才网上的调查显示：34%的参与调查的人事经理表示非常重视求职信，54%的人事经理表示将求职信作为重要参考。所以，在你即将走上工作岗位的时候，必须精心设计求职信。

必备知识

一、求职信的含义

求职信是向用人单位自荐、谋求职位的书信。它分为自荐信和应聘信两种。

自荐信是比较系统地介绍自己的才识、专长和经历，进行自我推荐的专用书信。一般用于人才招聘会上向多个用人单位呈送。

应聘信是为求得某一具体职务而有重点地介绍自己与此职务相关的才能和条件的专用书信。一般针对某一具体的招聘启事而写。

无论是自荐信还是应聘信，它们的最终目的相同：都是为了被对方认可和聘用。在表现手法上都是表现自我、展现自我，进行自我推销。只是前者不一定提具体职务，介绍范围较大，较全面、系统；后者一般明确提出具体职务要求，内容单一。

二、求职信的特点

（一）内容的针对性

求职信的内容必须针对对方要求或担任某职务有关的内容来选择和组织材料，不发空洞议论，也不涉及一切无关的人和事。要围绕求职单位的实际情况、读信人的心理和个人的求职意向写。

（二）目的明确性

求职信的目的是为对方所录用，恰当地推销自己，恰如其分地表现自己，用自己的成绩、特长、优势，甚至用个性、闪光点吸引对方，使对方在即使未谋面的情况下，也能产生一种心动和值得一试的感觉。

（三）表达的独特性

求职信要针对自己的个性特点，在内容和形式上形成自己独特的风格。如某位大学生在大三开始每隔一个月就给自己心仪的企业寄上自己的心得一篇，一直两年都无回复，然而该生却坚持了下来，最终在毕业前夕接到心仪企业的电话，让其直接到公司上班。一广告专业学生为自己设计了一份求职广告文案，以其创意性、策略性思维获得多个公司的青睐。一市场营销专业学生应用自己的专长将自己作为一个“产品”来营销，按营销策划书的结构和体式写了一份求职策划书，多角度展示自己的优势，以独到的观察视角求得了招聘单位的认同，最终加入广东省一个著名企业，顺利完成了从学生到企业人的转变。

能力技巧

一、求职信的写作技巧

求职信通常由标题、称谓、正文、落款、祝颂语和附件等部分构成。

（一）标题

居中写明“求职信”或“自荐信”“应聘信”等。

（二）称谓

写给用人单位的人事部门或直接写给单位负责人，注意称谓要做到礼貌、得体，如“尊敬的××公司人事部”“尊敬的××公司王经理”。在用人单位不确定的情况下，称谓可写“尊敬的公司人事部领导”“尊敬的总经理先生”等。一般不要用“亲爱的”“我最尊敬的”等字眼。

（三）正文

1. 开头。先写问候语“您好”，表示礼貌、尊敬。再写求职人的自我简介或用人信息的获得渠道。如：“我叫胡小平，是浙江××职业技术学院汽车运用系汽车装潢与营销专业的应届毕业生。见《钱江晚报》贵公司招聘启事，我有意应聘其中汽车修理工一职。”也可以用积极奋发、富有激情的笔触来写，如：“刚迈入韶华岁月的我，向往美好的人生，漫漫人生路，我想路在我的脚下，第一步我所盼望的，是能够迈入贵公司的大门。”开头语表述应简洁明确、干脆利落，不宜过多过长。

2. 主体。这是求职信的核心部分。一般没有固定格式，对毕业生来说，一般采用如下思路：

首先，具体介绍自己的专业优势，即学习的主要专业课程，参加的专业实践活动及在各类专业竞赛中的获奖情况等，要充分展示自己在专业方面的突出成绩，使用人单位明确你能胜任的工作岗位。

其次，介绍自己的工作能力及爱好特长，包括自己在校期间担任学生会、班级的主要干部职务，在各类活动中的组织能力、人际交往能力、口才表达能力等等。个人的兴趣、爱好及特长也是竞争的优势。

再次，如果用人单位明确，可以谈谈对企业的认识、了解，表达迫切要求工作的愿望及录用后的打算。如：“贵厂是闻名遐迩的中外合资企业，总经理知人善用，重视人才，我非常愿意并渴望到贵厂工作，愿为贵厂的兴旺发达贡献自己的知识与才华。”

3. 结尾。再次表达求职的愿望，希望获得机遇，起到吸引和打动对方的作用。如“我期待着好消息”“热切地盼望着贵公司给予答复”等。

4. 祝颂语。可写“此致敬礼”，也可写“祝贵公司兴旺发达”等祝颂性的话。

5. 附件。这也是求职信的重要组成部分，它是求职信以外的其他材料。如学历证书、成绩单、获奖证书、技能证书、论文等复印件。如材料多，依次标上序号。这些材料是个人专业优势和能力特长的验证，对用人单位来说是反映个人才能、知识的重要证据。

6. 落款。署上求职者的姓名、日期。

二、求职信的写作要求

（一）充分自信

自信是写好求职信的前提。自荐信的字里行间必须洋溢着充分的自信。要让用人单位感觉到你完全有能力胜任应聘的工作岗位，并且是这一岗位的最佳人选之一。因此，要多角度展示自己的优势，尽可能避免谈自己的不足。但自信绝不等于盲目自夸，如“我有能力开创企业的新局面”等语句，会让人感觉刺耳。应用技巧来表达，比如说：“我可以用所学的知识，为贵公司建立一套新的管理计划，以提高企业的生产率”“我的加入一定有助于贵公司汽车修理工作的开展”，等等。

（二）对方意识

应从聘用一方的立场出发观察和思考问题，投其所好，引人注意，最终达到目的。尽可能多了解应聘单位情况，将对应聘单位由衷的赞赏写到求职信中。如“我之所以选择到贵公司应聘，是因为贵公司倡导的‘企业与时代共同前进，企业与客户共创价值，企业与员工共同发展’的核心价值观深深地吸引了我”，这样写会给用人单位留下良好印象。这也是面试时的一大技巧。

（三）突出重点

求职信不是一份面面俱到的思想、工作总结。要突出那些能引起对方兴趣、有助于获得工作的内容，主要包括专业知识、工作经验、自身特长和个性特点等，重点突出与求职意向相关的知识结构、工作经验和能力。如果你应聘的是行政、人力管理类的岗位，可突出自己在沟通、组织协调、文字表达等方面的能力；若是专业技术类，则不妨突出自己的专业技能、研发能力、创新精神等；同样，营销类职位应聘时则要适当突出自己的策划、公关、创新能力和口才水平。有时，为了突出这些特点，可以用一些典型数据和事例来说明，切忌太多空洞的自我评价。

（四）思路清晰

自荐信的重点在于“荐”，在构思上一定要围绕“为何荐”“凭何荐”“怎么荐”的思路安排，使用规范的书信格式。

案例评析

【案例一】

尊敬的公司负责人：

当我即将毕业走向工作岗位，四处奔波而找不到一份称心如意的工作时，偶然从《××晚报》上看到贵公司的招聘启事，不禁欣喜万分。特毛遂自荐，应聘贵公司职务。

我是××大学××专业的本科生，现已学完全部课程，学习成绩优秀，各门功课平均成绩在 80 分以上（成绩表复印件附后），曾担任系学生会纪检委员，工作认真负责，曾被校学生会评为优秀学生会干部（荣誉证书复印件附后）。我有广泛的爱好，在书法、足球方面尤有特长，是系足球队主力队员。身体健康，能够从事重体力劳动。我善于处理人际关系，在大学四年，从未跟同学和师长闹过别扭。

我应聘贵公司的职务，主要目的是想干一番事业，并不计较福利待遇和个人得失。我研究过贵公司的背景材料，发现贵公司有一套独特的经营管理之道，在实行过程中，虽然难免有不完善之处，但只要不断总结经验教训，就能逐渐形成贵公司的经营管理特色。我在学校辅修经济管理专业，在这方面有自己的一些不成熟的思路，盼望能有一个付诸实践的机会。这也是我向贵公司积极应聘的原因之一。如能如愿以偿，我将努力勤奋工作，在本职岗位上创造出骄人的业绩。我坚信您是不会失望的。恳请您在×月×日前给我答复。

此致

敬礼

××大学××系　××

2015 年 4 月 18 日

【评析】作为一封应聘信，该例文主要存在以下问题：一是对求职目标不明确，未能选定一个岗位；二是对求职缘由表述不准确，缺乏自信，可能令招聘方不快；三是内容缺乏针对性，过多空洞和不合适的议论，没有重点信息；四是语气不妥当，结尾要求不礼貌。

【案例二】

自　荐　信

尊敬的人事部主管：

您好！

我是一名即将毕业的××大学本科生。非常高兴在中华英才网、中国人才指南网和我们的校园网站上看到中国移动浙江分公司的招聘信息，特别是看到杭州和宁波分公司都在其中，如果能在自己的家乡加入移动，对我这个喜爱移动、喜爱浙江的人来说是绝妙的。

但是您一定有疑虑，因为我这个学旅游酒店管理的人却想应聘市场营销部门的职位！关于这个问题，我想进行如下说明：

一是在学科知识上我并不逊于市场营销专业的学生。我们的专业除了学习市场营销的一系列课程外，还专注于消费者心理的研究，正如移动所说“沟通从心开始”，把握消费者心理对于营销策划更为重要。另外，我还广泛阅读了从《定位》到《忠诚的价值》等众多营销论著。

二是市场营销中许多具有艺术性、技巧性和因地制宜的东西，都不是可以从书上学到的。大卫·奥格威在成为广告教父之前是一个被牛津退学的郁闷厨子，策划狂人史玉柱也不过是一个整天计算数学方程式的四眼学生。在这点上，我已经证明了我的天赋，我的营销案例分析课程是全院最高分——95 分，而且从简历中您能够看到，我曾经成功地参与了企业的策划活动。

在浙江移动的业务当中，我很中意 12580 移动秘书服务。我觉得这是一个设计得非常好的增值服务，工作人士以及像我们这样正在找工作的大学生就非常需要此项服务。最关键的问题是如何推广给顾客！假如我有幸能够加入移动，我会采取如下的方法进行推广：

一是在大学校园设立咨询台进行推广。我们可以联系学校的就业辅导中心，强调我们这项服务可以帮助大学生不错过任何一家企业的面试通知，那么很可能学校会免费提供场地让我们做宣传。

二是免费免操作为顾客提供半个月的 12580 移动秘书服务。所谓免操作，是指顾客不需要到营业厅办理，不需要自己打 1860 开通，也不需要设立密码，一切都和短信息一样，是自行开通的。顾客对于任何一项服务都是非常非常怕麻烦的，所以我们要把服务做到 0 麻烦！当顾客已经习惯这项服务时，我们就可以要求顾客打电话开通此项业务了！当然，目前我对于移动的业务完全是门外汉，您可能会对我的幼稚哑然失笑，不过，我只是想让您了解我对通信业务的热情和喜爱！同时我相信自己能够为浙江移动的壮大添砖加瓦，和全球通的新广告词一样，“我能”！

感谢您的阅读，衷心期待您的回复。同时祝您身体健康，一切顺意！

××大学　×××

2014 年 6 月 12 日

【评析】这是一封非常成功的求职信，整篇文章重点突出，既有条理又有针对性，对市场营销的理解深刻又生动，对业务的推广策划翔实具体，具有较强的“对方意识”，充分展示了求职者对移动业务的认知及热爱。表达流畅，言辞恳切，思维清晰，能给应聘方留下强烈的好印象。

【案例三】

自 荐 信

尊敬的领导：

您好！

我叫王灵俊，是浙江经济职业技术学院的2015届毕业生。就我的现状而言，就好比是一辆刚下生产线等待市场考验的小轿车。我觉得一个优秀的营销者就好比是一辆一流的轿车，总能让人们喜欢它，进而信赖它，最后愿意为它买单。人如其名，从我的名字不难看出我是一辆具有相当大市场前景的新款轿车。

“王”象征着“王牌”的品质，无论是什么要想在市场上站稳脚步，品质永远是关键。经过大学的三年学习，我已经熟练地掌握了有关汽车的各方面专业知识。这就好比一辆车拥有一台品质卓越的发动机，无论面对什么样的路况、什么样的环境，它总能源源不断地输出最大动力。

“灵”在汽车上一则可指车内装潢设计十分人性化，便于驾驶者自如操作，灵活掌握。二则指汽车在行驶中无论调头还是转弯，抑或是其他动作，对它而言都是那样的轻松、灵活。我是一个有很强团队合作意识的人，能够很好地处理好与同事的关系，故而便于领导指挥管理。除此之外，交际能力较强，面对复杂的人际关系，我能很自如地做好“转弯”抑或是“调头”工作。

“俊”则是指汽车拥有非凡的外观，所到之处总能赢得人们的喜爱。我虽然没有非凡的外表，但我是一个具有较强亲和力的人，容易让人接受，进而得到他们的信赖和喜爱。

虽然，我具备了一辆一流汽车的潜力，但是我的行驶经验远远不足，需要一名优秀的驾驶员不断地训练我，改进我。而贵公司是一位难得的优秀驾驶员。如果贵公司能给我一次为您效劳的机会，相信我将会成为一辆名副其实的“王”“灵”“俊”式轿车，为贵公司开拓更广阔的市场。

热忱期待着您的回应！

此致

敬礼

附件：本人简历、大学三年成绩单、各种证书复印件

自荐人：王灵俊

2015年5月12日

【评析】这是一封比较有特色的自荐信，自荐者将自己的名字与自己的专业和求职意向挂钩，产生了较强的阅读引力。字里行间也显示出自荐者流畅的文笔和敏捷的才思。不足之处在于对自己的专业掌握情况介绍不够深入，无法用实际的事例让用人单位更好地了解其能力，让人感觉有点虚。

相关能力拓展

求职用个人简历的写作

个人简历就是对某个人的生活经历有重点地加以概述的一种应用文，是一个人生活经历的精要总结，也是一个人整体形象的缩影。求职用个人简历是对整个大学生活或以前工作经历的概括与提炼。跟求职信一样，毕业生个人简历也是求职过程中不可缺少的一部分，

有时用人单位甚至更关注个人简历。

求职用的个人简历内容一般包括本人基本情况、个人履历、学习和工作经历、求职意向、联系方式、证明材料等基本要素。

1．基本情况。包括姓名、出生年月、性别、籍贯、民族、学历、学位、政治面貌、学校、专业、毕业时间等。

2．个人履历。一般指从高中开始的学历阶段经历。

3．学习、工作经历。学习经历包括大学阶段主修、辅修与选修科目及成绩，突出与谋求的职位有关的科目、专业知识。工作经历包括社会实践工作、建树等，要写清楚实践工作的时间、单位、岗位，收获或成绩，以增强可信度。

4．求职意向。指对哪些岗位、行业感兴趣及相关要求。

5．联系方式。包括地址、电话号码、E-mail 地址等。

6．证明材料。包括学历证明、获奖证书、专业技术职务证书、专家推荐信、所发表的论文著作等。

案例评析

个 人 简 历

<table>
<tr><td colspan="7">基 本 信 息</td></tr>
<tr><td>姓　名</td><td>褚芳芳</td><td>性　别</td><td>女</td><td>出生年月</td><td>1993.4</td><td rowspan="4">照片</td></tr>
<tr><td>籍　贯</td><td>浙江宁海</td><td>学　历</td><td>本科</td><td>专　　业</td><td>日语语言文学</td></tr>
<tr><td colspan="2">政治面貌</td><td colspan="2">中共预备党员</td><td>联系电话</td><td>139××××××××</td></tr>
<tr><td colspan="2">E-mail</td><td colspan="4">Chuff@163.com</td></tr>
<tr><td colspan="2">求职意向</td><td colspan="5">日语翻译、外贸等相关工作</td></tr>
<tr><td colspan="7">个 人 履 历</td></tr>
<tr><td colspan="7">2008 年 9 月—2011 年 6 月　宁海市第一中学读高中　任班级团组织委员
2011 年 9 月—2014 年 6 月　浙江经济职业技术学院应用日语专业学习　任副班长</td></tr>
<tr><td colspan="7">主 修 课 程</td></tr>
<tr><td colspan="7">日语精读　日语泛读　日语口语　日语视听说　日本概况　日语写作　日语语法
日汉互译　日语口译　日本近现代文学欣赏　日本影视　日语报刊选读</td></tr>
<tr><td colspan="7">拓 展 课 程</td></tr>
<tr><td colspan="7">大学英语　高等数学　应用写作　国际贸易　外贸函电　公关礼仪与口才</td></tr>
<tr><td colspan="7">获 奖 情 况</td></tr>
<tr><td colspan="7">2011—2012 年：二等奖学金
2012—2013 年：三等奖学金
2013 年 5 月：学院日语口语大赛二等奖
2013 年：院级优秀团员</td></tr>
<tr><td colspan="7">外 语 水 平</td></tr>
<tr><td colspan="7">英语：国家大学英语六级
日语：能力测试一级，较强的口语能力</td></tr>
</table>

（续）

实践经历
平时熟练运用计算机办公软件
2012 年暑假杭州假日酒店实习，前台服务
2013 年暑假期间在杭州风源外贸公司实习外贸业务
多次参加日本代表团接待工作，担任现场翻译、导购
自我评价
出身农村，培养了勤劳朴实、脚踏实地、乐观向上的品质
十六年寒窗苦读，造就了眼界开阔、坚忍不拔、富有涵养的大学生

【评析】这份简历思路清晰，眉目清楚，专业知识和能力一目了然。

第三节 商务信函的写作

情景导入

随着公司业务的不断发展，上虞市恒盾伞业有限公司决定开拓更多的海外市场，他们从环球资源和阿里等英语平台寻找需要产品的潜在客户，然后发商务信函邮件推销自己的公司和产品。

在现代商战中，商务信函是与所有客户建立联系的有效手段，可以随时将公司的产品、价格、服务等市场信息传递给成千上万家新老客户以及目标客户，帮助企业深度挖掘更多商机。

必备知识

一、商务信函的含义

商务信函简称商函，是企业用于联系业务、商洽交易事项的信函。

二、商务信函的特点

（一）内容单一

商函以商品交易为目的，以交易磋商为内容，不涉及与商品交易无关的事情，内容上不掺杂交易磋商以外的私人事务或其他事务。同时，商函的内容单一还体现在一文一事，即一份商函只涉及某一项交易，不同时涉及几项交易。

（二）结构简单

商函因内容单一，一般段落较少，篇幅较短，整体结构简单，体现实用性，便于对方阅读和把握。

（三）表达准确

商函以说明为主，或介绍业务范围，或报知商品品种与价格，或提出购买品种与数量，或要求支付货款，或通知货物发出和到达的日期，直截了当，言简意赅。因涉及经济利益，任何数字、用词等均要求准确无误，否则可能造成一定的经济损失。

（四）遵循国际惯例

因商务信函较多用于国际贸易中，因此在书写使用时应采用国际通行的格式，遵循国际惯例。

三、商务信函的种类

按照商务交往的类型，商函可分为交易磋商函和争议索赔函两大类。

（一）交易磋商函

交易磋商是交易双方就买卖商品及交易条件，如品质、规格、数量、包装、价格、支付方式、交货、提货等进行协商。交易磋商有口头和书面两种方式，书面方式包括通过信函磋商和电传磋商等。交易磋商中形成的信函即交易磋商函，大致有如下几种：

1. 建立贸易关系函。介绍如何得到对方的有关信息，本企业的经营范围和业务开展情况，说明希望和对方建立贸易关系的意愿。

2. 确定贸易方式函。双方就确定经销、独家经销、代理、寄售、拍卖等交易方式交换意见。

3. 介绍一般交易条款函。应对方要求，介绍说明某交易的一般条款。

4. 征求订货函，或称推销货品函。介绍可供货品的种类和价格，希望对方购买。

5. 要求报价函。说明所需货品的名称和数量，要求供货单位报价。

6. 报价函。供货单位就对方需要的货品提出价格。

7. 商洽价格函。双方就价格交换意见。

8. 商洽价格外其他交易条件函。双方就货物的包装、交货的期限、运输方式和费用负担、货款的支付等交易条件交换意见。

9. 订购函。在明确交易条件后向供货单位说明所购货品的名称、数量、需货时间、到货地点等内容。

10. 寄购货合同函。就交易条件达成一致意见后，向对方寄出购货合同，要求查收并签署后寄回。

11. 催货函。临近交货日期或超过交货日期后，要求供货方函告具体交货日期或要求供货方在某一期限内交货。

12. 通知出运函。告知收货方出运日期及向收货方寄上有关单据以便提货。

13. 催提货函。供货方备妥货品后要求收货人提货。

（二）争议索赔函

争议索赔函指贸易双方由于某种原因发生争议，在争议发生过程中或发生后索理赔过程使用的函，大致有：

1．交涉货品质量函。双方就所供货与合同规定或签订合同时所提供的样品是否相符进行交涉。

2．要求支付货款函。购货方要求对方按规定及时支付货款，或对方逾期付款后要求对方在一定期限内支付货款。

3．拒绝货款函。购货方由于来货质量与合同规定或所提供的样品不符、交货逾期或其他原因，拒绝向供货方支付全部货款或其中部分货款。

4．要求赔偿函。由于某一方没有履行或没有完全履行合同，如来货破损、变形、短缺，没有按时交货，没有按时提货，另一方要求得到赔偿。

5．拒绝赔偿函。针对对方指责本企业违约并要求赔偿，如果企业没有违约，或本企业是在不可抗力作用下违约，则说明情况，拒绝赔偿。

6．理赔函。针对对方指责本企业违约并要求赔偿，如本企业确应承担责任，则根据情况同意赔偿。

（三）发盘与还盘

在进出口交易磋商中，商函的另一个名称为“盘”。根据内容的不同，有询盘、发盘、还盘、反还盘等。

询盘是对双方交易内容的一种询问。一般询盘只说明所要买卖的范围，目的是要对方进一步介绍情况。具体询盘是买方或卖方指定具体的商品，甚至连数量、包装、交货期限都明确指出，要求对方报价或递价。买卖双方均可以发出询盘。

发盘，相当于报价，有虚盘和实盘之分。虚盘要说明保留条件，对发盘人没有约束力。实盘表示发盘人有肯定的订立合同的意图，在法律上属于一项要约。实盘必须具备三个条件：主要交易条款齐全、肯定；内容清楚确切，没有模棱两可的词句；没有任何其他保留条件，只要受盘人在有效期内完全同意，交易立即达成。

发盘中还有联合发盘，是几个发盘搭配在一起，让对方要么全部接受，要么全部拒绝，适用于需要搭配买卖的商品。

还盘是买方在接到卖方的报价以后，要求更改报盘内容，包括降低价格、改变支付方式、改变交货期限等。反还盘则是卖方对买方还盘的还盘。

能力技巧

一、商函的写作技巧

一份完整的商函一般包括信头、标题、行文对象、正文、附件、生效标志等几个部分。

（一）信头

商函一般采用本企业特制的信笺，其上方中间已预先印好信头。一般包括企业名称、地址、邮政编码、电话号码、电传号码等，有的还有商函编号，常用横线与其他部分隔开，有的商函信笺把信头内容写在最下端，也用横线隔开。英文信函的信头一般包括商函发出者的地址和发出时间，位于信笺右上方。

（二）标题

商函一般应有标题，使对方迅速了解商函的主旨。商函标题应准确简要地概括商函的主要内容，标明文种名称，可以加“关于”一词，如“关于调整天象牌味精价格的函”“关于要求改进天地牌螺钉包装的函”等。

外贸商函的标题一般用能够表达主旨的词语或短语点明事由即可，如，事由：建立贸易关系；事由：索赔。

（三）行文对象

这是指商函的接收方。商函的行文对象只有一个，顶格写作。一般写收函方的公司、商号名称，有时写给对方单位领导，要求写明姓名和职务。

（四）正文

商函正文一般由开头、主体、结尾三部分组成。

1. 开头。开头说明发函缘由。如果是初次给对方去函，可先作简单的自我介绍，使对方了解本企业的业务范围或产品情况；一般的商函直截了当说明发函目的，进入主旨；答复对方来函的，应先说明来函的日期、来函事由等，如“3 月 5 日函悉，关于××问题，函复如下:”。

2. 主体。这部分写发函事项。商函根据不同的发函目的进行写作，或介绍情况，或告知事项，或说明具体情况，或提出解决问题的办法，或针对来函作出答复等等。如果事项较多，有几层意思，可分条写，以使眉目清楚。

3. 结语。这一部分写对收文者的希望或要求。表述要语气恳切，索赔函有时比较严正。有的商函用惯用语结束，如“特此函商，务希见复”“特此函达”“此复”等。

（五）附件

附件即正文所附材料。在正文下左空两格标志附件名称，如有两个以上，应标序号。附件应与商函一起装订，并在左上角第一行标志“附件×”。

（六）生效标志

生效标志在正文下或附件说明下，由发文单位印章或签署、成文时间组成。发文单位印章或签署一般由企业领导人签字或盖章。成文时间直接关系到商函的时效，应完整写出年、月、日。外贸商函的成文时间有的写在信头部分。

二、商函的写作要求

（一）主题突出，观点明确

商业信函是为开展某项商业业务而写的，具有明显的目标。信文内容应紧紧围绕这一目标展开，不要涉及无关紧要的事情；也不必像私人信函一般，写入问候、寒暄一类词语。向对方提出的问题要明确，回答对方的询问也要有针对性，不能答非所问，或故意绕弯子，回避要害。鉴于商业信函往来涉及经济责任，所谈事项必须观点明确，交代清楚。例如答复对方订货要求时，必须将供应商品的规格、性能、供货日期、价格与折扣条件、交货方式、经济责任等，一一交代清楚，切忌含混不清，以免日后纠纷。

（二）尊重对方，态度诚恳

为促进双方经销往来，信函应在互惠互利的前提下尽可能考虑对方的需求和接受能力等，信文内容应实事求是，不要夸夸其谈、弄虚作假，更不能蓄意欺骗对方或设下圈套诱使对方上钩，以谋求不正当利益。同时，收到对方来函，应尽快给以答复，拖延回信的做法是不礼貌的。即使对方提出的要求不能接受，也应用委婉的语气加以解释，以求保持良好关系，不致损害以后的买卖来往。

（三）语气平和，用词准确

为了达到买卖往来的目的，注意写信的口吻与语气是很重要的。商业信函的语气要平和，要平等相符，不得用命令或变相威胁的语气，要做到不卑不亢。用词要准确，不要用一些晦涩的或易于引起歧义的词语。用词不当或不准确，常常会使对方引起误解，甚至被人利用而导致经济损失。例如请对方报价不能笼统地说“合理价格”或“市场价格”，而应说明具体价格为多少，尽量避免使用“大约”“左右”一类词语。

案例评析

回复询盘

尊敬的×××经理：

您好！

很高兴再次收到您的查询：您在去年9月15日曾向我们查询过竹篮，那时我们曾寄过公司目录给您，如您需要我可再寄一次给您。

您并不是巴西唯一向我们查询过竹篮的进口商，我们也曾收到来自巴西ABC、Universal等进口商的查询，但他们总是查询另一种竹篮，如您有需要，我可以向您介绍那一类的竹篮，您是否希望我为您的巴西市场做些特别的样品给您？

我们是有14年专业竹制品经验的中国制造商，可以提供超过1 500种多样的竹制品，月产量达500万个，是您最值得信赖的中国竹制品供应商。您询问的产品如附图资料，同时寄一份目录给您，若您能提供您的快递账号，我们将把样品一同寄给您！

期待尽快收到您的回复！

附件：1. 竹篮图文资料

2. 商品目录

××公司总经理　×××（签名）

2015年3月16日

【评析】这是一封表述得体的还盘。主要针对对方的询问作出答复，措辞简练、精到，格式完整。首先给买家提供最初查询产品的回忆参考点，这样有助于买家回忆起他是在什么时候，通过什么方式，对什么产品产生了什么样的兴趣或问题；其次，适当地给买家增加些许压力，目的在于促进买家回复的速度与认真程度；再次，用一系列数据证明了自己的规模与实力，此外，字里行间体现出热忱与负责的服务态度。

相关能力拓展

常用商务信函范例

一、发盘、还盘

（一）发虚盘

初次询问价格的回复

北京××外贸公司：

欣悉贵方10月12日询价函。首先对贵公司希望购买我方产品表示感谢。现将一份配有有关插图的供出口的商品目录日内将寄往您处。我们认为，就颜色来说，必中您意，确系当前市场所流行。该货设计美观、精巧，加之精湛的制作工艺，必将受到各类买主的欢迎。

我方代表××先生将于下周抵达纽约。他将非常愉快地携带我们手工制作的全套样品去贵处拜访。同时，我们已授权他与贵方商讨订货的付款方式，或就签订合同谈判。如蒙贵方给予协助，将不胜感荷。

杭州××进出口有限公司
2014年10月15日

（二）发实盘

中国土产进出口公司陕西省分公司

地址：陕西西安莲户路37号
编号：8878

新洋株式会社
执事先生台鉴：
纯丝印花绸实盘
敬启者：

我们很高兴获悉贵公司殷切需购我们如意牌纯丝印花绸，第337号质量，即装。今电复实盘如下：

如意牌纯丝印花绸3 000码，质量第337号，每码1 200美元，上海空运离岸价。十月份交货，以保兑现的、不可撤销的、凭即期汇票付款的信用证支付，信用证须在交货期前20天开立。

此实盘当以2015年7月30日前收到贵方答复有效。按你们要求，货物将空运，空运运费由你公司负担，有关信用证须用电传开来以利出运。

顺颂
商安

中国土产进出口公司陕西省分公司
2015年7月10日

（三）还盘

交易条件报盘

××国际贸易有限公司：

感谢你方 11 月 10 日有关永久牌自行车的询盘函。

我们现出售各种牌号的自行车，其中永久牌自行车与凤凰牌自行车最出名，这些产品在国外需求量大。因此，存货正迅速减少。我们的自行车不仅重量轻，而且因价格合理而受到欢迎。我们确信一旦你们试用了我们的自行车，就会大量续定。根据你方要求，我们现报价如下：

20 英寸[㊀]男式每辆 25 美元

20 英寸女式每辆 27 美元

26 英寸男式每辆 27 美元

26 英寸女式每辆 28 美元

付款条件：用通过卖方认可的银行开立的即期信用证付款。

装运期：假如有关信用证能在年底前到达卖方，装运可安排在 1、2 月份。

不言而喻，上述价格是 CIF 卡拉奇净价。请注意我们出口自行车一般不给佣金，如果每种规格自行车的定购数量超过 1 000 辆，可给予 5%的折扣。

中国××进出口有限公司

××年××月××日

调整价格报盘

××公司：

谢谢你方 10 月 2 日寄来的 1051 号订单。

然而，深为抱歉的是，我们不能依照两月前所报价格接受订单。目前，正如所知，原料价格大幅上涨。为弥补部分的亏损，迫于无奈，我们不得不将价格略作调整。

现报最低价格如下：

数量	型号	价格
27	30 码	每码人民币 2.08 元
37	45 码	每码人民币 2.60 元

请复函告知我方，我们是否能依照这些价格接受你方订单。

盼早日复信。

××公司

2015 年 10 月 5 日

二、推销商品函

首信 S718 老人手机推销函

朋友，当你看到这封推销函的时候，请不要把它当作一般的广告，随意看看，哪怕浪费你几分钟时间把它看完，或许它会刺痛你什么，也许就是你内心那份久违的亲情吧……

㊀ 1 英寸=0.0254 米

不得不承认，随着社会的发展，竞争会愈加激烈，我们的压力会越来越重，为了生存，我们不得不四处奔波、忙碌工作着，而这时候，我们是否忽视和淡化了对父母的关怀和照顾呢？当我们蓦然回首去凝神关注父母的时候，是否会发现他们已经衰老了，头发变白了，手也没有那么灵便了，眼睛已经昏花看不清东西了……

《常回家看看》这首歌曾激起多少人的共鸣，你做到了吗？或许你身在异地，但是否能做到经常打电话回家呢？或许你会说“我很忙”“想不到”等，然而你可知道“儿行千里母担忧”，父母却时时刻刻在惦记着我们，等着我们回家，盼着有我们的消息。

当他们想给我们打电话的时候，已无能为力了，分不清密密麻麻的键盘，看不清键盘上的数字，更记不清那长长的手机号码，只有苦苦等着、盼着……

朋友，快到老人节了，你可想到了拿什么去奉献给我们的爹娘呢？

告诉你个好消息，国内第一款，也是至今唯一一款完全针对中老年人设计、开发的手机诞生了，所有功能完全贴近中老年人实际需求。

首信 S718 老人手机，打电话、听收音机、楼梯照明、语音报时、按键报读、一键求救、亲情键，样样不少。

- ◆ 超大按键，超大字体，中老年人完全不必要戴眼镜就能看清按键和所有字体。
- ◆ 超长待机，理性回归黑白屏，给中老年人最最明了的交流，待机时间大大提高。
- ◆ 创造性独特 SOS 一键紧急按键，也许功能一共只会用一次，但这一次就是救命的一次。
- ◆ 绝对贴近生活，自带外放收音机，机身自带应急手电筒，让中老年人休闲娱乐两不误。
- ◆ 预设子女的号码：长按“1”拨老大，长按“2”拨老二，长按“3”拨老三……不必记号码，时刻可与子女沟通，方便、经济、省事。
- ◆ 特色独有 SOS 紧急按键：也许这个功能不会常用，但每用一次就能为生命赢得宝贵的时间，这不是用金钱能换来的。

只要你省下一条普通的烟钱！

只需你省下一瓶中等的酒钱！

就能送给父母最好的礼物，花最实用的钱，体现最直接的爱。

朋友你还在犹豫什么？父母的健康是我们最大的幸福，父母的安危是我们最大的牵挂，让我们把对父母的爱化为实际行动吧！

首信 S718 老人手机，给父母一个贴心的伴侣，给自己一个放心的理由！

详情请登录：www.shouxins718.com.cn 或致电：4008-×××-×××

真诚期待您的光顾与垂询！

××公司

2012 年 4 月 3 日

三、希望建立贸易关系函

××公司：

我们从我驻巴基斯坦使馆商务参赞处得悉贵公司的名称及地址，现借此机会与你们通信，意与你方建立业务关系。我们是一家专门出口台布的国有企业，可根据顾客对产品的花样图案、规格尺寸以及包装装潢的不同需求接受来样订货。我们也愿意接受顾客指定商标或牌号的订单。为使你们大致上了解我公司台布的品种，我们将另航空邮寄一份最新目录供参考。若其中有哪些产品你们感兴趣，请尽快告知我方。一俟收到你方具体询盘，我们将寄送报价单与样品。

盼早复。

××公司

××年×月×日

四、答复建立贸易关系函

××公司：

贵公司5月7日来函收悉，非常感谢。贵公司愿意与我公司建立直接贸易关系，这恰巧与我公司的愿望一致。我公司非常愉快地答复贵公司所需要的资料。所附上的商品样件，将会给贵公司提供一套完整的各种货物的详细说明和出售价格。

目前，我公司对混纺人造纤维感兴趣，如蒙贵公司寄来商品目录、样品以及有关需要的资料，便于我们熟悉贵公司的供货用料和质量情况，将不胜感激。

我们保证，如果贵公司货物的质量及价格均具有竞争性，我方将大量订货。

欣然等候贵方信息。

××进出口公司

××年×月×日

五、交易商洽函

××公司：

×月×日来函收悉。对贵公司要求与我公司建立业务关系的愿望，我们表示欢迎。从来函获悉贵方对中国真丝绢花感兴趣，并希望了解该商品的有关情况及我方的贸易做法。现将我公司销售绢花的一般交易条款介绍如下：

1．品质规格：真丝绢花以绫、绸、绢、缎等高级丝绸为原料，品种有月季、寒冬梅、杜鹃、凤尾兰等千余种，式样有瓶插花、盆景、花篮等。质地轻盈，不褪色，耐温耐压。具体规格请参阅全套彩色样本。

2．包装：纸箱装。大花每箱装20盒，每盒装一打；小花每箱装30、40或80打不等，根据货号决定。纸箱内衬托蜡纸，外捆塑料打包带。每箱体积长×厘米，宽×厘米，高×厘米，每箱毛重×千克，净重×千克。

3．数量：为便于安排装运，卖方有权多交或少交5%的货物，其多交、少交部分按合同价格结算。

4．付款：买方应通过卖方所接受的银行，开具全部货款的、不可撤销的、准许转船分期装运的即期信用证，信用证必须于装运月份前15天送达卖方。其中装船货物的数量和金额允许增减5%，信用证有效期应规定在最后装运日期后15天在中国到期。

5．保险：如按CIF价格条件成交，卖方即按发票金额110%投保综合险，以中国人民保险公司的有关海洋运输货物保险条款为准。

6．人力不可抗拒：如因战争、地震、严重的风灾、雪灾、水灾以及其他人力不可抗拒的事故而延期或无法交货时，卖方不负任何责任。

7．索赔：凡有对货物质量提出索赔者，必须在货到目的港后30天内提出。货物质地、重量、尺寸、花型、颜色均允许有合理差异，对在合理差异范围内提出的索赔，卖方概不受理。

8．仲裁：凡因执行合同所发生的与合同有关的一切事宜，双方应通过友好协商解决，如协商不能解决，应提交中国国际贸易促进会对外贸易仲裁委员会，根据该会仲裁程序暂行规定进行仲裁，仲裁裁决是终身的，对双方均有约束力。

以上一般交易条款已为×国进出口商接受，相信这些条款也将为贵公司所接受。如有任何疑问，请向我们提出。

××公司

××年×月×日

六、询价函

绿茶询价函

××茶叶厂：

我公司对贵厂生产的绿茶感兴趣，需订购君山毛尖茶。品质：一级。规格：每包 100 克。望贵厂能就下列条件报价：

1．单价。

2．交货日期。

3．结算方式。

如果贵方报价合理，且能给予优惠折扣，我公司将考虑大批量订货。

希速见复。

××副食品公司

××年×月×日

七、报价函

茶叶报价函

××副食品公司：

贵公司×月×日询价函收悉，谢谢。兹就贵方要求，报价详述如下：

商品：君山毛尖茶

规格：一级

容量：每包 100 克

单价：每包×元（含包装费）

包装：标准纸箱，每箱 100 包

结算方式：自提

交货日期：收到订单 10 日内发货

我方报价极具竞争力，如果贵方订货量在 1 000 包以上，我方可按 95%的折扣收款。

如贵方认为我们的报价符合贵公司的要求，请尽早订购。

恭候佳音。

××茶叶厂

××年×月×日

八、接受函

××公司：

贵厂×月×日的报价函收悉，谢谢。我方接受贵方的报价，并乐意按贵厂提出的条件订货。

商品：君山毛尖茶

规格：一级

容量：每包 100 克

单价：每包×元（含包装费）

数量：2 000 包

包装：标准纸箱，每箱 100 包

结算方式：转账支票

交货日期：××年×月×日

交货地点：×市火车站

请速予办理为荷。

××公司

××年×月×日

九、订购商品函

订购瓷器函

永新陶瓷厂销售科：

4 月 7 日来函收悉。根据贵厂提供的价目表，我公司决定订购下列商品：

产品号：C—101、C—104；产品名称及数量：山水茶杯 3 000 个、花鸟茶杯 1 000 个；出厂单价：山水茶杯 22.5 元、花鸟茶杯 21.5 元。

以上商品希于 2015 年 6 月末在上海交货。由于该批商品将由我公司出口日本，故要求品质优良、包装符合出口标准，必须保证按时交货，以免延误船期。

至于货款，我公司将在收货后立即支付。并按惯例向贵厂提供货款总额 1%的外汇额度。顺祝

商祺

×××公司

2015 年 4 月 10 日

十、催款通知函

××百货公司：

贵方于×年×月×日向我公司订购斗士牌男女牛皮鞋××××双，货款金额合计××

万元，发票编号为××××。可能由于贵公司业务过于繁忙，或者一些其他因素，以致忽略承付。故特致函提醒，请尽快将货款结算完毕，我厂银行账号×××××××××××。逾期将按照你我双方协议中的有关规定，加收2‰的罚金。

贵公司如有特殊情况，请收函后即与我厂财务处×××联系。电话：××××××××，邮编：××××××，地址：××市××路××号。

特此函告。

××鞋业公司
××年×月×日

十一、索赔函

××茶具厂：

我公司于本月15日从贵公司购买200箱玻璃茶具，等级为一等品。货到验收后，我方质检人员发现该批货中大约有6箱茶具的质量明显低于贵公司提供的样品标准。经××市××检验所抽样检验，这6箱茶具质量确实明显低于贵方所提供的样品，属于不合格产品。

随函寄上××市××检验所的检验报告（2005）××号。特向贵方提出不符合质量标准的货物按降低原成交价30%的折扣价处理。

特此函达，候复。

××百货公司
××年×月×日

附件：××市××检验所检验报告

十二、理赔函

××百货公司：

贵方×年×月×日函及货样收悉。对信中提到6箱玻璃茶具的质量与样品不符一事，我方立即进行了调查，发现是由于装箱时误装了部分二等品。这是我方工作的疏忽，对此，我们深表歉意。因此，我方愿意接受贵方的要求，部分质量不符的产品按降低成交价30%的折扣价处理。

这件事的发生给我公司的管理工作敲响了警钟。我公司将在生产管理中进一步强化责任意识，杜绝此类事件的再次发生。

特此函复。

××茶具厂
××年×月×日

商务信函常用语

1. 我们愿与贵公司建立商务关系。
2. 我们希望与您建立业务往来。
3. 我公司经营电子产品的进出口业务，希望与贵方建立商务关系。
4. 请容我们自我介绍，我们是……首屈一指的贸易公司。
5. 本公司经营这项业务已多年，并享有很高的国际信誉。

6．我们的产品质量一流，我们的客户一直把本公司视为最可信赖的公司。

7．我们从……获知贵公司的名称，不知贵公司对这一系列的产品是否有兴趣。

8．我们新研制的……已推出上市，特此奉告。

9．我们盼望能成为贵公司的……供应商。

10．我们的新产品刚刚推出上市，相信您乐于知道。

11．相信您对本公司新出品的……会感兴趣。

12．我们对贵方的新产品……甚感兴趣，希望能寄来贵公司的产品目录及价目表。

13．我们从纽约时报上看到贵公司的广告，但愿能收到产品的价目表及详细资料。

14．获知贵公司有……已上市，希望能赐寄完整的详细资料。

15．如蒙赐寄贵公司新产品的详细资料，我们将深表感激。

16．如蒙赐寄有关……的样品和价目表，我们将甚为感激。

17．一收到贵方具体询价单，我方马上航空邮上样品册并报价。

18．欣寄我方目录，提供我方各类产品的详细情况。

19．欣然奉上我方产品样品，在贵方展厅展出。

20．为使贵方对我方各种款式的手工艺品有一初步了解，今航邮奉上我方目录和一些样品资料，供您参考。

21．随函附上本公司新出品的……样品，请查收。

22．随函附上购货合同第××号两份，希查收，谅无误。请会签并退我方一份备案。

23．我们很高兴地附上询价单第××号，请贵方报离岸价格。

24．我们确认向贵方购买……，随函附上订单确认书供参照。

25．我们深盼与贵公司接洽，希望成为其销售代理商之一。

26．如蒙考虑担任销售你们……代理商，我们将十分高兴。

27．兹函请提供……的报价。

28．请将定期供应……之报价赐知。

29．请将下列货品的最低价格赐知。

30．我们很抱歉地通知你方价格无竞争力，若贵方能降低价格，使我方可接受的话，我们仍对交易感兴趣。

本章小结

◎ 信函文书写作采用规范的书信格式，简练、明确的交流语言，得体的礼貌用语。

◎ 证明信证明事实的真实与否，严肃认真。介绍信具有证明和介绍双重功效。介绍信的一般套式：兹介绍××单位×××等×人前往贵公司联系××事宜，请予接洽为荷。数字大写，盖章，有效期明确。

◎ 求职信要求：目的明确，内容有针对性、独创性；自信；树立对方意识；条理清楚、材料充实、突出重点。

◎ 商函有两大类：交易磋商函和争议索赔函。其结构一般由信头、标题、行文对象、正文、附件、生效标志等组成。

应知、应会目标鉴定

一、应知目标鉴定

1. 简述信函文书的格式要求。
2. 简述商务信函的种类。
3. 修改下列介绍信。

介　绍　信

××市商务局：

兹介绍××等2人前往你处办理××事宜，请予接洽。

此致

敬礼

2015年6月5日

（有效期3天）

4. 修改下列证明信。

证　明　信

高玉林，系我公司合同制员工，于2014年6月进司，在我公司累计时间9个月。

特此证明

杭州××世纪百货有限公司

2015年3月15日

5. 1482年，31岁的达·芬奇离开故乡佛罗伦萨，来到米兰。他给当时米兰的最高统治者、米兰大公鲁多维柯·斯弗查写了封求职信，希望谋得一个军事工程师的职位。这封求职信就是著名的《致米兰大公书》。米兰大公收到此信后不久，就召见了达·芬奇。在短暂的面试后，正式聘用达·芬奇为军事工程师，待遇十分优厚。请根据求职信的写作要求点评达·芬奇为什么会求职成功。

尊敬的大公阁下：

来自佛罗伦萨的作战机械发明者达·芬奇，希望可以成为阁下的军事工程师，同时求见阁下，以便面陈机密：

一、我能建造坚固、轻便又耐用的桥梁，可用来野外行军。这种桥梁的装卸非常方便。我也能破坏敌军的桥梁。

二、我能制造出围攻城池的云梯和其他类似设备。

三、我能制造一种易于搬运的大炮，可用来投射小石块，犹如下冰雹一般，可以给敌军造成重大损失和混乱。

四、我能制造出装有大炮的铁甲车，可用来冲破敌军密集的队伍，为我军的进攻开辟道路。

五、我能设计出各种地道，无论是直的还是弯的，必要时还可以设计出在河流下面挖地道的方法。

六、倘若您要在海上作战，我能设计出多种适宜进攻的兵船，这些兵船的防护力很好，能够抵御敌军的炮火攻击。此外，我还擅长建造其他民用设施，同时擅长绘画和雕塑。

如果有人认为上述任何一项我办不到的话，我愿在您的花园，或您指定的其他任何地点进行试验。

向阁下问安！

达·芬奇

6．运用自荐信、求职信的写作技巧评析案例。

自　荐　信

罗总：

您的事很多，但希望您能看完我的信。

我是一个经历坎坷、尝尽酸甜苦辣的人。因为敢于创新，我品味过成功的丰硕果实；因为敢于冒险，也体验过触礁的震荡与凄凉。这一切都锤炼了我作为企业管理人员所必备的成熟与胆识！

我的过去正是为了明天的发展而准备，而蕴积；我的未来，正准备为贵公司而奋斗，而拼搏，而奉献！

现在正是贵公司招兵选将、待机而发的重要关头。我不想在凉爽的空调房里坐享其成，也不想仅仅是锦上添花，我想雪中送炭。我想亲身去闯，去干！

1988年到1996年间，我经受过8年驾驶汽车、摩托车的锻炼；学过3年法律；经历过6年办案的挑战与考验……

做文秘，我有作品见报；做驾驶，已有万里行程；做经管，我已摒弃了不切实际的梦想而变得自信而有主见……

兵马未动，先要运筹帷幄；瓮中之鳖，才能稳操胜券。

罗总，当初您闯海南，不也是三十六计，计计斟酌，万无一失，每失必补吗？

最坏的打算不就是要变卖公司价值500万的房子、车子吗？

实践证明，两万块钱闯海南建内江大厦，体现的不仅是直观的赚钱三千万，而是智慧、胆识与科学决策融合的立体结晶。

良禽择木而栖，士为知己者死。当公司需要宣传、誊写文书时，也许我可以提笔“滥竽充数”；当您为了提高办事效率而自己驾车的时候，也许我可以换换疲惫的您偕同前往；当公司为法律事务而起纠纷，因为业务增多而难以应付的时候，我可以用所学的法律知识摇旗呐喊，竭力为公司解一分忧愁，增一分利润，挽一点损失……

我不能再说了，说多了我怕“王婆卖瓜”，有自卖自夸之嫌。“实践出真知，斗争长才干。”我只要去实践、去闯、去干。因为才干在实践中养成，也终究要在实践中体现！

罗总，一个合作的机会，对我来说是一次机遇，也是一次挑战，更是一个良好的开端。

我期待着好消息。

此致

敬礼

自荐人：曹袁军

××年×月×日

7. 充分利用互联网搜集商务信函案例，并利用所学的专业知识加以评析。

二、应会目标鉴定

1. 信达电子技术研究所高级工程师吴诚等两位同志到杭州市辉佳电子信息公司洽谈合作事项，请根据材料写一封介绍信。

2. 王耀辉同志刚从××职业技术学院调往安达审计事务所，事务所希望原工作单位能够出具王耀辉同志工作经历及表现的证明。王耀辉，现年30岁，中共党员，在院财会金融系担任副主任职务，工作认真负责，业务能力强，多次被评为院先进工作者。根据以上材料，写一封证明信。

3. 根据个人的专业学习、在校表现及参加社会实践活动的能力等情况，写一封自荐信；同时制作一份求职简历，要求有封面设计、个人简历和自荐信，计算机排版打印。

4. 根据以下材料，代浙江商海公司拟写一份询问报价信函。

浙江商海公司在《经济日报》上看到香港×公司的广告，对该公司的皮箱和各类皮鞋很感兴趣。特写信要求对方将附表内各项目以CIP上海报货价告知，并希望得到该公司的产品详细情况、最快交货日期及经常订购的折扣。同时希望对方寄一份目录及详细说明书。

5. 阅读下面要求调换商品的信函，完成后面的练习。

××商贸公司经营部王经理：

日前我处在贵公司门市部购得NECP5彩扩机一部，昨日货品送到，发现此机虽封装完好，但机身尘迹未去，边部微现脏痕，显系将经过长期陈列的货物作为新货送出。贵公司声誉素著，料不致出此下策，可能是送货人员有误，或因一时货缺，将此塞责。但我处所购者为新机，不该接受旧货，为此特请贵公司将旧机收回，另付新货。请速办理，勿延为要。

此致

敬礼

××集团公司工程处

刘大洲敬启

请用以下四种不同篇旨写四封回函：

（1）同意无条件调换一台新机，并表示歉意。

（2）因“陈迹”“脏痕”提出折价3%出售，若对方不同意可退换。

（3）说明该机属优质产品，质量经检验合格（有合格证）。“陈迹”“脏痕”不影响质量功能，故不同意调换。

（4）答复将派人上门洽谈解决此问题。

第三章

公关礼仪文书写作技巧

应知目标

- 充分认识公关礼仪文书在公关活动和社会生活中的作用；了解常用公关礼仪文书写作的格式和要求。
- 熟悉启事、海报、声明的写作要领。
- 熟悉请柬、聘书的写作要领。
- 熟悉演讲稿的写作要领。
- 熟悉欢迎词、欢送词、答谢词、祝词等礼仪讲话稿的写作要领。

应会目标

- 能进行常用启事、海报、声明的写作。
- 能够熟练写作演讲稿、欢迎词、欢送词、答谢词、祝词。
- 会制作请柬、写作聘书。

第一节　启事、海报、声明的写作

情景导入

陈婷所在的上虞市恒盾伞业有限公司发展势头越来越好，公司决定在绍兴开设营业部，总经办主任要求陈婷负责起草相关宣传文书。正在这节骨眼上，由于公司产品信誉好、销量好，竟然出现了假冒的“李鬼”，为了维护公司声誉，总经办需要协调维护权益，打击盗版事宜。

陈婷经过分析，明白新公司开业需要起草开业启事，再专门制作一份宣传海报，以取得更好的宣传效果。对于假冒“李鬼”，需要联合公司的法律顾问一起发表一份维权声明。

必备知识

一、启事

（一）启事的含义

启事是机关、团体、单位或个人，在需要向公众说明某事或者希望公众给予协助办理某事时使用的一种应用文体。

特别需要注意的是，有人把“启事”写成“启示”，虽然两者的读音相同，但是一字之差，意思就完全不同了。启事是公开陈述某事，而“启示”则是因为某事有所领悟的意思。

（二）启事的种类

1．根据内容和用途，启事可以分为征召、告知、寻找三大类。

（1）征召类启事，包括招聘启事、招工启事、招生启事、征婚启事、征文启事等。

（2）告知类启事，包括更名启事、开业启事、乔迁启事、遗失启事等。

（3）寻找类启事，包括寻人启事、寻物启事等。

2．根据发布途径，启事可以分为报刊启事、广播启事、电视启事、网络启事等。

（三）启事的特点

1．公开性。启事是面向社会大众公开发布的应用性文书，没有秘密可言，任何人都可以阅读、传播。

2．专项性。启事一般要求“一事一启”，内容比较单纯、具体，只要对需要告知的事件予以说明即可，不需夹杂其他与该事件无关的内容。

3．简明性。在写作启事时，尤其是通过登报、广播、电视等方式进行告知的启事，一定要把握简明扼要的原则，力求用最简洁的语言传递最丰富的信息。

二、海报

（一）海报的含义

海报是机关、单位或个人向社会公众预告临时性活动信息时所使用的告启性文书，是人们在日常生活中经常使用的一种张贴形式的应用文。一些文艺性海报为了吸引公众的目光，还会配以美轮美奂的美术设计。

（二）海报的种类

1．根据宣传内容的不同，可以将海报分为演出海报、比赛海报、展览海报等。

2．根据表现形式的不同，可以将海报分为文字海报和美术海报。

（三）海报的特点

1．团体使用。海报是单位团体对某种集体性活动的宣传，个人一般不用。

2．吸引力强。作为具有较强宣传性、鼓动性的应用性文书，海报鼓动性的文字、专业的美工和精美的宣传图片能对公众产生极强的吸引力。

3．传播迅速。海报以其短小精悍的形式和可操作性强的发布方式，具备较快的传播速度。

三、声明

（一）声明的含义

声明是机关、单位、团体或个人公开向社会各界申明、让更多人知晓的公告性文体，是树立组织形象、扩大知名度的一种手段。

（二）声明的种类

声明有主动性声明和被动性声明：

1. 主动性声明。在自己遗失了支票、证件等重要凭据或证明文件时，为防止他人冒领冒用而发表的声明。例如“遗失声明”等。

2. 被动性声明。当自己的某种合法权益受到侵害，为维护自己的合法权益、引起公众关注，并要求侵权方停止侵害行为的声明。例如“抗议声明”等。

（三）声明的作用

1. 表明立场、观点、态度的作用。声明是对某个事件、问题表明声明人的立场、态度。

2. 保护自己合法权益的作用。声明的最终目的是为了维护自身的合法权益不受他人侵害。

3. 警告、警示的作用。声明是对一切侵权行为的警告，以防止、禁止任何侵权行为。

能力技巧

一、启事的写作技巧

启事的写作一般包括标题、正文、落款三个部分。

（一）标题

启事的标题通常有以下五种：

1. 最常见的启事标题就是“事由”+“文种”。如“寻人启事”。

2. “事主”+“文种”。如“本刊启事”“××公司启事”。

3. 单写文种“启事”。

4. 单写“事由”。如“征婚”“寻笔记本”。

5. “事主”+“事由”+“文种”。如“本社迁址启事”“××学校乔迁启事”。

（二）正文

启事正文一般包含写作启事的目的、内容、要求、联系单位名称或个人姓名、联系方法、地址、电话号码、邮政编码等要素。但根据启事内容，有的启事需要写得具体详尽，如“招聘启事”需要写清招聘单位的基本情况、招聘需要的对象、应聘条件和方法；有的就可以写得简单概括，如“招领启事”只需要对招领物件作大致的描述就可。

招聘启事正文一般包括：招聘单位的性质、所在城市、地理位置及企业的基本经营状况；应聘者的条件，如招聘的岗位、性别、年龄、学历、专业、工作经历等；应聘者的工作待遇、优惠条件；报名办法、需要准备的个人资料；招聘单位名称、地址、电话、联系人、网址等。

开业启事正文一般包括：开业企业的名称、开业时间，开业企业主要经营的商品介绍，开业期间为消费者提供哪些优惠让利服务，开业优惠活动起止的时间，开业企业的名称、地址、电话、联系人、网址等。

征文启事正文一般包括：征文的目的，征文的主题，征文的范围，征文的要求，征文起止的时间，征文评选的办法、设立的奖项及奖金标准，欢迎应征的礼貌语等。

（三）落款

落款一般位于正文右下方。启事人如果是个人，落款包括事主的署名和时间。如果是机关、团体或者是单位，落款应有启事单位名称、时间和启事单位的公章，以增加启事的可信度。如果正文中没有交代联系事项，还应在署名之后附上详细的联系方式。

二、启事的写作要求

启事的写作，除一些特殊种类有其具体要求外，一般要做到：

（一）内容真实完整

启事的目的意在向公众说明、宣传需要知晓或提供帮助的事情，从而达到某种特定目的，因而，作者应将事情真实、完整地叙说清楚。如果弄虚作假或者有所遗漏，那么非但不能达到启事的目的，反而会造成极为恶劣的后果。

（二）用语诚恳礼貌

作为一种求知性、求助性文体，启事的语言应该真诚、谦和、礼貌，使得他人乐意接受并自愿采取帮助行动。

（三）文字简洁明确

考虑到便于传播、便于记忆和节约费用的要求，启事的写作应简洁明确，将主要事项交代清楚即可，不必追求辞藻的华丽、结构的匀称等，更不可拖泥带水、长篇大论。

三、海报的写作技巧

海报通常由三部分组成，即标题、正文与落款。

（一）标题

标题是海报宣传的“窗户”，因此，标题的拟定应尽量简洁明了、新颖醒目，能一下子抓住读者的注意力和兴趣。

海报的标题通常有两种写法：一是直接以文种作为标题，首行正中醒目地写上“海报”“好消息”等。二是根据活动内容，撰写标题，比如“迎新舞会”“演讲比赛”等等。

（二）正文

正文是海报的核心部分，这是对海报内容的具体描述语言，要求描写形象生动，简明扼要，做到既有鼓动性，又不夸大其词。内容简单的海报可以采取一段成文的写作方式，简明扼要地讲清时间、地点、人物、事件就可。内容比较多的则可采用分项目的说明方法，将有关事项分别说清。

（三）落款

通常写在海报正文的右下角，写明主办单位及撰写日期。这部分内容如果在正文内有所涉及，也可省略不写。为了增加吸引力，也可在落款处配上一句吸引人心的口号，例如，“机会难得，勿失良机!”，等等。

四、海报的写作要求

（一）内容真实

海报中涉及的内容必须真实可信，切忌夸大其词，欺骗公众。

（二）语言生动

为最大限度地激发公众的参与度，在保持内容真实的前提下，海报的语言务必具有生动性和鼓动性，还可适当配备一些艺术图案，以增强感染力。

五、声明的写作技巧

声明一般由标题、正文和落款三部分组成。

（一）标题

标题一般可以直接写上文种“声明”二字；或者可以由“事由”+“文种”构成，如“遗失声明”等；还有一种是“发文机关名称”+“事由”+“文种”三项组成，如“海马集团关于商标侵权的声明”。

（二）正文

正文直截了当地简要说明要向社会告知的内容，表明态度。最后，通常另起一行写上常用结束语“特此声明”。

（三）落款

在正文的右下方落上声明的单位名称或个人姓名，及日期。以单位名义落款的需要加盖公章。如果需要社会公众给予共同关注监督的，可以在署名日期之后另起一行空两格写上联系方式。

六、声明的写作要求

（一）态度鲜明

写作声明时，要义正严词地维护声明人的权益，直接对侵权行为发出警告，表明鲜明的态度。

（二）语气坚决

由于声明人处于正义的、受法律保护的一方，所以写作时语言要准确有力，语气要坚决果断。

案例评析

【案例一】

“美丽浙江”创作歌曲全国征集评选活动启事

为扎实推进浙江文化强省建设，全面宣传浙江“物质富裕、精神富有”现代化进程的探索与实践，热情讴歌浙江人民建设“美丽浙江”的精神风貌和感人故事，决定面向全国开展以“美丽浙江”为主题的优秀新创作歌曲征集评选活动。

一、组织机构

活动主办单位：中共浙江省委宣传部　浙江省文化厅

活动承办单位：浙江省文化馆　浙江省音乐家协会

二、创作主题

“美丽浙江”歌曲创作主题应始终紧扣“务实、守信、崇学、向善”的浙江人共同价值观，讴歌创业创新，展现有时代感的“最美浙江人”形象，较好体现浙江地域特点和人文特色。通过征集活动，力求创作推出一批能够反映浙江最美人文、最美人物、最美风光等一系列以“美丽浙江”为主题、深受群众喜爱、能够广为传唱、产生较大社会影响的优秀歌曲。

三、征集要求

（一）全国专业与业余的词、曲作者均可参加。

（二）征集作品为2012年1月1日以来创作（要求原创不含改编），且并未在任何评选活动中获奖的词曲新作。

（三）作者投稿参与此次活动，即视为已同意主办方对其报送作品的任何形式（通过电视、电台、网络等任何媒体、载体进行使用，包括词稿、曲谱、录音小样等资料）拥有非商业性使用权（包括复制、剪辑等权利），作者享有著作权与署名权。来稿恕不退还，请自留底稿。

（四）作者提交的作品及音像资料均不得侵犯任何第三方的著作权、商标及其他知识产权，作品提交时必须提供作者本人手写签名的“作品原创性与法律责任声明”（附件2）否则法律责任自负。

四、活动步骤

（一）第一阶段歌词征集活动。将评选出入围候选歌词30首，颁发证书，稿酬2 000元。歌词作品截稿时间：2013年6月30日，入围歌词公布时间为：2013年7月中旬。

（二）第二阶段歌曲创作征集活动。曲作者选择入围候选歌词谱曲（可自定歌词谱曲），寄送时需附歌曲小样，将评选出入围候选曲谱20首，颁发证书，稿酬3 000元。入围曲谱截稿时间：2013年9月20日，入围曲谱公布时间：2013年10月中旬。

（三）第三阶段由“美丽浙江”创作歌曲征集评选活动组委会确定5首入选歌曲，颁发证书，稿酬5 000元。组委会将对歌曲进行精心制作、包装，并在网络、浙江省各电台等媒体平台上播放。入选歌曲公布时间：2013年10月下旬。

入围入选作品发布平台：浙江艺术网（www.zjart.com）、浙江音乐网（www.zjmusic.com.cn）、《歌曲》杂志。

五、报送方式及其他要求

报送者可从浙江艺术网（www.zjart.com）、浙江音乐网（www.zjmusic.com.cn）下载本启事附件“报名登记表”和“作品原创性与法律责任声明”，按要求填写表格后，第一阶段连同歌词作品寄发，第二阶段连同曲谱一式三份（完整歌曲需提供录音小样）寄发，寄发至浙江省文化馆表演艺术指导中心。

地址：杭州市武林路71号　邮编：310006

联系人：周亦文

联系电话：0571-87028384　13657170660

电子邮箱：mlzj@sina.com

“美丽浙江”创作歌曲征集评选活动组委会办公室拥有本次活动细则的解释权。

附件1. “美丽浙江”创作歌曲全国征集评选活动报名表

　　2. 作品原创性与法律责任声明

“美丽浙江”创作歌曲征集评选活动组委会

2013年4月8日

（来源：浙江在线）

【评析】这是一则有关“美丽浙江”创作歌曲征集评选活动的启事，征集目的、组织机构、活动主题、具体要求等清楚有序。由于是以团体组织名义发布的启事，行文带有一定的权威性。

【案例二】

苗族风情艺术展演海报文案

“四面楚歌”为何动听？它——是苗族的艺术。

幽远的古乐，传自五千年前的“凶黎之丘”。那里有一位“铜头食沙，以角抵人”的蚩尤，苗人敬他为尤公……古朴的傩戏将慢慢对您讲述。

铮铮楚风曾铸就项羽的拔山傲骨，蛮夷文明也哺育屈原的不朽辞赋，这是一个崇真尚美的民族！封闭的苗疆有幸真实地留住了古老文明。如今……我们驾驭春风，走出山门，与时代共舞！

黔中的优雅，东岭的彪悍，还有西山的狂野，西南大地“三苗”联袂，共同展露一幅清新神秘的画卷。您将一睹质朴高昂的舞风，多彩欢乐的服饰礼俗，鲜见的工艺古物，惊骇玄妙的神功傩仪，幽远凄婉的楚歌，以及恐怖有趣的“鬼哭节”祭鬼傩戏……

如火如荼的情感，来自俊逸淳良的苗乡。一群刀山敢上、火海敢下的黎人将为您献上蚩尤部落古文化，一个虽远犹近的传奇！

【评析】这是一则艺术展演活动海报，主题突出又不失艺术性。在保持内容真实的前提下，语言生动，极富煽动性，具有较强的感染力，使读者产生跃跃欲试的参与热情。

【案例三】

MFG.com 公司声明

近期，MFG.com 公司（以下简称本公司）接到客户反馈，发现有冒用本公司名义联系客户、收取合作费用的事件发生。此举严重侵害本公司合法权益及声誉，涉嫌诈骗及其他违法行为。为此，本公司特发表声明如下：

一、上海美福集网络科技有限公司是 MFG.com 在中国的唯一运营机构；本公司从未授权任何其他单位或个人在中国代理 MFG.com 经营活动。

二、www.mfg.com，www.mfg.cn，是本公司官方网站，一切业务信息以及公司相关信息均从该网站发布。

三、胡经科（Antony Hu）、俞晓丹（Shelley Yu）已经和本公司解除劳动合同，其言行不再代表本公司，由此产生的一切法律后果和责任均应由其个人承担。

本公司严格按照中国相关法律法规和有关规定开展经营活动，本着对客户负责的态度，特发此声明。凡侵害本公司合法权益的行为，本公司将保留循法律途径予以追究的权利。提醒广大供应商及采购商切勿上当！如已受骗，敬请联系本公司客户服务部寻求帮助。

咨询电话：021－2213 9828 转客户服务部

咨询邮箱：mfgapac@mfg.com

联系人：Sherry，Jill

特此声明

上海美福集网络科技有限公司

2013 年 6 月 13 日

（来源：MFG.com 中文官网）

【评析】这则声明语气坚定有力，态度严正，为了有效维护自身和客户权益，还公开联系方式，便于公众监督和联系。

第二节　演讲稿的写作

情景导入

为了激发公司年轻员工的创业、创新的梦想与激情，实现个人与企业共同成长，共享人生出彩机会，结合“中国梦”系列活动，上虞市恒盾伞业有限公司决定举办“我和我的恒盾梦”演讲比赛，要求每个部门推荐 1 名年轻员工参加。根据陈婷的综合素质，总经办决定推荐陈婷代表部门参加比赛。

陈婷认识到这是一次在单位领导和同事们面前展示自己的极好机会，虽然自己在大学时参加过多次演讲比赛，但到单位后还是第一次在这么多人面前演讲，而且代表的是整个总经理办公室的实力，自己必须下功夫好好准备。

必备知识

一、演讲稿的含义

演讲稿也叫讲话稿，是人们在工作和社会生活中经常使用的一种文体。它可以用来交流思想感情，表达主张见解；也可以用来介绍自己的学习、工作情况和经验等，具有宣传、鼓动、教育和欣赏等作用。它可以把演讲者的观点、主张与思想感情传达给听众以及读者，使他们信服并在思想感情上产生共鸣。

二、演讲稿的种类

按照演讲的场所，可以分为会场演讲稿、课堂演讲稿、广播演讲稿、电视演讲稿等。

按照演讲的内容，可以分为答谢演讲稿、学术演讲稿、竞聘演讲稿等。

按照表达形式，可以分为叙述性演讲稿、议论性演讲稿、抒情性演讲稿。

三、演讲稿的特点

（一）针对性

演讲是一种社会活动，是用于公众场合的宣传形式。它为了打动听众，必须要有现实的针对性。要关注听众所关心的问题，结合听众的层次，来设计演讲内容。

（二）口语性

演讲稿是由演说人讲出来的，因此它的词汇不能过于书面化，要尽可能减少演讲稿中书面语的运用而使用口语，以保持演说的通俗流畅性。

（三）情感性

演讲是一门艺术。情感是演讲是否能获得听众共鸣的重要因素，为此演讲稿应该是充满激情、富有感染力的。

能力技巧

一、演讲稿的写作技巧

演讲稿的结构分标题、称谓、开头、主体、结尾五个部分。

（一）标题

演讲稿的标题可以用演讲的主题来担任，如“北大之精神”；可以用演讲的场合来担任，如“在浙江物产集团文化节开幕式上的演讲”；也可以以提问式作为标题，如“‘命运之神’在哪里”。

（二）称谓

称谓要得体，要注意一定的情感性，以拉近与听众的心理距离。

（三）开头

演讲稿的开头，也叫开场白。它在演讲稿的结构中处于显要的地位，具有重要的作用，要抓住听众，引人入胜。好的演讲稿，一开头就应该用最简洁的语言在最短的时间内把听众的注意力和兴奋点吸引过来，达到出奇制胜的效果。

开头的方式主要有：

1. 由问候语开始。用几句诚恳的话同听众建立个人间的关系，获得听众的好感和信任后开始。例如：朱利萍老师《在2013届学生毕业典礼上的讲话》开头。

亲爱的同学们、老师们：

大家好！

不知大家有没有注意到我刚才的称谓，以往讲话，我们肯定将领导、老师，放在前面，但是今天，我把同学放在了首位，因为，在今天这样一个场合，我们的主角既不是领导，也不是老师，而是你们，我亲爱的同学们。所以，我的首要任务是要代表全校120位毕业班主任，向所有在今天毕业的2 570多位毕业生表示最热烈的祝贺！祝贺你们顺利完成了大学的学业。

2. 衔接。开头用某一件小事、一个比喻或个人经历、轶事传闻，将主要演讲内容衔接起来。如《拼搏——永恒的旋律》开头：

今天我给大家带来了一样礼物。（举起一个小铜盒）我珍藏它已五年多了。它不仅使我改变了自己的命运，更使我明白了自己肩上重担不止千斤。你们一定想知道它是什么？那就请听一个关于我自己的真实的故事……

这样示物开头很自然地给听众留下了悬念。接着，演讲者便以铜盒为线索讲了下去。

3. 开门见山，揭示主题。这种开头是一开讲，就进入正题，直接揭示演讲的中心。先明晰地把握演讲的中心，把要向听众揭示的论点摆出来，使听众一听就知道演讲的中心是什么，注意力马上集中起来。例如，有位演讲人在短短的15秒钟内便把他的演讲目的陈述给听众：

女士们，先生们，早上好！谢谢大家给予我这个露面机会。美国广告联盟是美国传播工业的一个重要组成部分。当前，美国传播工业还面临许多问题，而重担则落在大家的肩上。我今天演讲的目的便是就这些问题及它们呈现出的挑战谈谈我的看法。

4. 提出问题，引起关注。这种方法是根据听众的特点和演讲的内容，提出一些激发听众思考的问题，以引起听众的注意。例如弗雷德里克·道格拉斯1854年7月4日在美国纽约州罗彻斯特市举行的国庆大会上发表的《谴责奴隶制的演说》，一开讲就能引发听众的积极思考，把人们带到一个愤怒而深沉的情境中去：

“公民们，请恕我问一问，今天为什么邀我在这儿发言？我，或者我所代表的奴隶们，同你们的国庆节有什么相干？《独立宣言》中阐明的政治自由和生来平等的原则难道也普降到我们的头上？因而要我来向国家的祭坛奉献上我们卑微的贡品，承认我们得到并为你们的独立带给我们的恩典而表达虔诚的谢意么？”

除了以上几种方法，还有悬念式、警策式、幽默式、双关式、抒情式等。

（四）主体

主体是演讲稿的主要部分。要把握行文的环环相扣、层层递进的问题。

撰写演讲稿时要根据听众以听觉把握层次的特点，在演讲中树立明显的有声语言标志，以达到层次清晰的效果。可以反复设问，选用过渡句，或用表示先后的“首先”“其次”等语词来区别层次。此外还要注意演讲稿的节奏。既要鲜明，又要适度。平铺直叙，呆板沉滞，固然会使听众紧张疲劳，而内容变换过于频繁，也会造成听众注意力涣散。因此在演讲中要注意适度插入一些轻松幽默的内容以实现演讲意图。

（五）结尾

结尾是演讲内容的自然收束，要简洁有力，余音绕梁。演讲稿的结尾没有固定的格式，可以对演讲全文要点进行简明扼要的小结，或以号召性、鼓动性的话语作收束，或以名言、幽默俏皮的话语以及富有节奏的排比作结尾。写作的原则是要争取给听众留下深刻的印象。

二、演讲稿的写作要求

（一）要口语化

“上口”“入耳”是对演讲语言的基本要求，也就是说演讲的语言要口语化。演讲稿的“口语”，不是日常的口头语言的复制，而是经过加工提炼的口头语言，要逻辑严密，语句通顺。

（二）要生动感人

好的演讲稿，语言一定要生动。如果只是思想内容好，而语言干巴，那就算不上是一篇好的演讲稿。一是用形象化的语言，运用比喻、比拟、夸张等手法增强语言的形象色彩，把抽象化为具体，深奥讲得浅显，枯燥变成有趣。二是运用幽默、风趣的语言，增强演讲稿的表现力。这样，既能深化主题，又能使演讲的气氛轻松和谐；既可调整演讲的节奏，又可使听众消除疲劳。三是发挥语言音乐性的特点，注意声调的和谐与节奏的变化。

（三）要准确朴素

准确，是指演讲稿使用的语言能够确切地表现讲述的对象——事物和道理，揭示它们的本质及其相互关系。其次，要做到概念明确，判断恰当，用词贴切，句子组织结构合理。朴素，是指用普普通通的语言，明晰、通畅地表达演讲的思想内容，而不刻意在形式上追求辞藻的华丽。如果过分地追求文辞的华美，就会弄巧成拙，失去朴素美的感染力。

（四）要控制篇幅

演讲稿不宜过长，要适当控制时间。演讲稿不在乎长，而在乎精。

案例评析

善　待

——在杭州电子科技大学2014届本科毕业典礼上的讲话

薛安克

亲爱的2014届同学们:

毕业了，祝贺你们！祝福你们！

不久前，我在家园论坛上看到有同学发帖:“再见了，杭电，我把最美好的年华都留给了你。”我真的被感动了。我扪心自问:杭电有没有把最美好的给了你们?

电脑前刷屏选课的你，吐槽选课之难难于秒杀；北面宿舍里的你，感叹阳光何时照到我的床前；图书馆前漏夜排队的你，只是为了一个座位；入校时的你，满心期待的游泳馆，现在注定成为遗憾。作为校长，我真的很抱歉，学校没能为你们做得更好。

尽管如此，你们依然说:“不喜欢别人说杭电差，不喜欢别人说杭电的女生不如她们，不喜欢别人对杭电指手画脚，因为这是我深爱着的杭电!”同学们，感谢你们的宽容！感谢你们对母校的善待!

时光静好，似水流年。每一个经历过的瞬间，要善待；每一个相处过的人，要善待；每一个终将逝去的青春，更要善待。我知道，在你们中间，有遭遇车祸后创造生命奇迹，顺利毕业、理想就业的邵宏刚同学，让我们为他鼓掌！有学业爱情双丰收，即将携手赴美国一流大学深造的学霸情侣，林鉴、芦恺同学，让我们为他俩鼓掌！有热心公益，为800个盲人朋友开启网络生活的“盲盲人海”创行团队，让我们为他们鼓掌!

同学们，这就是我们身边的善待。

今天，我要讲的善待，非佛非禅，不虚不玄。它是人性中最质朴的，也是最耀眼的。

同学们，请善待生命。

每个呱呱坠地的生命，都是人间的一缕阳光，如此美好，又如此可贵。

每当听到年轻人放弃生命，我的内心无比悲伤。孩子，你为什么不善待自己？挫折、痛苦、失败都是生命的过程，一切终将过去，明天太阳照常升起。

每当听到校园伤害事件，我的内心无比沉痛。孩子，你又为何不善待他人？嫉妒、怨恨、仇视都是生命的毒药，请不要轻易地伤害他人，更不能剥夺他人的生命!

当然，大多数人似乎越来越懂得善待自己，还不时地相互提醒。你看，书店里，“养生宝典”特别畅销；微信圈里，“晒幸福”的点赞特别多。“累觉不爱”“人艰不拆”，听起来怪怪，想想还蛮实在。人们渴望轻松，放慢生活，时而“重口味”，时而“小清新”。女生喜欢看韩剧，男生热衷追美剧。现在都爱世界杯，巴西乌龙也可爱。我以为，这固然无可厚非，但仅仅保重身体、享受物质、娱乐当下，这样的善待生命就够了吗?

美国诗人惠特曼说过，“当我活着，我要做生命的主宰，而不做它的奴隶。”真正的善待生命，在于生命价值的追求与实现。

我更敬佩霍金、尼克·胡哲的身残志不残，这是对生命的一种坚韧善待;

我更景仰焦裕禄、孔繁森的生命不息、战斗不止，这是对生命的一种崇高善待;

我更感动于今年高考前夕“夺刀少年”柳艳兵、易政勇的临危不惧、舍己为人，这是对生命的一种本色善待!

同学们，善待生命，就是让光阴不曾虚度，让青春不被辜负，让人生更有厚度！

同学们，请善待社会。

走出校门，你们会遇到更多的困惑。读了那么多年的书，学了一箩筐的名言警句，却往往回答不了现实问题：

为什么“拼搏不如拼爹”“出彩不如出位”？

为什么不断辟谣又突然落地，公信力屡屡陷入危机？

为什么那么多的“三观全毁”“节操尽碎”，让人连喊崩溃？

曾经，我们“夜不闭户、路不拾遗”；曾经，我们“举手之劳，何足挂齿”。而今却纠结：老人倒地，扶不扶？路见不平，吼不吼？医患冲突，闹不闹？小孩路边尿尿，宽不宽容？这些国民话题的探讨，体现了人们对价值观的反思，对善待的呼唤。

诸位同学，请永远记住，社会不像你们想象的那样好，也不会像外界所讲的那样糟。拼爹可能坑爹，出位终将出局；拼搏赢得尊重，奋斗才能出彩！无论何时何地，社会的底线、大众的良知就在那里；无论何时何地，善恶的法则、美丑的标准就在那里。有黑暗就有光明，有堕落就有拯救。在似乎被抹黑了的社会环境中，依然能看见许多善待在熠熠生辉。耄耋老人刘盛兰，拾荒助学十八载，书写人间大爱，感动了整个中国。黑人领袖曼德拉，被关押27年，出狱后以德报怨，以善待之心实现了白人和黑人的和解，赢得了举世赞誉。

社会就像一张网，用善待作网结，它就会牵引人奋发向上，用恶意作网结，它就会让人坠入深渊。对不如意的愤世嫉俗，对不能改变的随波逐流，对得不到的羡慕嫉妒恨，这些都不是对社会的善待！我们需要回归常伦，让“天经地义”返璞归真！让“尊重、信任、关爱”，温暖人间。

同学们，当你功成名就时，你要善待声誉；当你位高权重时，你要善待权力；当你富甲天下时，你要善待财富；当你学富五车时，你要善待知识。当然，更多的人都是路人甲、路人乙，但你仍要善待最珍贵的东西，那就是人的尊严！

我相信，怀揣一颗善待的心，目光会更加温暖，举止会更加优雅，笑容将更加灿烂！

同学们，请善待自然。

大自然的美妙和奇幻，让我们其乐无穷；大自然的善待和馈赠，让我们受益无限。然而，人类对自然的索取和伤害却从未停止。

为了口福，我们津津乐道于把大自然中的美好变成“舌尖上的中国”；为了欲望，我们一次次霸占了其他生灵的家园。动物平均每小时消失一种、生物平均每分钟消失一种，人类的朋友正一个个离去；为了政绩，以破坏生态环境的代价换来好看的GDP；为了利益，人类又在太空中留下了5 000多吨的垃圾。难道真的要等外星人来清理吗？难道我们真的想成为宇宙大家庭中一个不受欢迎的成员吗？

这些年来，经济增长了，城市变大了，但是，青山绿水去哪儿了？蓝天白云去哪儿了？清新的空气去哪儿了？人不能在江河游泳了，汽车却在马路上游泳了。人们要戴着口罩上班了，房间里要靠净化器呼吸了。雾霾重重，让我们看不见“来自星星的你”；污水滚滚，让我们喝不到有点甜的山泉。我们不禁要问，这个世界怎么啦？我们丢失了善待自然的伦理和道德，正在承受先发展后治理之苦、之痛、之难！

悠悠五千年，中华文明历来遵循天人合一，道法自然。大禹治水，化堵为疏，是对自然的善待；东坡疏浚西湖，留下了美丽的苏堤，是对自然的善待。浙江“五水共治”，放弃一时的GDP，守护百姓福祉，正是对传统的回归，对自然的善待。

同学们，是否善待大自然，如何善待大自然，是对一个人德行、品行、修养的考量；更是对一个社会进步和文明的考量！让我们停止“人造灾害”，对大自然多点敬畏，多点善待。

同学们，托尔斯泰说过，如果善有原因，它就不再是善；如果善要结果，那也不能称为善。善待，是一种态度，一种胸怀，一种境界。善待，无须作秀，无须回报，无须等待。善待，不期待别人的理解，更不怕别人的误解。

亲爱的同学们，杭电不能给你们“985”“211”那样的标签和光环。一个看重出身的功利社会，也许对你们不够善待。你们也许碰过壁、流过泪，有过灰心失望，对未来不免还有担忧。但是，古人说“人善我，我亦善之；人不善我，我亦善之”，这样的豁达，这样的修养，这样的气度，才是“善待”的本真！老薛希望，杭电之子都能永葆善待之精神，以善待之举，汇聚善待之洪流，促进社会更加文明、理性、健康地发展！这，就是杭电人的价值取向！

同学们，善待是生命的底色，善待是社会的纽带，善待是自然的法则。善源于心，待见于行。善待成就精彩人生，善待令你行走无疆！同学们，出发吧！

谢谢大家！

【评析】这是一篇校长在学生毕业典礼上的演讲稿，其最大的特点是紧扣“善待”这一主题，结合同学们关注的社会热点，与毕业生们分享了自己的人生感悟，告诫同学们要善待生命，善待社会，善待自然。该文思想深刻，节奏感、层次感清晰，既旁征博引，又很接地气，容易引起听众（毕业生）的共鸣。

相关能力拓展

竞聘演讲稿的写作

竞聘演讲稿是竞聘者在竞聘演讲之前写成的准备用作口头发表的文稿。竞聘演讲的目的，就是要使听众对演讲者有充分的了解和认识，从而鉴别其是否能胜任该职位。演讲稿的撰写，是竞聘上岗演讲的一个不可忽视的重要环节，值得每一位竞聘者注意。

一、竞聘演讲稿的写作技巧

（一）开头

竞聘演讲的时间是有限制的。因此，精彩而有力的开头便显得非常重要。有经验的竞聘者常用下面的方法来开头：

1. 用诚挚的心情表达自己的谢意。这种方法能使竞聘者和听众产生心理相融的效果。例如：我非常感谢各位领导、同志们给了我这次竞聘的机会。

2. 简要介绍自己的有关情况，如姓名、学历、职务、经历等。例如：我叫李哲明，1989年毕业于北京大学哲学系，1991年加入中国共产党，现任人文科学部副部长。

3. 概述竞聘演讲的主要内容。这种方法能使评选者一开始就能明了演讲者演讲的主旨。例如：我今天的演讲内容主要分两部分：一是我竞聘办公室副主任的优势；二是谈谈做好办公室副主任工作的思路。

（二）主体

竞聘演讲的目的，就是要把自己介绍给评选者，让评选者了解你的基本情况，了解你对竞聘岗位的认识和当选后的打算。所以，竞聘演讲的主体内容应该包括以下几方面：

1. 介绍自己应聘的基本条件。一般包括政治素质、业务能力和工作态度等。这一部分实际上是要说明为什么要应聘，凭什么应聘的问题。竞聘者在介绍自己的情况时，一定要有针对性，即针对竞聘的岗位来介绍自己的学历、经历、政治素质、业务能力、已有的政绩等。

2. 简要介绍自身的不足之处。竞聘者在介绍自己应聘的基本条件时，要尽可能地展示自己的长处，但不是对自身的不足之处闭口不言。请看某竞聘者的表述：

我从没有担任过班干部，缺少经验。这是劣势，但正因为从未在“官场”混过，一身干净，没有“官相官态”“官腔官气”；少的是畏首畏尾的私虑，多的是敢作敢为的闯劲。正因为我一向生活在最底层，从未有过“高高在上”的体验，对摆“官架子”看不惯，弄不来，就特别具有民主作风。因此，我的口号是“做一个彻底的平民班长”。

3. 表明自己任职后的打算。评选者更关心的还是竞聘者任职后的打算。因此，竞聘者在竞聘演讲时，一定要用简明扼要的语言亮明自己的观点，也就是说，要紧紧围绕着听众关心的热点、难点问题，提出明确的工作目标和切实可行的措施。请看某竞聘老干部处副处长职务竞聘人的演讲：

总结我自身的情况，我认为我有条件、有能力胜任副处长的工作。如果我能竞聘成功，我将做好以下几项工作：首先，协助处长继续做好老干部工作。解决老干部急需解决的问题。如老干部的政治生活待遇问题、老干部的晚年教育问题。其次，积极组织老干部开展积极健康的文化和健身活动，使他们老有所乐。第三，积极开展家访工作，特别是要加强对孤寡老人的服务工作，安排工作人员与他们结成帮助对子，使他们感受到组织的温暖。第四，设立一个意见箱，了解老人的思想状况，了解他们的需求，并将了解到的情况，及时向局领导汇报，并及时解决问题。

（三）结尾

好的结束语能加深评选者对竞聘者的良好印象，从而有利于竞聘成功。竞聘演讲常见的结尾方法有：

1. 表明对竞聘成败的态度。这种方法能使评选者感受到竞聘者的坦诚。例如：

作为这次竞聘上岗的积极参与者，我希望在竞争中获得成功。但是，我绝不会回避失败。不管最后结果如何，我都将“堂堂正正做人，兢兢业业做事”。

2. 表达自己对竞聘上岗的信心。例如：

我今天的演讲虽然是毛遂自荐，但却不是“王婆卖瓜，自卖自夸”。我只是想向各位领导展示一个真实的我。我相信，凭着我的政治素质，我的爱岗敬业、脚踏实地的精神，我的工作热情，我的管理经验，我一定能把副处长的工作做好。如果各位没有疑虑，那就请给我一个机会，我决不会让大家失望。

3. 希望得到评选者的支持。例如：

各位领导、各位评委，请相信我，投我一票！我将是一位合格的处长。

二、竞聘演讲稿的写作要求

（一）气势要先声夺人

竞聘演讲的一个重要特征就是具有竞争性，而竞争的实质，是争取听众的响应和支持。做到这一点的有效方法之一，就是要有气势，“气盛宜言”。这气势不是霸气，不是骄气，不是傲气，而是浩然正气。有了渊博的才识和对事业深厚的感情，作者就不难找到恰当的语言表达形式。

（二）态度要真诚老实

竞聘演讲其实就是“毛遂自荐”。自荐，当然应该将自己优秀的方面展示出来，让他人了解自己。但要注意的是，在“展示”时，态度要真诚老实，有一分能耐说一分能耐，不能为了自荐成功而说大话、说谎话。

（三）语言要简练有力

老舍先生说：“简练就是话说得少，而意包含得多。”竞聘演讲虽是宣传自己的好时机，但也绝不可“长篇累牍”，应该用简练有力的语言把自己的思想表达出来。

（四）内心要充满自信

著名演说家戴尔·卡耐基曾说过：“不要怕推销自己。只要你认为自己有才华，你就应该认为自己有资格担任这个或那个职务。”当一个人充满自信时，站在演讲台上，面对众人，就会从容不迫，就会以最好的心态来展示自己。当然，自信必须建立在丰富的知识和经验的基础上。这样的自信，才会成为竞聘的力量，变成工作的动力。

案例评析

尊敬的各位领导，各位同事：

大家好！

我叫蔡和平，去年我运气不错，有幸转业到市委办这个人才济济、团结又温暖的大家庭。今年是我的而立之年，常言道：三十而立。在充满生机与活力的新世纪，在日新月异的知识经济时代，在竞争激烈、挑战与机遇并存的今天，扪心自问，我能立什么？我深思过，迷惘过，也无奈过。古人讲：天生我才必有用。适逢这次难得的竞岗机会，我本着锻炼、提高的目的走上讲台，展示自我，接受评判，希望靠能力而不是靠运气为自己的而立之年留下点什么。

站在大家面前有点单薄的我，稳重而不死板，激进而不张扬，温和而不懦弱，愚钝而不懒惰，正直而不固执。我1989年9月考入空军飞行学院，学过飞行，后因视力下降停飞改做地面工作，干过排长、指导员、干事，大学文化，中国共产党党员，2000年9月转业。在有206名军转干部参加的政法系统考试入门中，我名列第二。原以为能谋个警察的差事也就心满意足了，没料到能非常荣幸地被选拔到首脑机关—— 市委办工作。在此，我衷心感谢领导和同仁的厚爱。与大家共事一年来，我既有不小的压力，更有无穷的动力。

我没有辉煌的过去，只求把握好现在和将来。今天，我参加《新益阳》编辑部副主任职位的竞争，主要基于以下两个方面的考虑：

一方面我认为自己具备担任副主任的素质。

一是有吃苦耐劳、默默无闻的敬业精神。我是一个农村伢子，深深懂得“宝剑锋从磨砺出，梅花香自苦寒来”的道理。当兵前，我参加过“双抢”，上山砍过柴火；当兵后，经受过炎炎烈日下负重五十多斤[㊀]日行军五十公里的考验，更经历了八年大西北恶劣自然环境和艰苦生活条件下的磨炼，特别是严格的军营生活培养了我“流汗流血不流泪”和“特别能吃苦、特别能忍耐、特别能战斗、特别能奉献”的良好品质。我爱岗敬业，工作踏踏实实，兢兢业业，一丝不苟，不管

㊀ 1斤=0.5千克

干什么从不讲价钱，更不怨天尤人，干一行，爱一行，努力把工作做得最好。

二是有虚心好学、开拓进取的创新意识。爱因斯坦说过：热爱是最好的教师。我热爱文秘工作，平时爱读书看报，也浏览了一些有关政治、经济方面的书籍。到办公室工作后，我谦虚好学，系统学习了有关业务知识和各级各类文件精神，初步具备了一个文秘人员所必需的业务知识和政策水平。还自学了计算机知识，能够熟练地使用计算机进行网上操作、文字处理并进行日常维护等。我思想比较活跃，爱好广泛，接受新事物比较快，勇于实践，具有开拓精神；同时我朝气蓬勃，精力旺盛，工作热情高、干劲足，具有高昂斗志。

三是有严于律己、诚信为本的优良品质。我信奉诚实待人、严于律己的处世之道。我曾经多年在上百人的连队工作，既要维护连队干部的权威，又要和战士们打成一片，正因为具有良好的人格魅力和做人宗旨，同战友们建立了亲如兄弟的深厚感情，受到了战士们的爱戴，在我转业离队时，许多战友因舍不得我离去而泪流满面，自发地敲锣打鼓为我送行。到市委办工作后，我在日常生活和工作中，不断加强个人修养和党性锻炼，以“老老实实做人、勤勤恳恳做事”为信条，严格要求自己，尊敬领导，团结同志，应该说得到了领导和同事的肯定。

四是有雷厉风行、求真务实的工作作风。11 年的军旅生涯，培养了我雷厉风行、求真务实的工作作风，养成了我遇事不含糊、办事不拖拉的工作习惯，造就了我不唯书、不唯上、只唯真、只唯实的工作态度。至今，我仍然清晰地记得离开部队时一位老首长语重心长对我讲的话：小蔡啊，你不管到哪工作，在什么岗位上，作为一个经过部队多年摔打的共产党人，做什么事要上不愧党、下不欺民，更要对得起部队的培养和自己的良心。

另一方面我认为自己具备担任副主任的才能。

一是有一定的政治素养。我平时比较关心社会生活中的大事，对国家的大政方针有一定的了解，有较高的思想政治觉悟。尤其是到地方工作后，我更加注重政治理论知识的学习和思想意识的改造，能够始终保持坚定的政治立场和较高的政治敏锐性。

二是有一定的文字基础。“腹有诗书气自华”。我在中学阶段就爱好文学，参加过文学社，17 岁时就发表过诗歌，在部队有二十多篇文学、新闻作品和理论文章在省级以上报刊发表。到督查室工作后，在领导和同事的帮助下，我的文字综合水平又有了一定的提高，我撰写的《我们是怎样提高督查工作权威的》在今年的第一期《当代秘书》杂志上刊发后，广西、山西等兄弟省市的督查部门纷纷来信要求我们寄送资料，供他们取经学习。

三是有一定的管理能力。我在部队工作期间，在基层连队任职达五年之久，从事过连队的日常管理和思想工作。在我的任期内，我所在的警卫连是军区空军的基层达标先进连队，我还带队参加过军区空军警卫专业大比武，获得了第三名，本人也荣立了三等功，最重要的是我积累了一定的管理经验。

四是对编辑工作有初步了解。转业前我当过近两年的新闻干事，在空军报社实习过三个月，是空军报的特约记者和解放军报的特约通讯员，从事过团里简报和广播稿的主编工作，对摄影也不是个外行。在督查室工作的一年时间里，我主要从事《益阳督查》《民情调查》的编辑工作，应该说我对编辑工作也略知一二。

假如我有幸竞聘成功，我将笨鸟先飞，不负众望，不辱使命，做到“以为争位，以位促为”。

第一，摆正位置，当好配角。在工作中我将尊重主任的核心地位，维护主任的威信，多请示汇报，多交心通气，甘当绿叶。辩证地看待自己的长处和短处、扬长避短，团结协作，做到：到位不越位，补台不拆台。

第二，加强学习，提高素质。一方面加强政治理论知识的学习，不断提高自己的政治理论修养和明辨大是大非的能力。另一方面是加强业务知识和高科技知识的学习，紧跟时代步伐，不断充实完善，使自己更加胜任本职工作。

第三，扎实工作，锐意进取。既发扬以往好的作风、好的传统，埋头苦干，扎实工作，又注重在工作实践中摸索经验、探索路子，和大家一道努力把《新益阳》办成更具前瞻性、可读性、指导性、思想性和有益阳特色的党委机关刊物。

不容置疑，在各位领导和同事面前，我还是一个才疏学浅、相对陌生的学生或者新兵；平心而论，我到办公室工作的时间短，参加竞争，我一无成绩，二无资历，三无根基，优势更无从谈起。倒是拿破仑的那句“不想当将军的士兵不是好士兵”在激励着我斗胆一试，响应组织号召，积极参与竞争。我不敢奢求什么，只想让大家认识我、了解我，进而喜欢我、支持我，帮助我。也正因为如此，我更加清醒地看到了自身存在的差距，促使我在以后的工作当中，恪尽职守、努力学习。勤奋工作，以绵薄之力来回报组织和同志们对我的厚爱。

最后以一首自编的对联来结束我的演讲，上联是“胜固可喜，宠辱不惊看花开”，下联是“败亦无悔，去留无意随云卷”，横批是“与时俱进”。

谢谢大家！

（来源：中国旅游人才网）

【评析】这篇竞聘演讲稿思路清晰，内容充实，从应聘条件到工作思路具体明确，可信度高，感情真挚、充满自信。

第三节　礼仪讲话稿的写作

情景导入

经过充分的准备，陈婷在“我和我的恒盾梦”演讲比赛中取得了一等奖的好成绩。总经办主任表扬了陈婷，同时又布置了新的工作任务：公司一年一度的文化节即将开幕，届时将邀请上虞市分管副市长、紧密合作企业代表、公司离退休老领导等参加。主任要求陈婷起草公司董事长在文化节开幕式上欢迎词和上级领导的致辞。

陈婷分析，这两个致辞都属于礼仪讲话稿，必须切合讲话者的身份和本次文化节的主题。

必备知识

一、礼仪讲话稿的含义

礼仪讲话稿主要有祝词、欢迎词、欢送词、答谢词等。

祝词是机关、团体、单位是在庆典或会议上，以表示良好愿望和庆祝致贺为内容的讲话。一般有会议祝词、庆功祝词、宴会祝词等类型。

欢迎词、欢送词、答谢词都是迎送宾客和集会时应酬用的讲话稿。

欢迎词是在迎接宾客的仪式上由东道主出面对宾客的到来表示欢迎的讲话文稿。

欢送词是在接待迎送宾客结束时，对其离去表示友情欢送的致辞。

答谢词是宾客对主人的热情接待，在仪式上表示感谢的讲话。

二、礼仪讲话稿的特点

（一）感情性

祝词、欢迎词、欢送词和答谢词要传递的是表示庆贺、欢迎、惜别、感谢的感受，所以具有强烈的情感色彩。

（二）口语性

祝词、欢迎词、欢送词和答谢词都是用来表述的应用性文书，应该注意书面语和口语的使用，使之既富有情趣又自然得体。

（三）适度性

一般说来，礼仪讲话稿的篇幅都不太长。但是如果场面非常隆重，太过简短也会显得不够礼貌。

能力技巧

一、礼仪讲话稿的写作技巧

祝词、欢迎词、欢送词和答谢词的写法基本一样。大体可以分成五个部分:

（一）标题

1. 直接以文种为题。如“欢迎词”“答谢词”等。

2. 以“场合”或“对象”+“文种”为题。如“在博鳌亚洲论坛2015年年会上的欢送词”“教师节的祝词”等。

（二）称谓

通常在称谓前加修饰语，如“尊敬的领导”“亲爱的朋友”，称谓后加头衔，如“教授”“处长”等。如果不清楚头衔或者没有的，可以加“先生”“女士”。

（三）正文

祝词在正文部分要表明自己的身份，传达对与会者的热烈欢迎和问候、说明集会或聚会的原因并表示祝贺。

欢迎词的正文一般说明欢迎的情由，可叙述彼此的交往、情谊，说明交往的意义。对初次来访者，可多介绍本组织的情况。

欢送词则要说明欢送仪式的目的、发言人的身份，回顾和阐述双方在合作或访问期间取得哪些突破性的进展，陈述本次合作交流中双方的合作和交流给双方所带来的益处，阐述其深远的历史意义。私人欢送词还应注意表达双方在共事合作期间彼此友谊的加深、增进以及分别之后的想念之情。若为朋友送行，还要加上一些勉励的话。

答谢词的写作重点是要表达出对主人热情好客的感谢之情。答谢词的正文部分，先要简短陈述具体的事例，对主人所做的安排给予高度评价，对主人的盛情款待表示衷心的感谢，然后对取得的收获给予充分肯定。最后可以谈自己的感想和心情，或向主人提出回访的邀请等。

（四）结语

祝词的结语部分一般是进一步表示祝贺，或者提出希望，表达决心。如果是在酒宴上，其句式则可以为“让我们为×××而干杯”。

欢迎词的结语是用敬语对宾客表示再一次的欢迎。

欢送词通常在结尾处会再次向来宾表示真挚的欢送之情，并表达期待再次合作的心愿。

答谢词的结尾，主要是再次表示感谢，并对双方关系的进一步发展表示诚挚的祝愿。

（五）落款

一般在结语后右下角注上致辞的机关、人物的名称和日期。如果在标题中已经出现，也可以省略。

二、礼仪讲话稿的写作要求

（一）注意礼貌

祝词、欢迎词、欢送词、答谢词都是出于礼仪的需要而使用的，因此要十分注意礼貌。

（二）注意情感

祝词、欢迎词、欢送词、答谢词致辞的双方都有着比较密切的社会关系，因此在书写时感情要真挚，让听众感受热烈的情感。

（三）注意篇幅

祝词、欢迎词、欢送词、答谢词的篇幅应尽可能地简短，语言要精确，语气要热情、友好、温和、礼貌。一般具体事务性内容均不在这里写。

案例评析

【案例一】

2015年新年贺词

习近平

时间过得真快，2014年就要过去了，2015年正在向我们走来。在这辞旧迎新的时刻，我向全国各族人民，向香港特别行政区同胞和澳门特别行政区同胞，向台湾同胞和海外侨胞，向世界各国和各地区的朋友们，致以新年的祝福！

2014年是令人难忘的。这一年，我们锐意推进改革，啃下了不少硬骨头，出台了一系列重大改革举措，许多改革举措同老百姓的利益密切相关。我们适应经济发展新常态，积极推动经济社会发展，人民生活有了新的改善。12月12日，南水北调中线一期工程正式通水，沿线40多万人移民搬迁，为这个工程做出了无私奉献，我们要向他们表示敬意，希望他们在新的家园生活幸福。这一年，我们着力正风肃纪，重点反对形式主义、官僚主义、享乐主义和奢靡之风，情况有了很大改观。我们加大反腐败斗争力度，以零容忍的态度严惩腐败分子，显示了反腐惩恶的坚定决心。这一年，我们加强同世界各国的合作交往，主办了北京亚太经合组织领导人非正式会议，我国领导人多次出访，外国领导人也大量来访，这些活动让世界更好认识了中国。

为了做好这些工作，我们的各级干部也是蛮拼的。当然，没有人民支持，这些工作是难以做好的，我要为我们伟大的人民点赞。

这一年，我们通过立法确定了中国人民抗日战争胜利纪念日、烈士纪念日、南京大屠杀死难者国家公祭日，举行了隆重活动。对一切为国家、为民族、为和平付出宝贵生命的人们，不管时代怎样变化，我们都要永远铭记他们的牺牲和奉献。

这一年，我们也经历了一些令人悲伤的时刻。马航 MH370 航班失踪，150 多名同胞下落不明，我们没有忘记他们，我们一定要持续努力、想方设法找到他们。这一年，我国发生了一些重大自然灾害和安全事故，不少同胞不幸离开了我们，云南鲁甸地震就造成了 600 多人遇难，我们怀念他们，祝愿他们的亲人们都安好。

新年的钟声即将敲响。我们要继续努力，把人民的期待变成我们的行动，把人民的希望变成生活的现实。我们要继续全面深化改革，开弓没有回头箭，改革关头勇者胜。我们要全面推进依法治国，用法治保障人民权益、维护社会公平正义、促进国家发展。我们要让全面深化改革、全面推进依法治国如鸟之两翼、车之双轮，推动全面建成小康社会的目标如期实现。

我国人民生活总体越来越好，但我们时刻都要想着那些生活中还有难处的群众。我们要满腔热情做好民生工作，特别是要做好扶贫开发和基本生活保障工作，让农村贫困人口、城市困难群众等所有需要帮助的人们都能生活得到保障、心灵充满温暖。

我们要继续全面推进从严治党，毫不动摇转变作风，高举反腐的利剑，扎牢制度的笼子，在中国共产党领导的社会主义国家里，腐败分子发现一个就要查处一个，有腐必惩，有贪必肃。

我们正在从事的事业是伟大的，坚忍不拔才能胜利，半途而废必将一事无成。我们的蓝图是宏伟的，我们的奋斗必将是艰巨的。全党全国各族人民要团结一心，集思广益用好机遇，众志成城应对挑战，立行立改破解难题，奋发有为进行创新，让国家发展和人民生活一年比一年好。

中国人民关注自己国家的前途，也关注世界的前途。非洲发生了埃博拉疫情，我们给予帮助；马尔代夫首都遭遇断水，我们给予支援，许许多多这样的行动展示了中国人民同各国人民同呼吸、共命运的情怀。当前世界仍很不安宁。我们呼唤和平，我真诚希望，世界各国人民共同努力，让所有的人民免于饥寒的煎熬，让所有的家庭免于战火的威胁，让所有的孩子都能在和平的阳光下茁壮成长。

谢谢大家。

【评析】此文是 2015 年新年来临之际，国家主席习近平通过中国国际广播电台、中央人民广播电台和中央电视台，发表的 2015 年新年贺词。主题十分明确，就是向大家祝贺新年，对过去一年为取得显著成绩做出贡献的人们表示感谢，对未来老百姓过上更加幸福的生活提出希望和祝愿。热情洋溢的语言风格等无不体现礼仪讲话稿的特点。

【案例二】

福田康夫在博鳌亚洲论坛 2014 年年会上的欢迎词

尊敬的李克强总理，各位各国领导人，各位来宾：

我很荣幸各位出席博鳌亚洲论坛年会，并对各位出席表示感谢。

博鳌亚洲论坛 2002 年开始举行第一次年会，今年已经第 13 次了。现在已经成为世界屈指可数的经济论坛。在每年的年会上，老朋友们加深交往，亚洲各国和各地区的新朋友也能够来此与大家相识，我感到非常高兴。

今年年会的主题是“亚洲新未来：寻找和释放新的发展动力”。人们都说21世纪是亚洲的时代，我相信我们的时代已经到来了。亚洲经济在世界经济中的重要性与日俱增，它的责任也越来越大。为使亚洲保持发展，各国不应该只关注自己，还应该考虑地区全体的利益甚至是整个世界的利益，我们必须对自己的发言和言行负责，如果不负责的话，可持续发展的经济社会是不可能实现的。

博鳌亚洲论坛最重要的目的就是使亚洲经济一体化。为此，我们必须增加相互理解，加强相互合作，如果损害相互信任的话，将会失去发展的动力。亚洲国家将经济合作和地区合作的框架越来越扩大，对自己的发展也是有利的。在此，我提出一句话，那就是：心连心。人和人心连心，对对方保持谦虚，直率地交换意见，既发表自己的意见，也要理解对方的立场和想法，在此再寻求合作的机会。我希望这个论坛也能成为大家心连心的一个机会。

今天有很多国家的领导人出席咱们的开幕式，我很期待能够听到各位对亚洲新兴国家以及世界的改革发表有意义的意见。

再次感谢大家。

【评析】这是博鳌亚洲论坛理事长福田康夫在2014年会上的欢迎词，称谓得体，内容简要阐述了博鳌亚洲论坛的意义和本年度年会的重要意义，同时提出了自己的意见和希望，对出席年会领导和嘉宾欢迎和感谢的情怀也表现得淋漓尽致。

【案例三】

莫言在诺贝尔晚宴上的答谢词

尊敬的国王陛下、王后陛下，女士们，先生们：

我，一个来自遥远的中国山东高密东北乡的农民的儿子，站在这个举世瞩目的殿堂上，领取了诺贝尔文学奖，这很像一个童话，但却是不容置疑的现实。

获奖后一个多月的经历，使我认识到了诺贝尔文学奖巨大的影响和不可撼动的尊严。我一直在冷眼旁观着这段时间里发生的一切，这是千载难逢的认识人世的机会，更是一个认清自我的机会。

我深知世界上有许多作家有资格甚至比我更有资格获得这个奖项；我相信，只要他们坚持写下去，只要他们相信文学是人的光荣也是上帝赋予人的权利，那么，“他必将华冠加在你头上，把荣冕交给你。”

我深知，文学对世界上的政治纷争、经济危机影响甚微，但文学对人的影响却是源远流长。有文学时也许我们认识不到它的重要，但如果没有文学，人的生活便会粗鄙野蛮。因此，我为自己的职业感到光荣也感到沉重。

借此机会，我要向坚定地坚持自己信念的瑞典学院院士们表示崇高的敬意，我相信，除了文学，没有任何能够打动你们的理由。

我还要向翻译我作品的各国翻译家表示崇高的敬意，没有你们，世界文学这个概念就不能成立。你们的工作，是人类彼此了解、互相尊重的桥梁。当然，在这样的时刻，我不会忘记我的家人、朋友对我的支持和帮助，他们的智慧和友谊在我的作品里闪耀光芒。

最后，我要特别地感谢我的故乡中国山东高密的父老乡亲，我过去是，现在是，将来也是你们中的一员；我还要特别地感谢那片生我养我的厚重大地，俗话说，“一方水土养一方人”，我便是这片水土养育出来的一个说书人，我的一切工作，都是为了报答你的恩情。

谢谢大家！

【评析】2012 年 12 月 11 日凌晨，中国作家莫言正式领取了诺贝尔文学奖，随后参加了盛大的诺贝尔奖颁奖晚宴。上述讲话稿是他准备的书面答谢词。文章称谓得体，内容从不同角度表达了对帮助自己获得诺贝尔文学奖的有关人士的感谢之情，语言朴实而真挚。

相关能力拓展

请柬、聘书的写作

一、请柬

请柬是为邀请宾客参加某一活动时所使用的一种书面形式的通知。一般要写清楚称谓、活动内容、时间、地点、方式、要求等。结尾写“届时敬请光临”“此致敬礼”等祈求和表敬语，然后落款。

案例评析

请　　柬

王江潮董事长:

兹定于 2014 年 8 月 10 日至 8 月 18 日，在华侨大厦召开思雨名酒展销会，并于 8 月 10 日中午 11 时 30 分在华桥大酒家举行开幕典礼。敬备酒宴恭候，请届时光临。

鸿远酒业有限公司敬约

2014 年 8 月 2 日

【评析】这则请柬用词文雅，恭敬而不失热情，对活动相关信息的介绍也较为清楚、具体。

二、聘书

聘书也称聘请书，是聘请某些有专业特长或有名望、有权威的人完成某项任务或担任某种职务时所使用的书信体文书。

聘请书的写作技巧如下：

（一）标题

一般用套红、烫金封面印上“聘书”两字，聘书里面文的正中间写“聘请书”或“聘书”字样。

（二）称谓

写明被聘请人姓名，如“××先生”“××同志”等，这个项目也可省略，将被聘请人的姓名在正文中书写，如“兹聘请××先生……”。

（三）正文

交代聘请的原因、聘请担任的职务或承担的工作、聘请的期限。有的还说明待遇，这一点也可省略不写。

（四）结尾

惯用语写“此聘”。

（五）落款

写明聘请单位名称并加盖公章、日期。

案例评析

聘　请　书

为维护公司的合法权益，特聘请杭州市天秤律师事务所王振刚律师担任本公司常年法律顾问，负责办理本公司一切对外法律事务。聘期 2 年（2015 年 1 月～2016 年 12 月）

此聘

杭州市旗胜商贸公司（公章）

2015 年 1 月 5 日

【评析】这则聘书对涉及的关键信息交代得清楚准确。

本 章 小 结

◎ 公关礼仪文书写作时要体现公关性、礼仪性。

◎ 启事与海报的区别：前者严肃，后者活泼。

◎ 写作声明要态度严正、明确。

◎ 演讲稿应主题鲜明，材料充实，亦庄亦谐。

◎ 竞聘演讲稿要目的明确，针对性强，应聘条件具体，工作思路明确。

◎ 礼仪讲话稿要根据场合需要，礼貌热情，语言得体。

应知、应会目标鉴定

一、应知目标鉴定

1．正确说启事、海报、声明的一般特点和写作要求。

2．正确说出聘书、请柬的特点和写作结构。

3．正确说出演讲稿的写作要求。

4．正确说出礼仪讲话稿的格式内容。

5．利用互联网或其他途径查找相关公关礼仪文书的案例，并作出相应评析。

二、应会目标鉴定

1．根据具体的情景进行启事、海报、声明的模拟实训写作。

（1）××国际大酒店是四星级新型酒店，位于××市郊高新开发区，交通便捷，环境幽静，集娱乐、健身、休闲、阅览、餐饮于一体，适合不同等级的消费者。酒店将招聘客房、餐饮、前厅部门经理各1人，要求：35岁以下，大专学历，星级酒店相关工作经历3年以上者。服务员50名，25岁以下，高中以上学历，男性1.70米以上，女性1.60米以上。应聘准备的资料：个人简历、学历证书、技能等级证书、身份证、一寸近照两张。材料合格通知面试，材料于5月30日前寄往或送往××国际大酒店人力资源部。地址：××市××路××号，电话：×××××××，网址：××××××。根据以上材料，写一则招聘启事。

（2）近期某些私人办学及中介机构假借××集团公司的名义发布“联合办学”招收高考落榜生的信息，以毕业后由集团公司安排工作为诱饵，吸引考生及家长。对此，××集团公司授权××市律师事务所××律师发表声明，××集团公司未和任何一家学校签订“联合办学”合同，也从未以“签订用人合同”形式发布招生、招工信息。根据以上材料，写一份严正声明。

（3）云森服装杭州专卖店于5月8日开业。云森是中国驰名商标，服装名牌，由××市服装厂定点生产。5月8日至18日开业期间，全场商品8折优惠。专卖店地址：杭州市××路××号，电话：×××××××。根据以上材料，写一则开业启事，同时制作一份适合张贴的宣传海报。

2．根据实际需要正确写作聘书、请柬。

（1）为了提高学院教学质量，加强实践性教学，培养学生实际操作的动手能力，浙江经济职业技术学院人文部文化市场经营与管理专业特聘请金泰拍卖有限公司董事长金少俊先生为兼职教授，聘期两年。根据以上材料，写一份聘书。

（2）中华诗教促进中心将于2015年5月18日举行诗国青春吟诵晚会，邀请该中心顾问刘大希先生参加并担任评委，请起草一份请柬。

3．根据具体情景写作规范、得体的演讲稿、礼仪讲话稿。

（1）结合实际，写一篇竞聘班干部或学生会干部的演讲稿。

（2）请你代表全校（或全系）在校生写一篇对新生的欢迎词或对毕业生的欢送词。

（3）“元通国际汽车展览会”开幕了，当晚主办单位举行酒宴，请代表主办方浙江物产元通集团有限公司董事长拟写祝词。

（4）王和一行五人是光厦公司员工，他们赴凌云集团公司考察并商讨关于电子技术合作事宜。在为期三天的活动中，他们受到了凌云集团公司吴启明经理的热情欢迎和招待。临别前，请你代王和写一份答谢词。

第四章

契约文书写作技巧

应知目标

- 了解常用的借条、收条、领条等契据的写作知识。
- 懂得合同的分类、写作结构、必备条款和注意事项。
- 熟悉涉外经济合同的结构和写法。
- 熟悉协议书、意向书的写作要领。

应会目标

- 能根据具体情景写作各类契据。
- 能根据实际需要写作规范、严密的合同、协议书和意向书。

第一节　契据的写作

情景导入

王佳琪是刚被上虞市恒盾伞业有限公司录用的新员工，第一天上班，人力资源部工作人员通知她去总务处领取办公用品。王佳琪便兴冲冲地到总务处领取计算机和办公桌椅，工作人员告诉她必须先写一则领条。“领条怎么写？”王佳琪随口一问，“你是大学生，连领条都不会写？”工作人员的一句话，把王佳琪弄得脸红耳赤，“会写，会写”，王佳琪赶紧解释，同时也感觉到了社会对一名大学生的要求，自己必须努力工作，否则对不住自己十多年的寒窗苦读。

思考：领条究竟应该怎么写？平时我们写作契据时应注意些什么？

必备知识

一、契据的含义

契据是单位或个人之间，为了办事方便、手续清楚，在收到、借到、领到钱物时所出的一种书面凭证。

二、契据的特点

（一）凭证性

无论是借条还是收条、领条均是当事人发生经济往来的依据。

（二）契约性

契据一旦签订，便构成一种契约关系，具有法律效力。

（三）慎重性

正因其具备法律效力，所以在立据时双方都应十分慎重。

（四）简便性

契据言简意赅，写清楚发生财物往来的具体内容即可。

能力技巧

一、契据的写作技巧

（一）标题

写明条据的名称如“借条”“收条”“领条”等。

（二）标明条据的性质

在第一行中间位置写明“今借（收、领）到”，如果替别人代借，应在“借”前加“代”字。

（三）正文

写明对方单位名称或个人姓名，借（收、领）款数额、物品名称、数量及归还的具体期限。

（四）结束语

另起一行空两格写“此据”。

（五）落款

借（收、领）款、物单位或个人签名，写明年月日。单位借款、借物应加盖公章，并标明经手人的姓名。

二、契据的写作要求

（一）书写要规范

钱款金额、物品数量必须准确，数字要大写。金额前不留空白，金额后要加“整”字，如“壹仟元整”，以防止添、改。

（二）字迹要工整

契据一般不得涂改。若要改动，须在改动处加盖印章，以示负责。

（三）语言要简明

简洁、明了、准确，是契据要求的语言特点，不能有半点含糊。

（四）落款要明确

对外单位使用的契据，单位名称要写完整，不要用简称。当事人的姓名要以身份证为准。

案例评析

【案例一】

借　　条

今借到电视机一台，DVD 一台。一周后归还。

借物人：李小明

2015 年 6 月 1 日

【评析】此借条存在如下不规范：一是向谁借没有写明确；二是电视机、DVD 的型号、特征没有写明确；三是数字没有大写；四是归还时间不具体；五是格式上缺少结束语。

【案例二】

借　　条

今借到学校工会人民币伍万元整，用于母亲住院治疗费，自出借之日起壹年内还清。

此据

借款人：文海小学李小兰

2015 年 3 月 5 日

【案例三】

收　　条

今收到市人事局交来的 2014 年 12 月该局 20 名党员的党费叁佰伍拾元整。

此据

××市组织部组织处（公章）

经手人：李玉燕

2014 年 12 月 30 日

【评析】案例二和案例三格式规范，内容严密，语言简洁、明了、准确。

第二节　合同的写作

情景导入

经过邀约，上虞市恒盾伞业有限公司与国内外多家企业建立了贸易关系，订单纷至沓来，原有的库房不够用了，需要租用一间厂房，刚好离公司不远的上虞市方泰科技信息公司有厂房出租，公司派陈婷与他们前往协商并负责起草租赁合同。

思考：陈婷该如何起草规范的合同呢？在订立合同的过程中要重点注意哪些问题呢？

必备知识

一、合同的含义

《中华人民共和国合同法》（1999 年 3 月 15 日通过，1999 年 10 月 1 日起实行。以下简称《合同法》）第二条规定："合同是平等主体的自然人、法人、其他组织之间设立、变更、终止民事权利义务关系的协议。"这一定义明确了合同的本质是双方或多方当事人在意愿一致、平等协商的情况下所订立的确认各自的权利与义务的书面协议。

《合同法》规定：婚姻、收养、监护等有关身份关系的协议，适用其他法律。

二、合同的特点

（一）内容的合法性

合同的订立和履行，是当事人受到法律保护和监督的合法行为。只有内容合法的合同才能受法律保护，否则是无效合同。

（二）协商的一致性

合同即"合而同之"。协商一致体现的就是合同程序的合法性。只有各方当事人对各自的权利和义务协商一致，合同才能产生法律效力。

（三）地位的平等性

合同的当事人无论是自然人、法人或者是其他组织，他们的经济关系、法律地位应该是平等的。

（四）条款的完备性

《合同法》中明确规定了合同的必备条款，只有条款完备，才能对各自的权利和义务真正起到保障作用。有些常用的合同，必须按国家规定的示范文本写作。

（五）措辞的严密性

由于合同牵涉到经济利益，因此在表述上必须准确，一旦表意不明或产生歧义，就会带来经济损失或法律纠纷。

三、合同的种类

合同的种类众多，按不同的标准可以进行不同的分类：

按时间有效期分为长期合同、中期合同、短期合同。

按订立方式分为口头合同、书面合同。

按写作形式分为条款式、表格式、条款+表格式（综合式）。

按当事人的国际关系分为国内合同、涉外合同、中外合资合同。

我国《合同法》按内容性质，将合同划分为15种基本类型：

1．买卖合同。买卖合同是出卖人转移标的物的所有权于买受人，买受人支付价款的合同。

2．供电、水、气、热力合同。供用电合同是供电人向用电人供电，用电人支付电费的合同。供用水、供用气、供用热力合同，参照供用电合同的有关规定。

3．赠与合同。赠与合同是赠与人将自己的财产无偿给予受赠人，受赠人表示接受赠与的合同。

4．借款合同。借款合同是借款人向贷款人借款，到期返还借款并支付利息的合同。

5．租赁合同。租赁合同是出租人将租赁物交付承租人使用、收益，承租人支付租金的合同。

6．融资租赁合同。融资租赁合同是出租人根据承租人对出卖人、租赁物的选择，向出卖人购买租赁物，提供给承租人使用，承租人支付租金的合同。

7．承揽合同。承揽合同是承揽人按照定做人的要求完成加工、定做、修理、复制、测试、检验等工作，交付工作成果，定做人给付报酬的合同。

8．建设工程合同。建设工程合同是承包人进行工程建设，发包人支付价款的合同。建设工程合同包括工程勘察、设计、施工合同。

9．运输合同。运输合同是承运人将旅客或者货物以铁路、公路、水路、航空运输等方式从起运点运输到约定地点，旅客、托运人或者收货人支付票款或者运输费用的合同。它包括客运合同、货运合同和多式联运合同等。

10．技术合同。技术合同是当事人就技术开发、转让、咨询或者服务订立的确立相互之间权利和义务的合同。它包括技术开发合同、技术转让合同、技术咨询合同和技术服务合同。

11．保管合同。保管合同是保管人员保管寄存人交付的保管物，并返还该物的合同。

12．仓储合同。仓储合同是保管人储存存货人交付的仓储物，存货人支付仓储费的合同。

13．委托合同。委托合同是委托人和受托人约定，由受托人处理委托人事务的合同。

14．行纪合同。行纪合同是行纪人以自己的名义为委托人从事贸易活动，委托人支付报酬的合同。

15．居间合同。居间合同是居间人向委托人报告订立合同的机会或者提供订立合同的媒介服务，委托人支付报酬的合同。

能力技巧

一、合同的写作技巧

合同的基本写作形式有条款式、表格式和综合式。条款式是用文字分条逐项表述合同的条款；表格式适用于经常反复使用的文本合同；综合式是将条款与表格结合起来使用。不管哪种形式，合同的基本结构都包括标题、约首、正文和约尾四个部分。

（一）标题

合同的标题一般由合同的性质和文种组成，即标题就要标明该合同是哪一类合同，如“买卖合同”“技术合同”等；有的标题中还可点明标的物，如“施工机械设备租赁合同”“房屋买卖合同”等。但不能笼统地写成“合同”或“经济合同”。

（二）约首

约首位于标题之下，包括当事人名称、合同编号及签订的时间、地点等。当事人的名称是必须书写的内容；合同的编号是为了方便合同的登记，有的合同没有此项；签订的时间、地点也可放在约尾中。

当事人的名称一般写在标题的下方的左侧，先顶格书写“订立合同单位”或“订立合同人”，后面上下分列写上各方当事人的名称，要使用全称，再用括号注明规定的简称，如“以下简称甲方或供方、卖方、借款方、出租方”“以下简称乙方或需方、买方、贷款方、承租方”等。

合同编号及签订的地点、时间一般上下分列写在标题下右侧。

（三）正文

正文是合同的主要内容，它包括导语和主体两部分。

导语先点明签订合同的目的、依据和签订过程、签订方式，通常的写法比较固定，比如“为明确双方的权利和义务，根据《中华人民共和国合同法》，经双方协商一致，特签订本合同，以资共同恪守。”

主体部分逐条写明双方协议的具体条款。格式条款通常事先印好，项目比较固定，只要往里填充具体内容即可；非格式条款内容根据需要而定。根据《合同法》的规定，合同主要包括以下必备内容:

1. 标的。合同的标的就是双方或多方当事人权利和义务共同指向的对象。标的可以是物，如购销合同中出售的商品；可以是行为，如运输合同中承运人将旅客和货物运达目的地的行为；还可以是智力成果，如技术合同中的技术、出版合同中的作品等。

标的是一切合同必备的首要条款，必须明确具体地写清楚，标的含糊，责任就含糊；标的也是双方权利和义务的载体，没有标的，权利和义务就失去了指向和依据，合同就不能成立。

2. 数量与质量。数量是标的在量的方面的尺度，是双方权利和义务大小的标准，是对标的的计量。合同中必须明确地规定标的的数量、计量单位和计量方法。

质量是标的在质的方面的规定，它不仅指标的物的好坏、优劣，还包括产品的品种、规格、型号等的标准，标的的质量标准力求详细、具体、明确，凡有统一质量标准的可按标准执行，如国际标准、国家标准等；没有统一标准的，由双方当事人协商确定并在合同中予以说明。

标的的质量常常还包括有关包装和验收的内容，在合同中产品的包装方法，包装标准，包装物的供应，验收的方式、地点、标准等，都应明确规定。

3. 价款或酬金。价款或酬金，是标的的价值。以实物为标的的叫“价款”，如购销合同中买卖商品的价款，租赁合同中的租金，包括单价和总金额；以劳务或智力成果为标的的叫“酬金”，即接受服务一方付给提供服务一方的报酬，如雇用合同中的劳动报酬，保管合同中的保管费。价款或酬金一般都以货币数量来表示，故支付的货币名称、数额要标明，还要明确价款或酬金的支付方式、支付时间等。

4. 履行合同的期限、地点和方式。履行合同的期限是合同当事人实现权利、履行义务的时间界限，包括合同有效期限和履行期限，超过期限未能履行合同，就应当承担由此产生的后果。履行合同的地点指合同履行时的具体地点，包括交货、验货或承建工程的具体地点，必须规定具体、明确，不能产生歧义。履行合同的方式指当事人以什么方式来履行合同，包括时间方式和行为方式两方面。时间方式指的是一次性履行完毕还是分期履行；行为方式指当事人交付标的物的方式，如标的物的交付、运输、验收、价款结算等的方式。

5. 违约责任。违约责任又叫罚则，指当事人由于主观原因造成合同不能履行或不能全部履行而应承担的责任。合同法规定当事人不履行合同义务或者履行合同义务不符合约定的，应当承担继续履行、采取补救措施或赔偿损失等违约责任。违约责任的条款应先定义在合同履行中可能出现的违约情况，后写明发生了这种情况后，责任方应当承担的责任。承担违约责任的主要方式是支付违约金、偿付赔偿金等。

6. 不可抗力因素。由于客观原因如自然灾害等造成不能履行或不能全部履行合同，一般不用承担全部或部分违约责任，而由双方另行协商解决办法。

7. 解决争议的方法。这个条款是当事人关于解决争议的方法、程序和适用法律的约定。解决争议的方法有四种：协商、调解、仲裁、诉讼。

8. 其他条款。除必备条款外，其他未尽事宜的处理办法，合同的生效方式、份数和保存办法、有效期、附件等也应写明确。

总之，正文的主体部分是保证经济合同双方当事人合法权益的主要依据，必须明确写清各方当事人须共同解决的问题、达到的目的，以及由此而产生的各自的权利和义务。

（四）约尾

约尾一般包括合同当事人的署名（盖章）和日期。

1. 署名（盖章）。签订合同的各方当事人单位的全称、电话号码、单位详细地址及邮政编码、开户银行及账号、法定代表人及经办人的签名和单位行政公章或合同专用章。如果需主管部门或公证机关审批、鉴（公）证，则还需写上主管部门或鉴（公）证机关的名称、意见、日期，并加盖公章。

2. 日期。以签订合同的日期为准。签约日期关系到合同的效力，必须写清楚。日期也可写在约首。

二、合同的写作要求

《合同法》规定订立合同必须遵循以下原则：

1. 平等原则。合同当事人的法律地位平等，一方不得将自己的意志强加给另一方。

2. 自愿原则。当事人依法享有自愿订立合同的权利，任何单位和个人不得非法干预。

3. 诚信原则。当事人行使权利、履行义务应当遵循诚实守信的原则。

4. 合法原则。当事人订立、履行合同，应当遵守法律、行政法规，尊重社会公德，不得扰乱社会经济秩序，不损害国家利益和社会公共利益。

5. 依法原则。依法成立的合同，受法律保护，对当事人具有法律约束力。当事人应当按照约定履行自己的义务，不得擅自变更或者解除合同。

案例评析

【案例一】

经 济 合 同

立合同人：
××化工厂第二车间（甲方）
××市第二建筑公司生产科（乙方）

为建筑××化工厂第二车间东厂房，经甲方要求，订立本合同。

甲方委托乙方建造东厂房一座，由乙方全面负责建造。全部建筑费（包括材料、人工）壹拾叁万元。

××化工厂在订立合同后先交一部分建造费，其余在东厂房建成后抓紧归还所欠部分。

工期待乙方筹备就绪后立即开始，力争三月中旬开工，争取十一月左右交活。

建筑材料由乙方全面负责筹备。

本合同一式二份，双方各执一份。

××化工厂第二车间（公章）　　××市第二建筑公司生产科（公章）
主任：××（私章）　　科长：××（私章）

××年×月×日

【评析】这是一份不合法，格式不正确，内容不具体、不明确，语言不规范的合同。①不合法。经济合同的主体应是法人，而这份合同的立合同人都不具备法人的资格与条件。②合同正文中说明："经甲方要求"，不符合合同协商一致性，应改成"经双方友好协商"。③标题不准确。本合同的项目是建筑安装工程承包，用"经济合同"作标题范围大了一些；④内容不具体、不明确。该合同第一条中没有阐明建造厂房的式样、面积、高度、结构等，使乙方无法施工；第 3 条中的"一部分"应具体化；第 4 条中的工期应该明确，尤其是交工日期，还应有保证措施；第 5 条缺少材料标准附件。⑤合同没有说明生效期。⑥该合同缺少违约责任的有关内容，属于无效合同。⑦语言表达不规范，前后称呼不一致，第 3 条中"归还"一词表述不当。

【案例二】

买 卖 合 同

立合同单位：　　合同编号：2015C 字（18）
甲方：纯农果园　　签约时间：2015 年 3 月 3 日
乙方：原汁原味水果行　　签约地点：纯农果园

为明确双方的权利和义务，甲乙双方本着平等互利、等价有偿、协商一致的原则，签订本合同，以资共同恪守。

第一条　乙方向甲方订购水果，名称、等级、单价、数量如下：

名　称	等　级	数量/千克	单　价	金额/元
猕猴桃	一等	500	2.50	1 250
苹果	特级	1 000	1.50	1 500
西瓜	一级小凤仙	1 200	1.60	1 920
枇杷	一级	400	3.00	1 200
香梨	特级	800	1.80	1 440
金额合计：7 310 元（人民币大写，柒仟叁佰壹拾元整）				

第二条　果品质量：各类水果按照国家规定的规格标准执行。

第三条　包装要求和费用负担：

1. 包装材料及规格：除西瓜直接用货车装运外，其他水果均用纸板箱包装，外套保鲜纸膜。
2. 每包水果净重：25 千克。
3. 不同品种等级分别包装。
4. 包装牢固，适宜装卸运输。
5. 每包品种等级标签清楚。
6. 包装费用由甲方负担。

第四条　交货时间、地点：

1. 交货时间：每批水果九成熟时，提前三天预约。
2. 交货地点：原汁原味水果行。

第五条　验收方法：货到后现场抽样验货。

第六条　运输方法及运费承担：甲方通过货车送货，费用由甲方负担。

第七条　结算方式与期限：货到验收合格后三天内，乙方通过银行转账支付。

第八条　甲方的违约责任：

1. 甲方未按合同规定品名、品级、数量交货，应向乙方偿付少交部分总价值 2%的违约金。
2. 甲方未按合同规定时间交货，每逾期 10 天，应向乙方偿付迟交部分总价值 2%的违约金。
3. 甲方包装不符合合同规定，应当返工，所造成损失由甲方自负。

第九条　乙方的违约责任：

1. 乙方必须按合同规定收货，否则，应向甲方偿付少收部分总价值 3%的违约金。

2. 乙方没有按照国家规定的等级和价格标准，压级压价收购，除还足压价部分货款外，应向甲方偿付压价部分总价值 2%的违约金。

3. 乙方在甲方交货后，应按时付款，每逾期一天，应向甲方偿付未付款部分总价值 2%的违约金。

第十条　甲乙双方由于自然灾害和其他不可抗力，而确实不能全部或部分履行合同，可免除全部或部分的违约责任。

第十一条　对本合同产生的一切争议双方应先友好协商，协商不成的，任何一方均可向其所在地的仲裁委员会仲裁或向法院起诉。对仲裁结果或法院裁决双方均应执行。

第十二条　本合同经双方法定代表人或委托代理人签字并加盖行政公章或合同专用章后生效。

第十三条　本合同一式二份，双方各执一份，具有同等法律效力。

第十四条 本合同有效期限自2015年3月3日至2015年12月31日。

第十五条 未尽事宜，双方协商解决。

甲　　方：纯农果园	乙　　方：原汁原味水果行
地　　址：浙江余姚赵家村	地　　址：杭州下城区中山中路××号
代　　表：赵红升	代　　表：李四平
开户银行：工商银行××支行	开户银行：农业银行××支行
账　　号：×××××××××××	账　　号：×××××××××××

【评析】 以上例文属条款式合同，从合同文本看，条款齐全，内容完备，结构完整，语言规范，既符合《合同法》的要求，又符合合同的书写格式。

第三节　协议书的写作

情景导入

随着公司的进一步发展，上虞市恒盾伞业有限公司越来越认识到高素质技术技能型人才的缺乏和企业新产品研发团队力量的不足，他们决定跟地区高校合作，开展订单培养，同时开展校企产学研合作，利用高校的人才优势，研发新产品。经前期协商，公司决定跟绍兴工贸职业技术学院建立深度校企合作关系，陈婷等随公司总经理一起赴该学院签订合作协议。

思考：一份规范的协议书应该怎么写呢？它跟合同又有哪些区别与联系呢？

必备知识

一、协议书的含义

协议书又称协议，是指协作的双方或数方，为保障各自的合法权益，经双方或数方共同协商达成一致意见后，签订的书面材料。

协议书是契约文书的一种，是当事人双方（或多方）为了解决或预防纠纷，或确立某种法律关系，实现一定的共同利益、愿望，经过协商而达成一致后，签署的具有法律效力的记录性应用文。

二、协议书的种类

协议书的种类很多，常用的有技术合作协议书、联营协议书、经销协议书、委托协议书、代理协议书、购房协议书、就业协议书、仲裁协议书等。

三、协议书与合同的区别和联系

协议的使用一般有以下三种情况：

（一）作为正式合同的“前奏”

有些初次建立的或较为复杂的经济关系，需要经过反复多次的谈判、协商才能取得最后的结果。这时，为了表明双方合作的意向，肯定初步洽谈的结果，便于实际工作的开展，往往在正式合同前先签订纲要性的协议书。《中华人民共和国中外合资经营企业法实施细则》中就涉及这种“协议”：“本章所述的合营企业协议，是指合营各方对设立合营企业的某些要点和原则达成一致意见而订立的文件。”

（二）作为已订合同的补充或修订

合同签订后，有可能出现下列情况：发现合同某些规定欠妥；出现预料不到的影响合同履行的情况；一方出现履行合同不当的情况，但经过协商对解决办法取得了一致意见，原合同仍可继续执行。在这些情况下，就可以订立协议书，作为原合同的补充或修订。

（三）当作合同使用

随着社会的发展，改革开放的深入，经济事业日益繁荣，经济关系日趋复杂，需要订立合同的地方越来越多。我国的《合同法》只对经济生活中最常见的 15 种合同关系作了明确具体的规定，凡《合同法》未作规定的领域，都可以用协议书替代。

无论哪一种情况，协议书都具有一定的法律效力，对当事人双方有约束力。就这一点说，它与合同一致。因此，协议书也具有合法性、制约性、对等性、一致性等特点。

能力技巧

一、协议书的写作技巧

（一）标题

协议书的标题一般由当事人名称、事由和文种组成，如“浙江工业大学引进人才协议书”；或事由加上文种，如“技术服务协议书”；或直接写文种，如“协议书”。

（二）约首

标题之下，需写上协议书的约首，即当事人单位名称或代表人、代理人姓名，为行文方便，常常在其名称前加上“甲方”“乙方”等来代称。约首左右并列、上下分列、前后连写均可。

（三）正文

协议书的正文一般由开头、主体和结尾三部分组成。

开头：简要写明签订本协议的依据、原因、目的，紧接着可用程式化语言转入主体，如“现就有关事项达成协议如下”。

主体：就协议有关事宜做出明确、全面的说明，尤其要着力写好协议双方的权利和义务。

结尾：标明本协议共一式几份、保存情况、附件等。

（四）约尾

约尾包括当事人署名（全称），盖章，签订协议书的时间、地点等。必要时还得写上鉴证或公证单位的名称，并加盖公章。

二、协议书的写作要求

（一）合法原则

合法原则即协议书的内容、形式和程序，均须遵守国家的法律，符合国家政策的要求，方能得到国家的承认和保护。凡违反国家政策、法令和危害国家与公共利益的协议是无效的，当事人须承担由此而产生的法律责任。

（二）平等原则

平等协商、自愿互利是签订协议的前提和基础，不同的机关和经济组织在职能、规模和经营能力等方面各有区别，或有领导与被领导的关系，但在订立协议时，彼此的地位是完全平等的，应充分协商、互相尊重。任何一方不得以自己的意志强加于对方，任何单位和个人也不得从中非法干预。双方取得的权利和承担的义务应当是对等的。

（三）制约原则

协议一经签订，即具有法律约束力。由于故意或自己的过失造成的违约，必须承担赔偿损失的责任。

案例评析

【案例一】

协　议　书

中国杭州下沙龙鹰科技有限公司（甲方）
香港××××有限公司（乙方）

双方于 2014 年 7 月 8 日至 10 日在杭州市经友好协商，在平等互利的原则下，就合作投资创办出租汽车公司事宜，达成如下协议：

一、合营企业定名为江南出租汽车公司，经营用大、小型车 100 辆。其中：奔驰 280-S 轿车 7 辆（为二手车，行车里程不超过 17 000 公里，外表呈新）、日产丰田轿车 83 辆（其中 50 辆含里程、金额记数表，空调，步话机等）、面包车 10 辆。

二、合营企业为有限公司。双方投资比例为 3:7，即甲方占 70%，乙方占 30%。总投资 140 万美元，其中：甲方 98 万美元（含库房等公用设施），乙方 42 万美元。合作期限定为 5 年。

三、公司设董事会，人数为 5 人，甲方 3 人，乙方 2 人。董事长 1 人由甲方担任，副董事长 1 人由乙方担任。正、副总经理由甲、乙双方分别担任。

四、合营企业所得毛利润，按国家税法照章纳税，并扣除各项基金和职工福利等，净利润根据双方投资比例进行分配。

五、乙方所得纯利润可以人民币计收。合作期内，乙方纯利润所得达到乙方投资额后，企业资产即归甲方所有。

六、双方共同遵守我国政府制定的外汇、税收、合资经营以及劳动等方面法律法规。

七、双方商定，在适当的时间，就有关事项进一步洽商，提出具体实施方案。

甲方代表：×××
乙方代表：×××

2014 年 6 月 10 日

【评析】这是一份签订正式合同之前作准备的意向式协议书，对双方最重要的权利和义务作了明确的说明，同时也为其他具体实施方案的协商做好了铺垫。格式相对灵活，具体的违约责任等需要进一步签订合同。

【案例二】

项目合作协议书

项目出资人（以下简称甲方）和项目技术负责人（以下简称乙方）

甲方：____________，身份证号：____________

乙方：____________，身份证号：____________

甲乙双方本着公平、平等、互利的原则订立如下合作协议：

第一条 甲乙双方自愿合作经营塑胶和金属油漆项目，总投资为 200 万元，甲方以人民币方式出资 150 万元，乙方以人民币出资 50 万元及技术和客户资源。

第二条 本合伙依法组成合伙企业，在合伙期间合伙人出资的为共有财产，不得随意分割。合伙终止后，各合伙人的出资仍为个人所有，届时予以返还。

第三条 本合伙企业经营期限为三年。如果需要延长期限的，在期满前六个月办理有关手续。

第四条 双方共同经营，合伙人执行合伙事务所产生的收益归全体合伙人，所产生的亏损或者民事责任由全体合伙人。

第五条 企业固定资产和盈余按照取得的销售净利润的甲方 60%、乙方 40%的比例分配。

第六条 企业债务按照甲方 60%、乙方 40%比例负担。任何一方对外偿还债务后，另一方应当按比例在十日内向对方清偿自己负担的部分。

第七条 每年项目产品总销售利润的 10%进行固定投入。销售利润分红，按年结算。

第八条 自协议签订之日起，乙方需要负责技术和市场开发及售后跟进，甲方负责管理及日常事务。

第九条 违约处理。如果一方违反本协议的任何条款，非违约方有权终止本协议的执行，并依法要求违约方赔偿损害。

第十条 争议处理。对于执行本协议发生的与本协议有关的争议应本着友好协商的原则解决；如果双方通过协商不能达成一致，则提交仲裁委员会进行仲裁，或依法向人民法院起诉。

第十一条 本协议到期后，双方均未提出终止协议要求的，视作均同意继续合作，本协议继续有效；如果不再继续合作的，退出方应提前三个月向另一方提交退出的书面文本，并将己方的有关本协议项目的资料及客户资源都交给另一方。

第十二条 协议解除。一方合伙人有违反本合作协议的，另一方有权解除合作协议；一方合伙人做出对企业有损害行为的，另一方有权解除合作协议。

第十三条 本协议未尽事宜，双方可以补充规定，补充协议与本协议有同等效力。

第十四条 本协议自双方签字（或盖章）之日起生效。一式两份，甲乙双方各执一份，具有相同的法律效力。

第十五条 本协议有效期暂定三年，自甲乙双方签字之日起计算，即从____年__月__日至____年___月___日止。

甲方：（签章）　　　　　　　　　　乙方：（签章）

地址：　　　　　　　　　　　　　　地址：

签订地点：__________

签订时间：____年__月__日

【评析】这是协议与正式合同相同，规定了双方权利和义务，以及违约责任、解决争议办法等，条款具体明确，便于执行。

第四节　意向书的写作

情景导入

上虞市恒盾伞业有限公司与绍兴工贸职业技术学院合作十分顺利，通过校企产学研深度结合，开发了具有中国传统特色的青花瓷系列晴雨伞。很快英国某经销商来公司考察，双方经过谈判，签订了合作意向书，该公司成为上虞市恒盾伞业有限公司在欧洲的代理商，双方合作将青花瓷系列晴雨伞销往欧洲。

思考：意向书与合同、协议之间有什么联系和区别。

必备知识

一、意向书的含义

意向书是一种记述初步合作意图及设想的文书，是当事人经过平等协商对合作事项达成初步的原则性、方向性意见后签订的记录性文件。

意向书是国家、单位、企业以及经济实体与个人之间，对某项事务在正式签订条约、达成协议之前，由一方向另一方表明基本态度或提出初步设想的一种具有协商性作用的应用文书。意向书的主要作用是传达一种"意向"，提请对方注意、供对方参考，可以约束双方的行动，保证双方的利益；意向书能反映业务工作上的关系，能保证业务朝着健康有利的方向发展；意向书可作为正式签订协议或合同的前奏。

二、意向书的特点

（一）协商性

写意向书多用商量的语气，不带任何强制性。有时还用假设、询问的语气。

（二）灵活性

从法律角度讲，意向书具有双重属性，第一重属性是对签订正式合同的预约性，意向书的内容并不涉及买卖关系双方的具体权利与义务，该意向书属于预约合同，双方当事人取得的也只是签订正式合同的优先权，最后以双方签订的正式合同为准，即使违约，承担的也只是缔约过失责任，而非违约责任。第二重属性，在意向书的内容已具备合同的构成要件时，它就是一份有效的合同，一旦当事人一方违约，即需要承担违约责任。因此相对于合同来说，具有一定的灵活性。

（三）临时性

意向书是协商过程中各方基本观点的记录，一旦达成正式协议，便完成了意向性的使命。

三、意向书与协议书、合同的区别

与协议书和合同相比，意向书大多没有写明违约责任，因此不具备合同和协议书那样的法律效力，只具备对立约各方信誉上的约束力，只表达谈判的初步成果，为进一步签订协议书和合同作铺垫，一旦协议书或合同签订，意向书就不再需要了。

意向书的内容是概略性、轮廓性的，不像协议书或合同那样具体，一般将当事人议定的共同目的、合作领域和项目、大体规模等初步意向记下来即可。有时意向书可以是一方以广告的形式来征求合作单位，例如，CMC 作为专业的管理类网络媒体，在网上发布媒体合作意向，寻求合作伙伴。

能力技巧

一、意向书的写作技巧

（一）标题

意向书的标题与协议书相同，可直接写“意向书”，也可加上事由和当事人名称，如“就业意向书”“中国管理传播网网媒联盟意向书”。

（二）正文

意向书开头简明扼要地写明双方单位名称，代表人姓名、身份，洽商时间、地点，以及洽谈的主要事项。

主体写明双方协商一致的具体意向，一般以条款形式表述。

结尾写明意向书的份数、保存情况等需要说明的事项。这一部分也可以省略。

（三）落款

落款处当事人签名盖章，写明签订日期、地点。

二、意向书的写作要求

（一）行文简练

意向书内容体现签订方原则性的意向，不像合同、协议那样具体，不用注明违约责任，也不用标明有效期限。因此，内容简练，篇幅较短。

（二）语言平和

意向书一般不具备法律约束力，故行文语言相对平和，格式相对随意，内容相对灵活。

（三）态度严肃

意向书虽不受法律约束，违反意向也不会造成严重后果，但容易给自己的信誉造成消极影响。因此，签订意向书也须严肃、认真、慎重。

案例评析

学生实习合作意向书

甲方：××工业园区劳务服务有限公司

地址：××工业园区星海街198号星海大厦　　联系电话：87628354

传真：87628341

乙方：××职业技术学院

地址：××市高教园区22号大街68号　　联系电话：88939393

传真：88932885

甲、乙双方经友好协商，就乙方学生实习安排事宜，本着精诚合作、互惠互利的原则，特订立合作意向书如下：

一、乙方在制订学生实习计划时，提前向甲方通告学生资源情况。甲方也预先向乙方提供××工业园区外资企业（客户公司）招聘实习生的需求信息、客户公司的相关信息如薪资待遇、工作时间、住宿条件、交通等。如甲、乙双方均有合作意向，则乙方优先考虑按甲方的要求，提供优秀的、数量充足的实习学生。

二、甲方负责对乙方的学生进行考核筛选，并将合格者安排到客户公司实习。

三、甲方按照实际人数收取乙方安置费20元/人。

四、甲、乙双方共同负责对学生的实习管理，稳定实习生队伍，确保客户公司的满意度。

本意向书一式两份，甲、乙双方各执一份，由双方代表签名，盖章后生效。

甲方：××工业园区劳务服务有限公司　　乙方：××职业技术学院

代表签字：李向阳　　代表签字：王春林

2015年5月3日

【评析】以上例文，内容比较灵活，格式相对随意，行文简明扼要，不像合同那样具体、复杂，体现了意向书的特点。

相关能力拓展

洽谈备忘录与谈判纪要

洽谈备忘录是商务往来双方就某种共同感兴趣的贸易、技术转让、技术合作等项目在进行初步谈判后，双方认为可以进行更进一步洽谈时，所写出的双方均已经接受的文字材料。洽谈备忘录是一种简单的、初步的协议书。

谈判纪要又称会谈纪要，是记载谈判情况和谈判主要内容及议定事项的协约性文书。作为商务协约文书，谈判纪要是双方协商的产物，并经过双方认可、共同签署。

洽谈备忘录不同于谈判纪要，后者双方签字，前者没有。纪要记录的是双方达成一致性意见的内容，而备忘录所记录的是双方各自的意见观点，它有待于下一次洽谈时进一步磋商；纪要以“双方一致同意”的语气来表达，备忘录则以甲乙双方各自的语气来表达。

涉外经济合同

涉外经济合同是指中国的企业或其他经济组织，为实现一定的经济目的与外国的法人或个人之间订立的经济合同。在合同种类上，涉外经济合同可根据标的物运行方向，分为进口合同和出口合同。不同的标的物运行方向，产生不同的合同条件，如 FOB 条件（Free on Board，离岸价）、C&F 条件（Cost and Freight，货价加运价）、CIF 条件（Cost Insurance and Freight，到岸价）等，进而形成了不同的合同文本。按国际惯例，涉外经济合同又可分为合同（Contracts）、协定（Agreements）、议定书（Protocols）、确认书（Confirmations）。

涉外经济合同的文本形式与国内合同基本一样，但须形成结构、内容、意义相同的双语文本。文本结构也分标题、约首、正文、约尾、附件。外文文本的标题要求大写，约首要注明当事人国籍。

涉外经济合同的写作必须依据我国《合同法》，同时也要符合世界贸易组织的相关法律文件和其他国际组织的相关规定，如《联合国国际货物销售合同公约》《国际贸易术语解释通则》等，此外，还要遵从国际公认的经济事务惯例。

一般货物出口合同

合同号:
日　期:
订单号:

买方:
卖方:
买卖双方签订本合同并同意按下列条款进行交易:
1. 品名及规格:
2. 数量:
3. 单价:
4. 金额:
合计:
允许溢短装____%
5. 包装:
6. 装运口岸:
7. 目的口岸:
8. 装船标记:

9. 装运期限：收到可以转船及分批装运之信用证____天内装出。

10. 付款条件：开给卖方100%保兑的不可撤销即期付款之信用证，并须注明可在装运日期后15天内议付有效。

11. 保险：按发票110%保全险及战争险。由买方自理。

12. 买方须于____年____月____日前开出本批交易信用证，否则，卖方有权：不经通知取消本合同，或接受买方对本约未执行的全部或部分，或对因此遭受的损失提出索赔。

13. 单据：卖方应向议付银行提供已装船清洁提单、发票、中国商品检验局或工厂出具的品质证明、中国商品检验局出具的数量/重量鉴定书；如果本合同按CIF条件，应再提供可转让的保险单或保险凭证。

14. 凡以CIF条件成交的业务，保额为发票价值的110%，投保险别以本售货合同中所开列的为限，买方如要求增加保额或保险范围，应于装船前经卖方同意，因此而增加的保险费由买方负责。

15. 质量、数量索赔：如交货质量不符，买方须于货物到达目的港30日内提出索赔；数量索赔须于货物到达目的港15日内提出。对由于保险公司、船公司和其他转运单位或邮政部门造成的损失卖方不承担责任。

16. 本合同内所述全部或部分商品，如因人力不可抗拒的原因，以致不能履约或延迟交货，售方概不负责。

17. 仲裁：凡因执行本合同或与本合同有关事项所发生的一切争执，应由双方通过友好方式协商解决。如果协商不能达成一致时，则在中国国际经济贸易仲裁委员会根据该仲裁机构的仲裁程序规则进行仲裁。仲裁决定是终局的，对双方具有同等约束力。仲裁费用除仲裁机构另有决定外，均由败诉一方负担。仲裁也可在双方同意的第三国进行。

18. 买方在开给卖方的信用证上应填注本确认书号码。

19. 其他条款：

卖方：　　　　　　　　　　　　　　　　　　　　买方：

（资料来源：律师365网站）

本章小结

◎ 契据，措辞严密，数字大写，格式规范，语言简单，字字有分量。因为它是一种书面凭证，一旦签字，就形成了一种契约关系，具有法律约束力。

◎ 根据《合同法》规定，常用合同有15种。无论哪种合同都必须具备：标的，数量与质量，价格或酬金，履行期限、地点和方式，违约责任，解决争议的办法，以及不可抗力因素等必备条款。

◎ 与合同相比，协议书的范围更加广泛，写作也更灵活。

◎ 协议书、意向书的法律效力虽然不及合同，但在履行条款和违约责任明确的前提下，依然会产生法律效力。

◎ 写作合同、协议书、意向书须注意：依据国家的法律和政策；内容具体、明确，语言准确、严密；格式规范，条文科学；体现平等、自愿、公平、诚信的原则。

应知、应会目标鉴定

一、应知目标鉴定

1．修改下列借条。

借　　条

今借到人民币32,200元，5月30日前归还。

借款人：李小兰

5月10日

2．正确说出我国《合同法》中所规定的合同基本类型。

3．正确说出合同的必备条款。

4．通过网络或其他途径查找规范的合同、协议书和意向书各一份，分析比较其特点和异同。

5．分析下面这则案例，指出张经理在签订这份合同时有何差错。

某装修公司张经理与某家具厂赵总经理签订了一份金额达500万元的购销合同。合同规定两个月内交货，由装修公司交付10万元作为保证合同履行的订金。期间家具公司接到一宗更大的订单，无法履行与该装修公司之间的合同，便电告张经理，经多次协商未果，张经理只好要求赵总退还双倍定金，另找合作伙伴。不料对方却只退还10万元，而且是以合同为准，张经理拿出一看，傻了眼，追悔莫及。为什么？

6．指出下面一份合同的毛病，并进行修改。

订 货 合 同

立合同单位：××超市（以下简称甲方）

××食品公司（以下简称乙方）

滋因甲方向乙方购下列货物，经双方协商订立本合同。

品　名	规　格	数　量	单　位	单　价	金　额
花式饼干	500克	100	公斤	10.5	1,050
货款计人民币（大写）：壹仟零伍拾元					

交货地点：超市仓库。

交货办法：乙方仓库当面验收过磅交货。乙方协助办理托运手续，其运杂费用由甲方负责。

交货期限：×月×日前交货。

付款办法：×月×日先付给乙方货款500元，余款起运托收，如有拒付，按总金额罚款10%。

附注：

1．本合同一式两份，双方各执一份，存查。

2．本合同自签订日起至银货两讫失效。

3．乙方向甲方交货100～120公斤，数量可以增减，最少不得少于80公斤。

4. 任何一方违约者，付总金额 1%的违约金。

二、应会目标鉴定

1. 根据具体情景写作规范、严密的契据。

（1）浙江经济职业技术学院团委因演出需要向华丽服饰公司借用演出服 30 套，一周内归还。根据材料，写一张借条。

（2）上班第一天，你去总务处领取办公用品，请写一张领条。

2. 请根据下面材料并适当补充，写作一份规范的条款式合同。

某学院（甲方）委托某建筑公司（乙方）装修办公楼，建筑面积共 1,000 平方米，包工包料，工程造价 120 万元整，工期 120 天。甲方在开工前 30 天做好“三通一平”工作，并向乙方提供施工图。材料需按设计规定购用，乙方需提交材料质保书或合格证。合同签订后甲方预付工程总造价 45%的定金，工程完工并验收合格再付 45%，余款 10%作预留保修金，1 年保质期满，扣除修理金后付给乙方。工程质量要求符合《建筑安装工程质量检验评定统一标准》，并由即时聘请的工程监理工程师协助验收。甲方委派学院项某为常驻现场负责人。乙方委派田某为现场施工负责人。

3. 根据以下所提供的材料，和另一同学合作分别代表其中一方签订一份合作意向书。

2015 年 4 月 16 日至 18 日，杭州××大学王大伟先生，与杭州××公司李小明先生，对校企合作事宜进行了初步协商，双方对进一步探讨建立校企合作合资基地的可行性深感兴趣。双方商定，双方愿以合资或合作的形式建立合资企业，暂定名为××有限公司。建设期为两年，即从 2015～2017 年全部建成。双方意向书签订后，即向各方有关上级申请批准，然后由××公司负责办理合资企业开业申请事宜。双方同意于 2015 年 6 月 15 日至 18 日就双方投资的方式和比例、双方的权利和义务等问题进行进一步的探讨和协商。

第五章

策划研究文书写作技巧

应知目标

- 认识策划研究文书在日常工作、学习中的作用，了解常用策划研究文书写作的格式和要求。
- 懂得计划的写作要领。
- 熟悉策划书的写作要领。
- 熟悉广告文案的特点、创意与写作要领。
- 熟悉商品说明书的特点以及与商业广告的区别。
- 熟悉市场预测报告与计划、调查报告的关系，熟悉常用预测方法与写法要领。
- 熟悉招标、投标文书的写作要领。

应会目标

- 能根据实际需要写作各类计划书。
- 能写作营销策划书和专题活动策划书。
- 能写作有创意的广告文案。
- 会写作规范的商品说明书。
- 会写作简单的预测报告。
- 会写作常用的招标、投标文书。

第一节　计划的写作

情景导入

转眼到了年底，上虞市恒盾伞业有限公司经营班子领导召开了 2 天的专题会议，研究讨论新的一年的工作思路。陈婷和总经办的其他人员也列席了会议。经过 2 天的头脑风暴，基本理清了明年工作的指导思想、总体目标、基本任务、实施路径和举措。会后陈婷负责整理会议决策内容，形成文字稿的公司年度工作计划初稿，再在公司内部征求意见，修改完善后递交职工代表大会审议。

思考：一份计划的制定为何需要如此兴师动众？计划在我们的日常工作中到底发挥着怎样的作用？

必备知识

一、计划的含义

计划是机关、团体、单位和个人对将要进行的实践活动预作构想安排的常用文体。

凡事预则立，不预则废。在日常工作和企业管理过程中，各类活动计划书的编写往往影响着整个工作的成败。

平时我们所指的计划，一般有下列几种别称：

1. 规划——长远的计划，一般三年以上的计划称规划。如《国民经济和社会发展第十二个五年规划》。
2. 方案——详细的、操作性强的计划，如《百联超市母亲节促销活动方案》。
3. 安排——短期的、阶段性工作计划，如《宏大公司年初工作安排》。
4. 设想、打算——粗线条、初步的工作计划，如《2015 年财务处工作设想》。
5. 要点——带有全局性的总体工作计划，如《教育部 2015 年工作要点》。

二、计划的特点

（一）目的性

计划必须在明确目的的基础上制定，因此计划的开头往往是制订计划的目的、依据和总的要求。

（二）预见性

计划是指导今后工作的，任何企业和事业单位或个人都会根据国家相关法规政策、市场需要和自身条件，编制自己的工作计划，提出工作目标，保证取得最佳的工作效率。而只有对计划时限内的形势有所了解，正确地预测有关情况，才能制订出合理而有前导性的工作目标。

（三）可行性

任何的计划都必须切合实际，保证通过努力能实现，才有意义。计划过高或过低都会影响实际效率。

三、计划的种类

计划是日常工作中必不可少的事务文书，因此，可以说，有多少项工作，就有多少项计划。

计划时间可长可短，因此，有月工作计划、季度工作计划、半年工作计划、年度工作计划、五年规划、十年规划等。

计划按性质分类，有综合计划和专题计划。综合计划是整体工作的计划，包括工作的各个方面，如《浙江省物产集团公司 2015 年工作计划》就涉及该公司 2015 年生产、销售、经营管理、企业文化建设等各方面的目标、措施和实施步骤；专题计划是指某一专项工作的计划，如《浙江省物产集团公司 2015 年财务工作计划》。

计划按写作形式分类，有条文式计划、表格式计划、条文兼表格式计划。除短期工作安排用表格式外，大多数计划都用条文或条文兼表格式。

能力技巧

一、计划的写作技巧

（一）标题

计划的标题一般由单位名称、计划时限、计划内容、文种组成。单位名称也可省略。如：“经策股份有限公司 2014 年利润分配计划”“2014 年第二轮企业改制实施方案”。

（二）正文

计划的正文一般由前言、主体和结语三部分组成。

1. 前言。前言说明制订计划的依据、缘由、指导思想、总体要求等，回答“为什么”的问题。如《教育部 2015 年工作要点》开头阐述了工作的总体要求：

2015 年教育工作的总体要求是：高举中国特色社会主义伟大旗帜，以邓小平理论、“三个代表”重要思想、科学发展观为指导，全面贯彻党的十八大和十八届三中、四中全会精神，深入学习贯彻习近平总书记系列重要讲话精神，坚持稳中求进工作总基调，主动适应经济发展新常态，全面深化综合改革，全面推进依法治教，全面加强教育系统党的建设，着力促进教育公平、着力调整教育结构、着力提高教育质量，坚定不移沿着中国特色社会主义教育道路前进，为基本实现教育现代化而奋斗。

2. 主体。计划主体一般有三个要素，即目标、措施和步骤。

（1）目标：即工作要达到的数量、质量要求。一般由总目标和具体任务构成，解决“做什么”的问题。

（2）措施：包括工作制度、具体规定、实施办法、分工情况、责任、配合协作关系等，解决“如何做”和“由谁做”的问题。

（3）步骤：即工作的程序、进程等，解决“何时做”的问题。

计划主体的常见的结构模式有以下两种：

模式一：按照三要素的顺序分条列项；如《国土资源部进一步治理整顿土地市场秩序工作方案》主体结构：

一、治理整顿的指导思想和原则

二、治理整顿的范围和主要内容

三、工作方法和步骤

（一）动员部署阶段（2 月 20 日至 3 月 10 日）

（二）学习和对照检查阶段（3 月 11 日至 4 月 10 日）

（三）处理和整改阶段（4 月 11 日至 6 月 10 日）

（四）验收和总结阶段（6 月 11 日至 6 月 20 日）

四、加强组织领导

模式二：以目标任务为小标题，每一小标题下写出实现相应目标任务的措施、步骤。如《浙江省国资委 2012 年工作要点》主体部分结构：

一、深入推进企业改革，着力优化体制机制

二、加快推进产业转型，着力提升发展层次

三、完善国资监管体系，着力提升监管服务水平

四、加强改进企业党建，着力提升党的建设科学化水平

五、加强机关内部建设，着力提高队伍整体素质

3. 结语。结语即计划的检查办法、执行希望、补充说明等。大多数计划省略结尾。

（三）落款

落款写明计划的制订者、制订日期。如标题中有制订者，则此处可省略。

二、计划的写作要求

1. 有依据。计划要以党的方针政策为指导，以单位实际和前期工作为依据。

2. 可操作。计划要实事求是，结合实际，切实可行。在执行中的计划并不是一成不变的，有时需要根据形势的变化作相应的调整。

3. 可检查。计划内容要具体明确。尤其是措施办法与步骤，要具体、明确、有序，条理清楚，具有可检查性。

4. 抓关键。制订计划要抓住关键、突出重点。要根据任务的主次、缓急来安排程序，将重要的、紧迫的工作安排在前面，一般工作安排在后面。把中心工作和重点任务突显出来，然后围绕中心工作合理安排其他事项。

案例评析

晋能集团公司党委2014年工作要点

2014年是贯彻落实十八届三中全会精神，全面深化企业改革的开局之年，也是全面实现“十二五”目标，建设综合能源集团的关键一年。集团党委2014年工作思路是：围绕“四个晋能”，突出两个重点，加强四项建设。即围绕打造实力晋能、效益晋能、创新晋能、活力晋能，以引深党的群众路线教育实践活动和学习贯彻落实党的十八大和十八届三中全会精神为重点，切实加强队伍建设、组织建设、廉政建设和文化建设，充分发挥党委的政治核心作用，为建设具有核心竞争力的现代化综合能源集团提供坚强保证。

一、围绕“四个晋能”，突出两个重点，提供政治保证

（一）深入学习贯彻党的十八届三中全会精神。认真学习领会深化国有企业改革的精神实质，准确把握集团发展面临形势和任务，针对集团转型发展组织解放思想大讨论，集团班子组织一次高层次理论研讨、集中学习，组织二级单位班子成员轮训班，原原本本学习领会中央精神，不折不扣推进改革。进一步加强形势任务教育，广泛开展主题宣讲、专题讲座活动，推动全会精神和集团发展战略进基层、进一线、进班组，着力营造浓厚的学习氛围，用十八届三中全会精神统一思想、凝聚力量，用改革创新的精神全力打造“四个晋能”。

（二）进一步引深群众路线教育实践活动。重点突出信念教育、长效机制、深化整改三个方面。信念教育方面，坚持党委中心组学习，组织理论学习务虚会议，开展理想信念、宗旨意识、群众观点学习教育，引导广大党员干部模范践行社会主义核心价值观，始终坚定“三个自信”。长效机制建设方面，将教育实践活动学习教育、调查研究、查摆问题、落实整改中好的工作方法进行总结，切实抓好制度体系建设，并建立跟踪、落实机制，确保制度执行到

位，逐步强化令行禁止的执行力。深化整改方面，组织经常性的回头看，不断深化“五位一体”“六个专项”整改活动，将整改成果进一步巩固，防止反弹，加大力度推进长期整改任务，进一步落实整改责任制，强化工作措施，坚定不移落实整改。

二、围绕实力晋能，加强队伍建设，提供人才支撑

（一）强化领导班子建设。继续深入开展“四好”班子创建活动；不断规范各级领导班子议事规则和决策程序，坚持“三重一大”集体决策制度，提高民主决策的质量；进一步配齐、配好、配强各级领导班子，重点选准选好各级领导班子一把手，注重选拔配备 70 后、80 后优秀干部进班子，优化班子结构，形成合理梯次，提高各级班子的凝聚力和战斗力。

（二）加强干部队伍建设。围绕集团体制机制改革，进一步深化干部人事制度改革，完善干部任免管理实施办法和干部考核评价实施细则，改进干部考察考核方式，规范公开选拔和竞争上岗，从严把握破格提拔，完善干部交流和回避制度，严明干部选拔任用工作纪律，提升干部选用公信度；积极探索和实践后备干部队伍建设的新思路、新途径，出台后备干部队伍管理办法，选拔、储备一批后备干部队伍，建立后备干部信息库，采取多种形式加强对后备干部培养教育和实践锻炼。

（三）实施“3344”人才战略。扎实推进管理人员、专业技术人员、操作人员三大序列管理，切实加强经营管理人才、专业技术人才、岗位技能人才三支队伍建设，大力实施领军人才引进工程、紧缺人才开发工程、青年人才培养工程、全员素质提升工程四大人才工程，不断完善人才培养、评价、配置、激励四方面人才机制，逐步建立符合集团发展战略的人才资源开发管理体系。上半年重点推进三个序列人才队伍建设工作，高技能人才建设要出台相关实施细则，年内要初见成效。专业技术人才建设要积极探索体制机制创新，重点在建立完善各项配套措施和制度办法上出成果。

三、围绕创新晋能，加强组织建设，夯实组织基础

（一）加强基层党组织设置。坚持“企业发展到哪里，党的工作就要延伸到哪里”，消除生产一线空白队组、空白班组，对暂不具备条件的，可以采取联合、上挂、区域统筹等多种形式组建党组织，不断扩大党的组织和工作覆盖面。

（二）加强标准化支部建设。抓好“标准、流程、责任”，继续推进标准化党支部建设，出台实施方案和相关制度，推进队伍建设、制度建设、工作流程、阵地建设“四个标准化”建设，切实加强基层党组织建设，夯实企业党建工作基础，使支部成为促进企业转型发展的坚强战斗堡垒。

（三）创新党组织工作载体。切实加强基层班组建设，以“岗”“区”“队”创建为基础载体，组织好党内主题实践活动，以煤矿、电厂为重点，开展岗位描述、手指口述、技术比武、“党员示范岗”“党员责任区”、党员身边无“三违”、党员身边无隐患等活动，引导党员立足岗位建功立业，充分发挥党组织的战斗堡垒作用和党员先锋模范作用。

（四）推进党建创新工程。抓好对标管理，按照“一单位一亮点、一板块一典型”的基本思路，分板块、分层次打造一批由点到面到全局的党建创新精品项目、特色项目，创品牌，出经验，出成果，推出党建创新典型经验，通过典型示范，全面提升基层组织建设整体水平。

（五）探索混合所有制党建路径。总结集团公司混合所有制企业党建工作经验，进一步研究和明确混合所有制企业党建工作原则，找准党组织基本定位，积极探索混合所有制企业党建工作的运行机制和活动方式，开辟晋能特色混合所有制企业党建工作新路径，并适时在全集团推广。

四、围绕效益晋能，加强廉政建设，提供作风保障

（一）全面加强纪检监察系统性建设。制定出台集团《纪检监察工作系统性建设实施纲要》，对全系统纪检监察组织机构和队伍建设、制度建设、教育预防、监督检查以及惩处问责等工作内容进行梳理规范，明确目标责任和措施标准，构筑事前预警防范、事中监督控制、事后考核处置三道防线，建立健全具有晋能特色的廉洁风险防控体系。

（二）加强教育预防和监督检查工作。继续健全警钟长鸣的教育预防机制，认真组织“反腐倡廉教育宣传月”活动，开展警示教育现场学教等活动；梳理完善反腐倡廉制度，着力抓好贯彻执行；加大效能监察力度，将所有重点项目全部列入效能监察范围；积极探索“制度+科技”权力制衡模式的创新，在地市公司推开企廉网建设工作；综合运用纪检监察、监事会、审计、巡视、法律等手段加强监督检查，巩固深化“六个专项整治”成果，强化作风纪律，规范内控管理。

（三）继续加大案件查处和问责力度。实行综合治理，有效整合办案资源，继续加大案件查处和问责力度；分析腐败案件中发现的问题，从体制机制上寻求治本之策，减少企业运营风险；进一步加强纪检监察信访和信息管理工作，注重舆情监控，完善预警干预和应急处置机制；严查重处群众反映强烈、造成重大损失或恶劣影响的典型案件，切实发挥警示和震慑作用，促进源头治理；加强纪检监察队伍建设，不断提升履职和保障能力。

五、围绕活力晋能，加强文化建设，创优发展环境

（一）全面加强企业文化建设。继续打造“融入、聚力、务实、创新”为核心的现代企业文化，围绕集团VI系统规范使用推广、核心理念普及、综合能源集团社会形象、品牌塑造及安全文化落地四个方面展开，进一步加强全体职工对企业理念、行为和视觉三个识别系统的认知和认同，加强安全生产理念职工宣传，实现以文化促安全、以安全促发展，全面培育和树立国际化的晋能品牌形象。

（二）提升新闻宣传工作水平。充分发挥集团报纸、网站等媒体的功能，加强与中央、行业及地方主流媒体的沟通协调，整合力量，创新形式，注重策划，加强宣传，增强舆论引导能力；充分利用各种现代化信息手段积极宣传干部职工在转型发展中创造的新经验、新典型，为企业发展创造良好的舆论环境。

（三）加强企业民主管理。构建和谐劳动关系，在全系统各单位建立健全职代会制度，进一步深化企务公开、民主管理。开展“公开解难题，民主促发展”为主题的企务公开活动；为进一步规范职代会建设，开展星级职代会创建活动；搭建好企业民主管理平台，落实好职工的知情权、参与权、表达权、监督权，努力践行全心全意服务职工的宗旨，切实维护职工的合法权益，构建和谐劳动关系。

（四）切实发挥工会作用。深入开展劳动竞赛活动，大力弘扬劳模精神，落实劳模待遇，形成劳动光荣、工人伟大的良好氛围；加强工会组织建设，努力实现工会组织建设全覆盖和职工入会无遗漏。提高工会干部履职能力，转变工作作风，扎实开展面对面、心贴心、实打实服务职工活动，努力建好“职工之家”；进一步做好“送温暖”“金秋助学”“大病医疗互助”工作，为广大职工提供更贴心更到位的服务；广泛开展丰富多彩的职工文化活动，不断适应广大职工的文化需求。

（五）激发团青工作活力。搭建学习提升的平台，继续开展读书分享、青年大讲堂等学习活动，创新多形式、多层面的“导师带徒”机制；搭建实践建功的平台，深化各项“青”字号品牌活动，开展大学生采煤班组建设，引导青年参与安全生产管理，投身企业创新创效；搭建成长进步的平台，开展青年职业生涯规划，围绕集团人才战略，建立青年人才的培养、选拔、考核机制，加大选优推优力度。工作方式上试行项目化管理和课题化运作；挖掘微博、微信等新媒体在青年思想引领、宣传发动、舆论引导等方面的功能释放。

（六）全面加强综合治理。积极探索集团社会管理综合治理新机制，制定集团“社会管理综合治理及稳定工作责任书”，逐步建立健全定时点考核和评价机制；积极落实领导信访接待日工作制度，不断加强网上信访办理和舆情监测研判，及时排查不稳定因素，为集团营造和谐稳定的发展环境。

（来源：晋能集团公司官网）

【评析】这篇计划开头交代了制订计划的背景和集团公司党委总体工作思路；主体围绕公司党委的五大职责，以具体目标任务为小标题，每一小标题下写出实现相应目标任务的措施、步骤，具体、明确、可操作。

相关能力拓展

企业常用计划书的写作

一、经营计划书

企业经营计划书是企业在确定总的经营目标和管理理念的基础上，进一步具体规划落实的措施和步骤。一般包括公司目前状况分析，将要推出的产品或服务，竞争优势，消费需求、市场发展趋势分析，在此基础上确立公司的近期和长远目标以及达到这些目标采取的战略。企业经营计划书主要围绕如何提高企业经营业绩、开发潜在市场、保持持续性经营和如何发展壮大企业等内容写。

二、生产计划书

企业生产计划是指某一时期内完成生产任务和进度情况的计划，包括年度计划、5 年规划、10 年规划等。企业生产计划书主要围绕新产品的研制与开发、产品质量的提高、产量的增长、销售额的增长、销售技术的扩大、主要技术经营指标的改善等目标、措施、步骤编写。

三、销售计划书

销售计划是企业在某一时期内产品的销售数量和销售收入的计划，一般包括销售额目标、利益目标以及措施、步骤，促销目标以及措施、步骤，扩大顾客需求目标以及措施、步骤，营业实绩的管理目标以及措施等。

四、人力资源计划书

人力资源计划书是根据企业的发展规划，对职务编制、人员配置、人员招聘、教育培训、人员管理等内容的计划，包括总体人员目标、招聘目标、方法、人员调整方法、绩效考核方法、培训措施、人力资源预算等内容。

五、促销计划书

促销计划书是指促成既有客户及潜在客户的购买的方案，主要包括促销对象分析、促销目标、促销活动安排、促销活动预期效果、配合事项等。

六、广告计划书

广告计划是为实现广告目标而采用的措施和步骤，主要内容包括广告的目标和任务，现有市场分析（经营分析、产品分析、市场分析、消费者分析），广告重点，广告诉求对象和地区，广告策略（实施的具体措施、步骤、媒体选择等），广告预算及分析，广告效果预期等。

七、企业财务计划书

财务计划一般包括固定资产投资计划、流动资金来源计划、流动资金使用效果计划、产品销售收入和利润计划、货币资金收支计划等。

企业财务计划书一般包括指导思想、基本情况、任务要求、工作进度、具体措施等内容。

八、利润分配计划书

利润分配计划书是按照国家的有关法规和企业利益分配方案确定利润如何分配的方案。一般开头简要说明基本情况和制订本计划的依据；主体部分要说明利润分配指标及分配办法，包括应分配给投资者的利润、应缴纳的所得税以及留归企业自主分配的利润数额。留归企业的利润规定安排用于企业技术改造发展生产，增加员工生活福利设施，提高员工物质文化生活水平，奖励对企业做出贡献的先进员工等。计划书中还要列出具体的分配政策、分配比例、分配形式等。

九、内部审计计划书

内部审计计划书是企业内部审计人员对一定时期内企业内部审计的目标、内容、方式、实施时间、组织措施的计划性文书，一般包括机构的设置、人员的安排、职责权限、工作程序、审计方法、进度安排、审计报告、管理办法等写作要点。

十、财务收支计划书

财务收支计划书一般包括编制计划的依据、生产指标、财务指标以及指标变化原因、增收节支、实现计划的措施等内容。结构上可以采用条款式和表格式，表格式通常使用收入项目和支出项目两大类，并对它们做出合计。

第二节 策划书的写作

情景导入

上虞市恒盾伞业有限公司即将迎来成立20周年纪念日。为了感谢上级领导和社会各界对公司的关心、支持和厚爱，公司将举办20周年系列庆典活动，包括司庆促销活动策划、庆典晚会策划等。庆典晚会由总经办策划，陈婷负责策划书的起草。

一个成功的企业，往往离不开有效的策划，可以说企业能否成功地进行营销和活动策划并实施，是企业经营成功或失败的关键所在。

必备知识

一、营销策划书的含义

在市场营销中，把策划过程用文字写出来，这种营销方案就是营销策划书。随着市场竞争日益激烈，好的营销策划更成为企业创名牌、迎战市场的决胜利器。策划书是营销策划的反映。

二、专题活动策划书的含义

专题活动策划书就是为对外接待，组织参观、开业典礼，举办各种庆典、新闻发布会、记者招待会、竞赛、捐助等大型活动所制订的行动计划。

在经济繁荣、社会发展的今天，各种专题活动如雨后春笋，层出不穷。学校的各类社团活动需要策划；企业有新产品问世、开张营业需要策划；当组织声誉受损，受到指责、误解时，有针对性的专题公关活动就更有必要了。而活动策划书就是对上述这些活动所制定的行动计划。成功的策划会使专题活动有声有色，取得圆满成功。

三、策划书的特点

1．创意性。策划书的本质是一种思维智慧的结晶。具有创意的策划，才是真正的策划，策划书的灵魂就是创意。

2．前瞻性。策划书是人们围绕某种目标，在一定思考以及调查的基础之上进行的科学的预测，具有一定的前瞻性，但它不是一种突发奇想的方法，而是建立在科学的基础之上进行的预测、筹划，具有可行性。

3．操作性。策划书必须具有可操作性，这是策划方案的前提，如果一个策划连最基本的可操作性都没有，那么这个策划方案，再有创意、再好也是一个失败的策划方案。

能力技巧

一、营销策划书的写作技巧

营销策划书没有一成不变的格式，它依据产品或营销活动的不同要求，在策划的内容与编制格式上也有变化。但是，从营销策划活动一般规律来看，一般包括以下几个方面：

（一）封面

营销策划书的封面可提供以下信息：策划书的名称，被策划的客户，策划机构或策划人的名称，策划完成日期及本策划适用的时间段。

（二）正文

1. 前言。前言包括策划的缘起、背景材料、问题点与机会点、创意的关键等。

2. 市场状况和市场前景分析。具体包括：整个产品的市场性、现实市场及潜在市场状况；与其主要竞争品牌的销售量、销售额及市场占有量的比较分析；竞争品牌市场区域与产品定位的比较分析；竞争品牌广告费用与广告表现的比较分析；双方公关活动的比较分析；消费者的情况分析：消费者年龄、性别、籍贯、职业、学历、收入、家庭结构的分析，消费者的接受性、需求变化对产品市场的影响等；市场成长状况，产品目前处于市场生命周期的哪一阶段上，相应营销策略效果如何，公司产品的利润结构分析；公司过去几年的损益分析等。

3. 产品市场影响因素分析。主要是对影响产品的不可控因素进行分析，如宏观环境、政治环境、消费者收入水平、消费结构的变化、消费心理等。对一些受科技发展影响较大的产品，如计算机、家用电器等产品的营销策划中还需要考虑技术发展趋势的影响。

4. 市场机会与问题分析。一是针对产品目前营销现状进行问题分析。一般从企业知名度、产品质量、功能、产品包装、产品价格定位、销售渠道、促销方式、服务质量、售后保证等方面存在的问题进行分析。二是针对产品特点分析优、劣势，从问题中找劣势予以克服，从优势中找机会，发掘其市场潜力。分析各目标市场或消费群特点进行市场细分，对不同的消费需求尽量予以满足，抓住主要消费群作为营销重点，找出与竞争对手差距，把握利用好市场机会。

5. 营销目标。营销目标就是公司所要实现的具体目标，即营销策划方案执行期间，经济效益目标。

6. 营销战略，即具体的行销方案。营销战略包括营销宗旨、产品策略，如产品定位策略、产品质量功能策略、产品品牌策略、产品包装策略、产品服务策略等。

7. 价格策略。价值策略包括定价标准、制约定价的基本因素、定价的程序、定价的基本方法、定价策略等。

8. 营销渠道策略。包括营销渠道的选择策略和中间批发商的营销策略，促销手段的选择和营业推广。

9. 广告宣传的原则和实施步骤。

营销策划书没有固定不变的模式，应结合实际，学会灵活运用。

二、专题活动策划书的写作技巧

（一）标题

标题一般由活动名称+文种组成，如“浙江经济职业技术学院第三届校园文化节活动策划书”。

（二）正文

1. 活动宗旨。简要交代活动的背景、意义、目的。这部分可省略。

2. 活动主题。主题是整个策划的灵魂，是策划所要达到的主要理念，是统帅整个活动，连接各个项目、各个步骤的纽带。主题可以是一句口号：如 2008 奥运会主题“One world, One dream”（同一个世界、同一个梦想）；2014 年 3·15 主题：“新消法、新权益、新责任”；2014 年“创青春”全国大学生创业大赛主题：“中国梦，创业梦，我的梦”。主题既要虚拟、向上，又不能太空洞。

3. 活动日期。最好避开重大节日，也不要与人们普遍关注的社会重大活动相重叠。

4. 活动地点。考虑公众分布情况、活动性质、活动经费以及可行性。

5. 活动主办、承办、协办单位。

6. 活动流程，即活动的措施、步骤等。这部分是重点，也是整个活动的创意所在。一般分活动的宣传准备、活动的组织开展、活动结束后的总结等几个阶段，写出每一阶段所要采取的措施、办法，具体的负责人与参与人员，完成的时间等。内容须具体、可操作。

7. 活动经费预算。估计可能需要的各种支出，呈报上级批准。

总之，专题活动策划的基本要求是主题明确，内容具体；时机恰当，规模适中，形式新颖，组织周密；符合公众心理，赢得社会支持。

三、策划书的写作要求

为了提高策划书撰写的准确性与科学性，首先应把握以下几个编制原则：

（一）逻辑思维原则

策划的目的在于解决企业营销中或活动开展中的问题，一般按照以下逻辑性思维的构思来编制策划书：首先是设定情况，交代策划背景，分析现状，再将策划中心目的全盘托出；其次进行具体策划内容详细阐述；最后明确提出解决问题的对策。

（二）突出重点原则

要抓住企业营销中或活动开展中所要解决的核心问题，深入分析，提出可行性的相应对策。

（三）利于操作原则

编制的策划书是要用于指导活动开展，其指导性涉及活动中的每个工作环节的处理。因此必须具有较强的针对性，具有实际操作指导意义。不能操作的方案，其创意再好也无任何价值。

（四）内容新颖原则

要求策划的“点子”（创意）新、内容新，表现手法也要新，给人以全新的感受。新颖的创意是策划书的核心内容。

案例评析

【案例一】

某网站网络营销策划书目录

1. 概述
2. 市场分析
    2.1 市场需求分析
    2.2 区域市场分析
    2.3 用户结构分析

2.4 市场渠道分析
2.5 市场竞争分析
2.6 购买行为分析
2.7 市场发展趋势
3. 现状分析
3.1 主要竞争对手
3.2 次要竞争对手
3.3 中国电子商务现状分析
4. 网站策划
4.1 站点规划
4.2 网站定位
4.3 用户定位
4.4 网页策划
4.5 网站功能
5. 宣传方案
5.1 媒体选择
5.2 宣传方式
5.3 宣传口号
6. 推广方案
6.1 注册搜索引擎
6.2 交换友情链接
6.3 广告交换宣传
6.4 信息推荐
6.5 网站CI宣传
6.6 目标邮件宣传
6.7 网站统计宣传
6.8 特殊宣传手段
6.9 软性文章宣传
6.10 传统媒体
6.11 活动宣传
6.12 宣传合作
7. 运营方案
7.1 市场模式
7.2 盈利模式
7.3 盈利预测
7.4 市场策略
7.5 风险分析
8. 费用预算
附件：主要经营产品列表

（来源：网络营销世界网站）

【评析】营销策划书是一种较为复杂的应用文书。从上文的目录看，一份周全的营销策划书需要在对项目作概要分析的基础上，对市场状况和市场发展前景、影响产品市场的诸多因素等进行全面分析，对产品营销目标以及营销过程中各个环节进行周密而详细的策划。

【案例二】

杭州银泰百货2013年母亲节活动策划方案

一、活动背景

杭州银泰百货有限公司是浙江银泰百货的第一家连锁店，位于杭州市商业最繁华的黄金地段——武林广场商业中心附近的延安路530号，是一家集百货、休闲、美食于一体的大型综合性百货公司。商场建筑面积5.1万平方米，营业面积2.72万平方米。周边有杭州大厦、杭州百货大楼等大型百货商店。银泰定位中、高档，以年轻、时尚的都市白领和新型家庭为主力客群，力求走在潮流的尖端，及时传递最新的流行资讯。

作为一个富有活力、勇于创新的现代化百货商场，一个充满都市时尚气息、聚集白领的时髦购物场所，一个“能征善战”、不断进取的后起百货之秀，杭州银泰百货还希望通过一些新颖的活动，使更多的新老客户能够前来消费。所以，此次母亲节活动是一个相当不错的契机，一方面可以让子女在这个时候和自己的母亲更靠近，帮她们挑选特别的母亲节礼物。同时，也可以通过这些为母亲们量身打造的活动，让银泰百货吸引到更多母亲客群，使消费受众的范围进一步扩大。

二、活动主题

1. 银泰百货——休闲购物的最佳选择！

2. 秀出对妈妈的爱——2013最in母亲节系列活动。

三、活动目标

通过本次母亲节活动，让消费者们拉近跟母亲们的距离，花时间多陪母亲，并为母亲选择合适的礼物。同时，建立银泰百货亲民的形象，进一步提升企业形象，提高知名度。

四、活动方案

（一）活动前期媒体宣传方案

1. 商场内部海报宣传。

设置地点：在每层楼自动扶梯入口摆放上和此次母亲节活动相关的宣传海报。

设置形式：采用大型立式海报。

数量：在每层楼的两个自动扶梯入口各摆放一幅，总共摆放上16幅宣传海报。

大小、高度：根据自动扶梯入口实际位置大小决定海报的大小，文字尽可能大一些，采用看上去醒目的字体字号。

设计要求：要求使用银泰百货的标准标识，写上生动形象的宣传语，配以适当图片，做到图文并茂，引起消费者关注。

时间要求：在母亲节活动开始的前一周摆放在各层自动扶梯入口。

目的：使消费者提前了解到未来将会有这个活动，为母亲节活动累积大量人气，吸引大批人潮。同时，提升银泰百货在同行业中的知名度。

负责部门：公关部。

2. 银泰百货官网宣传。在母亲节活动开始前一周，在银泰百货官方网站的首页上发布相关活动信息，告知消费者在母亲节会开展哪些活动，会有哪些优惠措施，从而吸引更多消费者。

3. 报纸版面广告宣传。在杭州几大知名报纸，如《都市快报》《青年时报》《钱江晚报》《每日商报》等刊登母亲节相关活动广告，可以适当附送一些活动优惠券，吸引消费者前来购物。

（二）活动当天母亲节系列活动

1. 主题：晒出对妈妈的爱——最 in 母亲照片墙。

活动日期：2013 年 5 月 12 日

活动时间：9:00—12:00

活动地点：银泰百货

负责部门：人力资源部

活动概况：在 5 月 12 日当天来到银泰百货，顾客们均可以在“最 in 妈妈照片墙”上晒晒你与妈妈的亲密靓照或者最难忘的出游照片；同时，也可以邀请上你的至亲好友们来做自己妈妈的铁杆粉丝，为妈妈投上宝贵的一票喔。银泰百货将根据投票的结果评选出“最温馨母子”“最相像母子”“最可爱母子”“最时尚母子”“最漂亮妈妈”“最火辣妈妈”“最潮流妈妈”“最年轻态妈妈”8 大奖项以及“最 in 妈妈”人气大奖。得奖的母子，银泰百货“最 in”创意小集市将为你们量身打造一份属于你们母子的专属温馨小物。

赶紧拉上妈妈一起逛逛，千万别错过喔！In，代表时尚，也代表当下就做。行动起来，和银泰百货一起，把对母亲的赞美和感恩都晒出来吧！

2. 主题：唱出对妈妈的爱——我为妈妈唱首歌。

活动日期：2013 年 5 月 12 日

活动时间：13:00—15:00

活动地点：银泰百货

负责部门：综合管理部

活动概况：在母亲节当天带着自己的妈妈前来消费的顾客们，可以报名参加由银泰百货举办的以“唱出对妈妈的爱”为主题的歌唱比赛，名额有限，先到先得。每位参加比赛的顾客和自己的妈妈一起上台，牵着妈妈的手，对她唱出心中的感恩和感谢。比赛要求选择歌颂母亲伟大的系列歌曲作为参赛歌曲。此次比赛主要看重的并不是看参赛者的歌唱水平，而是能不能很有感情地通过歌曲表达出对母亲的感激，使自己的妈妈感动，同时也感动到周围其他顾客。

此次比赛会给每位参赛者的母亲发放母亲节专属纪念品，通过在每位参赛者演唱完毕后用分贝器测量现场观众的掌声和欢呼声，选出比赛的前三名，给予不同金额的赠券作为奖励，可在母亲节当天在一些指定柜台消费时享受一部分抵价优惠，从一定程度上增加当天的营业额。

3. 主题：道出对妈妈的爱——我有话对妈妈说。

活动日期：2013 年 5 月 12 日

活动时间：16:00—18:00

活动地点：银泰百货

负责部门：客服部

活动概况：在母亲节当天，银泰百货会划出一个母亲节专区摆放各式贺卡，前来消费的顾客可以选择自己喜欢的贺卡写下自己心里最想对妈妈说的但又一直没有说出口的话。商场同时会准备一些彩笔、贴纸和彩带等装饰物品，让顾客自己打造送给母亲的专属贺卡。如果妈妈一起来到店里，可以马上亲手交给她；如果妈妈没有来到商场，可以在回家后给她一个母亲节意想不到的大惊喜。

4. 主题：秀出对妈妈的爱——我为妈妈挑礼物。

活动日期：2013 年 5 月 12 日

活动时间：19:00—21:00

活动地点：银泰百货

负责部门：营销部

活动概况：在母亲节当天，设置一个专门出售母亲节礼物的专柜。凡在此柜台购物一次性实付满 300 元的顾客，可获得 120 元现金礼券；满 600 元，送 240 元礼券；以此类推，上不封顶。同时，一次性实付金额满 1 000 元可以参加抽奖。设置一等奖 1 名，37 寸液晶电视一台；二等奖 5 名，智能手机一部；三等奖 20 名，平板电脑一台。人人有奖现金礼券 80 元。

这一活动，既可以让消费者为自己的母亲挑选礼物，也因赠送的礼券一定程度上增加顾客的消费总额，提高了商场当天的营业业绩。

（三）经费预算（单位：万元）

1. 活动前期媒体宣传：××。

2. 活动当天母亲节系列活动：××。

3. 其他费用：××。

4. 合计：×××。

五、项目评估

1. 通过活动前期媒体宣传，使消费者初步了解这一次的母亲节活动，为活动累积人气，吸引消费者在母亲节当天前来消费。

2. 通过“照片墙”活动，晒出对母亲的爱，也可以让更多的消费者因为这面照片墙慕名而来，提高商场的知名度，吸引更多消费者。

3. 通过“唱首歌”活动，唱出对母亲的爱。以消费者亲自发声的形式，给银泰百货做了最好的免费宣传，不仅使消费者通过歌唱拉近与母亲的距离，也因获得礼券而进店消费，提高母亲节当日业绩。

4. 通过“说句话”活动，道出对母亲的爱。银泰百货为消费者提供各式贺卡以及装饰品，可以看出商场充分考虑到消费者的需求，树立了商场的良好形象。

5. 通过“挑礼物”活动，秀出对母亲的爱。银泰百货设立母亲节专柜，深刻了解消费者心理，为他们提供便利，也使商场本身营业额有了大幅提高。

【评析】此活动策划书目的明确，活动内容、流程、措施、办法具体明确，操作性强，也具有一定的创意。

第三节 广告文案的写作

情景导入

为了进一步扩大公司的知名度和影响力，上虞市恒盾伞业有限公司在 20 周年司庆活动前夕，准备推出以感恩为主题的广告宣传。陈婷和她的团队经过反复策划，决定用浪漫的雨伞、江南风情、感人的故事等元素组合成一则以情感诉求为主的广告文案。

广告被称为人类文明的第八艺术。现代社会任何企业都已经离不开广告了，也没有不依赖广告进行商品销售的商业活动。在市场经济社会，无论从事什么职业都应学会推销自我，懂得一些广告知识。

必备知识

一、广告的含义

广告“advertisement”一词源出拉丁文，原意是“我大喊大叫”，现逐渐变成商品宣传的形式和手段，是个人或组织向社会传播各种信息的手段。

美国纽约百老汇的广告牌，曾是世界上最早的广告牌。世界上最早登广告的报纸是英国的《伦敦报》。我国广告的历史可以追溯到3000年前。殷周时期有个叫格伯的人，把马卖给棚先，这笔交易用铭文的形式，记录在专门为铭刻而铸的青铜器上。到宋代，出现了图文广告，即商标。张择端的《清明上河图》记录，汴梁城的十字街头就有各类横幅、竖牌等广告牌30多块。上海博物馆收藏着一枚宋制针坊银牌，上面有“请认白兔儿为记”的字样。

广义的广告指个人或组织通过传播媒体向公众宣传自身的某种信息、意愿的播扬手段。广告包括商业广告，也包括不具有商业性，不以营利为目的的广告。如征婚广告、招聘广告、礼仪广告、公益广告等。

狭义的广告专指商业广告。

1995年2月1日施行的《中华人民共和国广告法》规定广告是指“商品经营者或服务提供者承担费用，通过一定的媒体和形式直接或者间接地介绍自己所推销的商品或者所提供的服务”，是一种经济宣传手段。

二、广告文案的含义

广告文案是已经定稿的广告作品的全部的语言文字部分。

广告文案包括广告作品中的语言和文字两个部分，其中，语言指有声语言或口头语言，而文字指书面语言，包括电视广告中的字幕形式等。

广告文案写作是广告作品中全部的语言文字部分的写作；是写作者在广告运作目的的制约和支配下，进行广告作品的主题的提炼、材料的选择、结构的安排、文案部分与美术设计部分配合的过程；是写作者采用不同的语言排列组合、不同的表现方式表达广告主题，传达广告信息，以达到广告意图的过程。

三、广告文案的特点

作为策划性的说明、介绍，广告文案具有如下特点：

（一）创新性

创新性是广告文案成功与否的关键。广告文案制作者要正确把握市场趋势和消费心理，精心构思、独特创意。一则真正有独特创意的广告文案，不仅给受众留下关于产品鲜明深刻的印象，而且也是一次企业文化和内涵的高度提升。

（二）实效性

广告文案要抓住特点，突出主题，要能诱导、激发消费，成为“推销者的喉舌”“消费者的向导”、买方和卖方的“联姻红娘”。反之，广告文案写得再华丽、再有创意，如果起不到任何扩大宣传的目的，这则广告文案就是没有实效的。

（三）艺术性

广告具有艺术美。它集文学、美术、音乐、影视、建筑等艺术为一体。文字广告要求优美，富有情趣；美术广告以健康的审美趣味吸引消费者和服务对象；音乐广告以悦耳动听的乐曲吸引听众。广告还要求讲究艺术，追求新颖，抓住商品的特点、优点，摸透消费者和服务者心理，运用各种艺术手段，突出商品的独特美质，使顾客产生购买欲望。

（四）严肃性

广告内容必须真实无误、诚实守信。同时，广告内容要求健康、情趣高尚，不允许宣传低级、庸俗、丑恶、淫秽的东西，不贬低其他商品或者服务，不乱使用国家级、最高级、最佳等用语。

能力技巧

一、广告文案的写作技巧

广告文案的结构一般包括标题、广告语、正文、广告随文等四个部分。

（一）标题

广告文案的标题就像是广告的眼睛，它对广告内容起着概括、浓缩和点睛的作用，同时它要在广告的受众听到或者看到的瞬间，给他们留下深刻的印象，从而起到宣传和推广的作用。因此，广告文案标题要求：醒目、新颖、简短、有吸引力。一般来说广告文案标题有以下三类：

1. 直接性标题。即标题显示广告的内容或对象，主要有以下几种表现形式：

（1）标明式。标明产品名称，如“暗香浮动竹叶青”（竹叶青茶）；标明厂名，如“广东华宝空调器厂”。

（2）提问式。一是自问自答的设问式。如“您要外形美吗？那就请喝沱茶，它可以溶解血液中的油脂”。二的只问不答的反问式。“既然每天要喝水，为什么不用哈磁杯？

（3）欢迎式。如“欢迎乘坐中国东方航空公司班机”。

（4）慰问式。如“××公司向国内外用户祝贺新年”。

（5）通告式。如“好空调，格力造”。

（6）祈使式。如“要想皮肤好，早晚用大宝”。

（7）比兴式。如“五岳之首为泰山，布鞋名城是莱芜”。

（8）炫耀式。“从台湾第一到世界金牌，统一鲜乳是最好的鲜乳!”

2. 间接性标题。这类标题不直接反映广告的对象和内容，而是用含蓄、耐人寻味的语句吸引广告接收者的兴趣。例如戴比尔斯钻戒系列广告标题：

标题 1：“有时候，爱神也会用他的弓箭来换一部火箭炮”（画面：极其华丽的钻戒，可能是求婚戒）。

标题 2:“盘古初开，人类已懂得如何用两颗石头取火”(画面：两颗结婚钻戒)。

标题：“男人用行动代替语言来表达他们的感觉；对此说法女人一点问题也没有”(画面：钻戒首饰)。

标题 3:“亲爱的，明年再装修厨房吧!”(画面：结婚周年，钻戒两颗)。

标题 4:“绝对不会是‘平安夜’”(画面：钻戒礼品，是圣诞节)。

这一组系列广告标题，没有直接标明广告的对象或内容，每一句广告标题都是常用口语，但短短一句，提升了消费者的想象力，富有故事性，十分富有创意。这就是间接标题的魅力。

3. 复合标题。像新闻标题那样，由引题、正题、副题等多行标题组成。如松下电器变频式空调的报纸广告标题：引题——销售进入第二年，正题——松下电器变频式空调的受用者越来越多，副题——这么多的笑脸是舒适性和令人信赖的质量之证明。

(二) 广告语

广告语，也称广告口号，指为了加强受众对企业、商品或服务的印象而在广告中长期、反复使用的一种简明扼要的口号性语句。广告语一般用以展示优势，承诺利益，唤起感情等。如香港母乳育婴协会：“打击翻版，支持原创”；桑塔纳轿车：“用你的双手，轻轻握住这里”；太平洋保险公司：“平时注入一滴水，难时拥有太平洋”；浙江物产元通汽车集团：“汽车之路，元通相伴”。这类口号突出了产品的个性，表达出企业的追求，而且适合受众的情感需求，使广告能够迎合受众，发挥情感渗透作用，形成了某种内在的亲和力，引起受众的关注和青睐。有些广告口号由于长期、反复使用，成了企业文化的一部分。如日本佳能：“忘了技术开发，就不配称为佳能”；美国波音公司：“我们每个人都代表公司”；美国电话公司：“普及的服务”；日本本田科研：“用眼、用心去创造”等，较好地体现了其企业文化。

(三) 正文

广告文案正文一般介绍产品性能、特点、用途、规格、价格、使用等，但不像说明书那样要求面面俱到，而是要抓住一点，围绕一个主题展开。一般开头迅速生动地点明标题，承上启下；主体部分阐述商品的特点与消费者的利益，重点突出商品的优势与特点、契合消费者的利益，并找准两者的结合点；结尾部分一般鼓舞行动。广告正文的写作主要有如下方式:

1. 述介体。一般用于受众较为生疏的新产品或高技术产品。它通过叙述直接表达出被广告产品的特性和优点，语言较为朴实，给人一目了然的感觉。

如：上海大众汽车的平面广告文案的正文:

实际上，当你观察大众轿车的内部时，你就不会对这样的价格感到意外了。

并没有多少汽车像大众这样在自己的内部装很多东西。

光是手工就很明显。大众的引擎是手工装配起来的。一个零件接一个零件。

每一台引擎都要测试两次，一次在它还是一台引擎时，另一次在它成为整车的一部分后。一辆大众要涂四遍油漆，每次油漆之间都要用手持砂纸将表面磨光。甚至车顶材料也是手工填装的。你不会在任何地方发现一个裂口、一道凹陷或一团胶水糊。因为如果必要，大众会为一个小小的细节而拒绝让整部车出厂。因此当你以磅计算大众轿车时，就会知道它为什么如此之贵。这是值得考虑的事情。

这部分很好地突出了产品的制作工艺和特性，使消费者无法拒绝购买如此高质量的产品。

2. 描写体。通过日常生活场景的描写，将产品的使用情况融汇在这些生活场景里，可以从侧面揭示出产品的良好性能。例如“宝来汽车”广告文案：

他，他们，天生的运动者。以奔跑为生，以奔跑为乐，以奔跑为表情，以奔跑为语言，以奔跑为态度，以奔跑为价值。不以物喜，不以己悲；平凡态度，超越平凡。

3. 问答式。利用反问或设问，突出广告主题。例如安徽汽车专修学校广告文案：

为什么只选安徽万通学汽修？为什么家长们都愿意把孩子送到安徽万通学技术？为什么很多退伍军人和有着多年工作经验的人都励志转业来到安徽万通？为什么很多待业青年要创业也选择安徽万通……

因为它的正规、更因为它的专业！安徽万通，27 年办学历程，27 年实战实训，27 年辛勤耕耘，培养了一批又一批杰出学子，用它的“实打实”教学理念和“理实一体”教学模式开创了汽车医生新时代！

4. 对话体。对话体主要是采用一问一答的形式，介绍产品的用途、性能等。这种方式就是运用人们好奇的心理，在释疑过程中不知不觉起到宣传的作用，例如：

母亲：佳佳，快！帮我到楼下买包盐。

女儿：来了，妈妈！

母亲：记住要买平衡健身盐。

女儿：盐，不都是一样的吗？

母亲：不一样，平衡健身盐采用科学配方，对各种元素有平衡保健用。哎，快去买回来再说。记住，看清楚是翠竹牌平衡健身盐。

女儿：放心吧！妈妈，我一定把翠竹牌平衡健身盐买回来。

运用简单的对话介绍了产品的特性或优势。

5. 文艺体。文艺体主要通过诗歌、戏剧、抒情散文等形式，介绍和宣传产品。这种方式在表达方式上文雅优美，容易引起受众的共鸣。例如太太口服液广告文案：

夏天的女人

最美的
是夏天的女人
美丽的沙滩
阳光里
纷飞的衣裙
一个女人所有的千娇百媚
便在这一季
展露无遗
令人炫目的夏天
你更需要健康的心情
——太太口服液
给你一个浪漫美丽的季节

本文案充满了诗情画意，美丽的风景和风景中的人，融为一体，最后不动声色地推出自己的产品——太太口服液。在这里策划者将诗歌体的形式优点发挥得淋漓尽致。

6. 故事性。以叙事故事的形式作为正文主体。如纽约奥尔巴克百货公司广告正文：

以琼谈吐的方式，你会以为她是被列入名人大字典中的一位。她的丈夫拥有一个银行吗？

不，他连银行户头也没有。那就是为什么他们家徒四壁的原因。那么，那辆汽车呢？亲爱的，那是“马力”而不是赚钱的力量，是他们用五角美金抽奖得来的！而她对服装，非常讲究。但是，貂皮的长围巾、巴黎的套装，是靠她的收入吗？好！亲爱的，我查出来了。我刚刚在路上碰见她，我看到琼从“奥尔巴克百货公司”走出来！

故事化情节要打破常规的叙事逻辑，不能平铺直叙，避免平淡无奇；要善于设置悬念，创造跌宕起伏、引人入胜的效果；有的像文学创作那样，善于捕捉富有特征性的典型细节，深化受众对信息主体的感受、体认，从而留下深刻的印象。

（四）广告随文

广告随文又叫附文，是广告文案中不可缺少的一部分。用来传递附加的信息，主要是生产企业的相关信息，包括地址、邮编、企业名称、电话、传真等等，以便于消费者与其联系。有时是产品的参数说明，方便消费者挑选。随文也可以是一些个性化的语句，增加广告的人情味，如：“您想了解为什么这么多人排队定购家家花园，请拨打我们的热线电话：××××”“如果您在×月×日前购买我们的电器，我们将有特别的礼品奉送”等。

二、广告文案的写作要求

（一）准确简洁

广告文案要求用语准确，概念明确，表意恰当。例如美国友邦的广告文案：“财务稳健，信守一生”，强调“稳”“信”二字，重点突出。前者说明公司实力雄厚，后者则强调公司服务质量优越。文字凝练，短短八个字，集精华与一身，概括了保险公司取信于客户的两个最重要因素。

（二）幽默机智

由于广告大多是被动阅读，因此机智幽默的广告会让受众在会心一笑中，加深印象。如某酒店广告：“本店出售的是掺水一成的陈年老酒，如有不愿掺水者，请预先说明，但饮后醉倒，概与本店无关”，诙谐，真情，自然。

（三）亲切平易

广告要紧扣不同消费群体的心理，拉进与受众的距离。如“让我们一起创造更美好的世界，同享和平、欢乐、洁净的家园”（可口可乐）；“21金维他，家人的健康，我们的责任”“祝中老年朋友腰好、背好、腿脚好”（彼阳牦牛壮骨粉）等亲切自然的广告成为沟通情感的桥梁。

（四）通俗上口

“椰风，挡不住”“新飞广告做得好，不如新飞冰箱好”“喝了娃哈哈，吃饭就是香”“人头马一开，好事自然来”，美国联邦快递“快腿勤务员”等，朗朗上口，简单易记。

（五）巧用修辞

广告语言大量使用修辞，给人一种美感。例如：“华达电梯，助君高升”（拟人，双关）；洋河大曲“酒气冲天，飞鸟闻香化凤；糟粕落地，游鱼得味成龙”（对偶，夸张）；“今年过节不收礼，收礼只收脑白金”（珠联）；拜高蚊香“拜高忠告蚊子：吸烟有害生命！”（拟人）；“美菱冰箱：反对腐败”（双关）等。

案例评析

咕咚咕咚、呼噜呼噜、滋溜滋溜

无论怎么喝，总是不一般香浓！这种不一般，你一喝便明显感到。伊利纯牛奶全乳固体含量高达 12.2%以上，这意味着伊利纯牛奶更香浓美味，营养成分更高！

广告口号：青青大草原，自然好牛奶。

嘎嘣嘎嘣、咔嚓咔嚓、哎呦哎呦

一天一包伊利纯牛奶，你的骨骼一辈子也不会发出这种声音。每 1 100 毫升伊利纯牛奶中，含有高达 130 毫升的乳钙。别小看这个数字，从骨骼表现出来的会大大不同！

广告口号：青青大草原，自然好牛奶。

哗啦啦，啾啾啾，哞哞哞

饮着清澈的溪水，听着悦耳的鸟鸣，吃着丰美的青草，呼吸新鲜的空气。如此自在舒适的环境，伊利乳牛产出的牛奶自然品质不凡，营养更好！

广告口号：青青大草原，自然好牛奶。

【评析】这三则系列广告，标题新颖，通过一系列的象声词，分别表现人们迫不及待地喝牛奶的声音，因缺钙而导致的骨骼碎裂的声音，以及乳牛在舒适的环境中惬意地吃草、哞叫的声音，调动受众的想象和联想，形成视觉冲击力。而广告正文又作了形象的说明、注释和深化，道出了伊利纯牛奶诱人的浓香、纯正精美的品质和饮用后的效果及其根源，非常有说服力，很能打动消费者，是以文案写作为主要表现形式的典型佳作。

相关能力拓展

广告文案的类型

根据不同的标准，广告文案可以分为不同的类型，一般按照广告对象主体或者广告媒体来划分。

一、按照广告对象主体划分

（一）企业广告文案

企业广告主要是告诉人们企业的经营范围、管理理念和宗旨、目标等情况。企业广告文案重在正面宣扬企业的信誉，使得大众了解本企业的良好形象。

（二）商品广告文案

大部分的广告文案属于此类，主要介绍产品的质量、功用、价格、售后服务等等，中心目的就是说服广告的受众购买被广告的商品。

（三）服务信息广告文案

服务信息广告主要介绍某一类服务的内容、价格、益处等，例如，目前社会各类快递服务、物流服务等，要把这类服务信息传播出去，就要借助于广告文案。

（四）公益性广告文案

这类广告主要是宣传各类公益机构和组织的宗旨、目的，增加大众对某一行为的认识，引导其在道德层面认同或者反对某些现象。例如助残广告、防艾广告、无偿献血广告、环保广告等等。

二、按照媒体划分

（一）报纸广告文案

作为最早的平面广告文案的载体，它的发展和运用较为完善。报纸，尤其是发行量大的报纸传播范围广，速度快，见效也快。它可以利用报纸的版面，通过合理的排版，突出需要强调的内容（如商场折扣的力度），配以图案的直观形象，往往可以给人留下深刻的印象。

（二）杂志广告文案

杂志往往针对一定的读者，所以其指向性较为明确，而且杂志的多人阅读概率较高，无形中也扩大了受众的数量。杂志广告文案的印刷和装帧设计可以比报纸的更加精美，但是相对而言，受众面要小，传播速度较慢。

（三）广播广告文案

与报纸杂志相比，广播是一个有声媒体，与平面媒体相比，其内容随着时间的流逝而流逝。因此，在设计的创意上，要特别注意声音的因素，例如，使用的形式有陈述式、日常对白式、戏剧式、歌唱式、采访式、相声幽默式等；还有话语中间穿插什么样的音乐或声音背景，播音者需要酝酿什么样的感情，用什么样的语速和声音，等等。总的原则就是要给听众留下尽量深刻的印象。在这里，广告文案的设计必须有一个鲜明、创意新颖、又容易让人记住的广告标语（口号）。

（四）电视广告文案

与广播广告文案相比，电视又进了一步，它是既有声音又有画面，所以在创意和操作上更加复杂。随着电视的普及，目前的广告宣传最常用的还是电视广告文案，尽管在广告费用上比其他媒体高昂。电视广告现在已经成为一门综合性的艺术，它要求文字、语音、音乐（音响）和画面的有机配合，随着画面的播放和声音、文字等因素的运用，调动观众的观赏积极性，从而达到宣传的目的。优秀的电视广告文案中，并不要求全部要素都展现出来，有时候仅仅一段音乐和结尾的几个文字，就能创造出令人惊喜的广告效果。对创意者来说，电视广告文案的创作难度最大，需要各个方面的知识储备。

（五）网络广告文案

网络广告是一种适合于细分化市场营销趋势的新媒体写作文案。由于网络是由画面、文案、声音共同组合而成的五彩斑斓的世界，它给广告人提供了无限创意的空间，既可以选择一般印刷媒体所采用的文图混编的模式，也可以通过动画演示，像电视媒体一样用生动的画面来吸引受众，还可以加入音乐，将受众的听觉积极调动起来。与传统媒体相比，各网站对广告尺寸有一定限制，要求语言更加简洁生动，而且语言更应服务于画面，应充分利用动画技术，利用字体大小、位移的快慢变化，来增加信息传播的趣味性和表现力，起到画龙点睛的作用。同时，由于网络将受众高度细分化，因而在针对目标受众诉求时，要注意运用他们所熟悉的语气、词汇，会增强认同感，要根据受众的文化背景、不同嗜好等来及时调整语言形式。

当然，其他的媒体还有很多，较为常见的有路边的广告牌、灯箱广告、海报广告等。

第四节　商品说明书的写作

情景导入

有一天，陈婷在网络上无意间看到一则说明书，职业的敏感使她立即对这篇带有创意性的说明书发生了兴趣。

雨伞使用说明书

警告：

当伞还是潮湿的时候，请不要用它戳电器开关；

请不要在骑摩托车时使用；

使用时，伞的下沿必须高于眼睛；

本品只能为您的上半身提供有限度的防雨保护，如果雨量过大，您的名牌皮鞋进水，本公司不承担连带责任；

不建议将本品当作拐棍使用，如果因此而戳伤使用者或他人脚面，责任自负；

潮湿的雨伞在被带进屋之前，请甩干水分，以免雨水滴落地板后，造成地板变形或使行人滑倒。

最后切记：本品不可当作降落伞使用。

思考：你如何看待上述说明书？随着我国社会主义市场经济的日益发达，商品种类越来越多，产品说明书是一个小问题，但是对于企业来说却是一个大战略。

必备知识

一、商品说明书的含义

商品说明书是一种以说明为主要表达方式的文体，主要用来对事物作具体、平实、客观、系统的介绍或说明，指导或者告知被说明对象的内容、用途、性能、使用注意等信息。

二、商品说明书的特点

（一）指导性

说明书用以解释说明商品的相关信息，将有关的参数、功能、使用方式方法和注意事项等进行仔细全面的罗列，使消费者清楚地了解这些信息，所以它具有指导性。例如数码相机的说明书，它详尽地说明了数码相机及其配件的使用方式，各种功能的具体使用情况和使用效果，并且强调了售后服务的具体途径和产品的保养事项等，这些信息对消费者正确使用和维护数码相机具有指导作用。

（二）科学性

说明书必须客观具体地介绍商品的相关信息，这些解释和介绍都是以严谨的科学态度作为基础的。尤其现代社会的各类消费产品，多少包含了一定的科技含量，有关的说明文字就一定要以科学性作为基础。例如药品说明书，应仔细说明药物的成分、药理作用、功能和用量等信息，这些介绍毫无疑问应具有严谨的科学性。

（三）条理性

任何商品的使用必须遵循商品固有的特性，而这种特性往往是具有商品自己的规律的。所以在说明时，要条理清晰，层次分明。例如家具和电器的安装说明，必须按照其规定的程序来，否则就无法安装甚至带来危险。

三、商品说明书的种类

按照所要说明的事物来分，可以分为以下几种：

（一）产品说明书

产品说明书就是对日常生产生活产品进行介绍的说明书，是对某一类产品的全部情况和信息的介绍，包括成分、性能、用途、注意事项等等。

（二）使用说明书

使用说明书就是向消费者介绍某种商品的使用方法或者使用步骤的说明书。如“九阳豆浆机使用说明”中将使用方法和具体操作步骤仔细罗列出来。

（三）安装说明书

安装说明书主要是对商品的分散的零件进行总装时用来指导的说明书。例如，家具的安装说明、电器产品的安装说明等。

四、商业广告与商品说明书的异同

商业广告与商品说明书都有对商品性能、构造、功能、使用方法等向消费者宣传的功能，都有促进商品销售的作用。但两者还有如下区别：

（一）目的不同

商品说明书是让消费者了解商品有关知识，充分发挥使用价值，取得最佳的使用效果。商业广告则是最大限度引起消费者注意和兴趣，以激发消费者购买欲望，并付诸行动。

（二）内容不同

商品说明书一般只限于介绍某一特定商品本身的有关知识，不涉及销售过程和其他环节。而商业广告除宣传商品本身外，还可以介绍工厂设备、信誉、消费者的反映、售后服务等。

（三）表达方式不同

商品说明书以说明为主要表达方式；商业广告则可以采用叙述、议论、描写、抒情等各种表达方式。

（四）宣传途径不同

商品说明书一般直接印在商品包装物上或与商品一起装入包装物内，随商品销售到达消费者手中。商业广告则通过一定的媒体物如电视、广播、报刊、路牌等，出现在消费者面前。

能力技巧

一、商品说明书的写作技巧

商品说明书的写作包括标题、正文和落款三个部分:

(一) 标题

商品说明书常见的标题有三种:

1. 直接以文种作标题。例如“商品说明书”“产品说明书”“使用说明书”“使用指南”等。
2. 以商品名称作标题。例如“三九胃泰”“紫光扫描仪”等。
3. 以商品名称加文种作标题。例如“盖中盖口服液产品说明书”“联想电脑使用说明书”等。

(二) 正文

正文是商品说明书的核心部分，各种商品不同，需要说明的内容也不同，有的说明商品的用法，有的说明商品的功能，有的说明其构造，有的说明其成分等，千差万别，各有侧重。例如食品说明书重在说明其成分、使用方法及保质期限，药物说明书重在说明其构成成分、基本效用及用量，电器说明书重在说明其使用和保养方法等。一般情况包括以下几个方面的内容:

1. 产品的概况（如名称、产地、规格、发展史、制作方法等)。
2. 产品的性能、规格、用途。
3. 安装和使用方法。
4. 保养和维修方法。
5. 附件、备件及其他需要说明的内容。

以上的内容，可以根据实际需求取舍详略和变动前后顺序。

正文的写法有多种多样，比较常见的有概述式、短文式、条款式、图文结合式。

1. 概述式。一般只有一两段文字，简明扼要地对商品做概括介绍。
2. 短文式。对商品的性质、性能、特征、用途和使用方法作简要介绍，多用于介绍性的内容说明，常用商品多采用这种方法。
3. 条款式。这是详细介绍商品的说明书的写法。它分成若干个部分，将有关商品的规格、构造、主要性能和指标参数、保养方法、维修保修方式逐一分条列项介绍给消费者。常用的家用电器说明书多采用这种方式。
4. 图文综合式。即图文并茂地介绍商品。既有详尽的文字说明，又有照片和图示解说，辅之以电路图、构造图、分子式（医药）等等。这种商品的说明书往往印成小册子作为商品附件。

(三) 落款

落款要写明产品的制造厂家的名称、地址、邮编、E-mail 地址、电话、传真、产品的批号、生产日期、优质级别等。不同的商品说明书，落款的项目有所不同，应根据实际需要落款。

二、商品说明书的写作要求

(一) 平实、通俗

作为接受对象的广大人民群众不可能都是专家，所以在写作说明书时，必须做到平实、通俗，能够用最简短的语言表达完整的意思，避免使用模棱两可、含糊不清的语言，尽量少使用专业术语。

（二）客观、实际

说明书中对商品的各类参数、功能、注意事项都必须实事求是地清楚标明，不能夸大事实。

案例评析

祖卡木颗粒说明书

【药品名称】

品名：祖卡木颗粒

汉语拼音：Zu ka mu Ke li

【成分】山柰、睡莲花、破布木果、薄荷、大枣、洋甘菊、甘草、蜀葵子、大黄、罂粟壳。

【性状】本品为黄棕色的颗粒；气微香，味甜、微苦。

【功能主治】调节异常气质，清热，发汗，通窍。用于感冒咳嗽，发热无汗，咽喉肿痛，鼻塞流涕。

【用法用量】口服，一次 12 克，一日 3 次。

【注意事项】糖尿病患者遵医嘱。

【规格】每袋装 12 克。

【贮藏】密封。

【包装】6 袋/盒，药品包装用复合膜袋装。

【有效期】两年。

【批准文号】国药准字 Z65020179

【生产企业】

企业名称：新疆维吾尔药业有限责任公司

地　　址：新疆乌鲁木齐经济技术开发区沈阳街 2 号

邮政编码：830026

电话号码：0991-3766592

传真号码：0991-3727587

【评析】这是比较标准的药品说明书，表达通俗易懂，科学、严谨，对祖卡木颗粒的成分、性状、功能、规格、用法用量、保质期、注意事项及企业相关情况做了实事求是的说明，体现了说明书的指导性、科学性和条理性。

相关能力拓展

其他说明书举例

一、戏剧演出说明书

这是相对较有文艺色彩的说明书，主要用于介绍戏剧、影视的主要内容，同时也向人们推荐该戏剧或者影视作品。某些集体性演出的说明书中有对演员和节目的介绍，主要是引起人们的兴趣，吸引观众。

二、招股说明书

《中华人民共和国公司法》与《股票发行与交易管理暂行条例》制定有关准则。凡在中华人民共和国境内公开发行股票的发行人，在申请公开发行股票时，应当按照准则编制招股说明书。招股说明书作为发行人向中国证券监督管理委员会申请公开发行申报材料的必备部分。

招股说明书的内容与格式包括：封面、目录和正文三个部分。正文包括：①主要资料；②释义；③绪言；④发售新股的有关当事人；⑤风险因素与对策；⑥募集资金的运用；⑦股利分配政策；⑧验资报告；⑨承销；⑩发行人情况；⑪发行人公司章程摘录；⑫董事、监事、高级管理人员及重要职员；⑬经营业绩；⑭股本；⑮债项；⑯主要固定资产；⑰财务会计资料；⑱资产评估；⑲盈利预测；⑳公司发展规划；㉑重要合同及重大诉讼事项；㉒其他重要事项；㉓董事会成员及承销团成员的签署意见等内容。

三、财务情况说明书

这是财务会计报告的重要组成部分，编写好财务情况说明书对贯彻新《会计法》，规范会计行为，保证会计资料质量的立法宗旨具有重要作用。财务情况说明书是企业（公司）年度、半年度财务报告期内生产经营的基本情况、财务状况与经营成果的总结性书面文件。它为企业（公司）内部和外部了解、观察、衡量、考核、评价其报告期内的经营业绩和生产经营状况提供重要依据。企业（公司）的财务情况说明书必须按照《企业财务会计报告条例》和国家统一的会计制度规定，对需要说明的事项，至少应当对以下情况做出真实、完整、清楚的说明：一是企业生产经营的基本情况；二是利润实现和分配情况；三是资金增减和周转情况；四是对企业财务状况、经营成果和现金流量有重大影响的其他事项。

四、毕业设计说明书

这是学生在教师指导下，对所从事毕业设计工作和取得的设计结果的表述。毕业设计说明书的撰写应符合国家及有关行业（部门）制定的有关标准，符合汉语语言规范。一般学校对毕业设计说明书的文字、图表、页面设计作明确的规定。毕业设计说明书结构一般包括论文封面、目录，中、英文摘要，正文、参考文献等部分组成。封面一般由学校统一格式；正文包括引言、主体与结尾三部分。引言一般介绍本课题的目的和意义，在国内外发展概况及存在问题，本课题应解决的主要问题、指导思想及应达到的技术要求等。主体从各个角度对整个设计的阐述与论证。结束语一般对整个毕业设计工作进行归纳和综合，对结果进行讨论与分析，着重提出自己的见解与观点，对自己的工作做出客观的评价，对整个毕业设计达到的水平进行评述，对本设计中尚存在的问题及进一步开展的研究工作阐述见解和建议。

第五节　市场预测报告的写作

情景导入

随着竞争对手的增加，上虞市恒盾伞业有限公司销售业绩增长开始放慢，市场渠道的开拓也越来越艰难。有人提议运用电子商务模式，设立一个公司网站并进行在线销售，也有人提议在天猫商城开一家网店。电子商务有它的优势，但也同样存在风险，公司领导要求市场部对这一项目进行充分调研，对运行模式和发展前景作分析预测，并形成书面的市场预测报告。

市场是朝夕万变的，要在竞争日益激烈的市场中应付自如，少走弯路，需要作科学的预测。市场预测在市场经济体制日益健全的今天，越来越发挥出它的重要作用。

必备知识

一、市场预测报告的含义

市场预测报告就是依据已掌握的有关市场的信息和资料，通过科学的方法进行分析研究，从而预测未来发展趋势的一种预见性报告；是在市场调查的基础上，综合调查的材料，用科学的方法估计和预测未来市场的趋势，从而为有关部门和企业提供信息，以改善经营管理，促使产销对路，提高经济效益。

与计划相比，市场预测报告也有对今后的判断和安排，但计划是指令性的，必须实行；预测报告则是估计会发生什么情况，供领导决策参考。

跟调查报告比，市场预测报告也运用调查与分析方法。但调查报告着眼于对过去和现状作客观的反映，预测报告着眼于对未来状况作分析、预测；调查报告要求准确性、客观性，预测允许带有主观推断性和不确定性。

二、市场预测报告的作用

（一）为经济管理决策提供科学依据

随着经济的发展，工业企业已经由单纯生产型变为生产经营型，商业企业也形成开放的、多渠道和连锁式的新体制，市场竞争日趋激烈，市场动态变化迅速，准确的预测才能预见未来，避免主观臆断和短期行为，减少生产和经营的盲目性。

（二）为制订计划提供有力的依据

要制订科学的计划往往要先学会科学的预测。对表面上滞销的产品，分析找出潜力和发展余地；对表面畅销的产品，分析什么时候饱和，在此基础上修正计划，调整生产规模，则能很好地把握市场脉搏。相反，对市场变化反应迟钝，势必造成巨大的经济损失。

（三）为开拓市场提供可靠的依据

通过预测，企业往往会分析自己产品在当地市场、国内市场和国外市场的地位、特点和作用，同时研究同类企业的产品的来源和去向，研究其质量、特点、适用性，从而采取有效的对策，取得最佳的经济效益。

三、市场预测报告的种类

1．按范围分为宏观市场预测报告和微观市场预测报告。宏观市场预测报告指国家或者政府的某个职能部门针对宏观市场的各项未来活动，进行总体构架，经过分析和预测后，写出的书面报告。微观市场预测报告指在具体的经济单位（某一部门或者某一经济实体）对特定市场商品供求变化情况、新产品开发前景等分析研究的预测报告。

2．按空间层次分为世界市场预测报告、全国性市场预测报告、地区性市场预测报告、某行业市场预测报告等。

3．按时间层次分为短期（旬、月）市场预测报告、近期（半年，一年）市场预测报告、中期（三到五年）市场预测报告和长期（五年及以上）市场预测报告等。

4．按预测方法分为定量预测报告和定性预测报告。定量预测报告，是根据掌握的数据，应用数理统计方法，研究和推测发展状况及结构关系，分析生产、销售和市场需求内在联系与变化过程，写成的市场预测报告。定性预测报告，是根据经验判断预测法（主观预测）和调查研究预测法，通过向专业人员调查，收集专家预测意见、经营人员预测意见、销售人员预测意见、用户意见即民意测验等，取得各种因素的历史和现实情况的资料，并进行分析加工整理，判断预测未来情况写成的市场预测报告。

能力技巧

一、市场预测报告的写作技巧

通常情况下，市场预测报告由标题、前言、正文、结尾和落款几部分组成，实际操作中，可以根据需要有所取舍。

（一）标题

预测报告的标题一般有以下几种形式：

1. 文件式标题。这种标题由预测的时限、预测的范围、预测的对象和文种四个要求组成。如“2015 年我国电子商务市场发展预测”。文种可写成预测报告、展望、动向、预测、走向、发展趋势等，如“2015 年中国汽车市场展望”。

2. 结论式标题。这种标题由预测对象和预测结论构成，如“电子书市场需求将持续上升”等。

3. 提问式标题。这种标题就是以大家关注的预测结果作为提问的对象，用问句作标题，引起悬念，如“未来 5 年我国房地产市场将何去何从”。

4. 主副标题。这类标题一般主标题揭示预测结论，副标题交代预测对象。如“加速结构调整，实行战略转移——2015 年××省经济形势和发展趋势分析”。

（二）正文

预测报告的正文部分一般包括前言、主体、结尾三个部分。

1. 前言。又称引言，即市场预测报告的开头。一般简要介绍预测的原因、对象、方法和意义等，或概括预测的重要内容以领起下文。要求概括而突出主要内容。前言部分也可省略。

2. 主体。一般包括现状分析和趋势分析两个部分。

现状分析主要是用确实、具体的资料和数据材料来说明市场的现状，它是预测的出发点和基础。必要时还可以对历史上的情形作简要回顾以探寻其来龙去脉，以便更好地了解其发展的趋势。这一部分的写作应该概括、简洁，只是给后面的预测和建议充当一个先决条件，它的内容可以包括产品的产销情况、购买情况、同行的经营情况、本企业的生产能力和技术设备情况等。

趋势分析是正文的重要部分，是在充分掌握各类调查数据的基础上，运用文字、统计图表、几何图形或者数学模型等方法加以分析研究，从中推导出对未来的判断，得出发展的趋势和规律，预见未来可能出现的情况。预测的内容主要分析市场对某产品的需求总量与各因素的依存关系；分析生产、供应、营销三者的关系；分析当前市场上消费需求结构的变化；分析其他因素，如方针政策的变化、季节性变化、运输条件的变化、消费者心理的变化等对市场的影响；分析本企业产品占有市场的比例。可以从产品销售总量、同行业的生产情况、影响产品销量的人口因素和新产品开发速度等方面进行预测，也可以从产品的技术发展趋势、资源、生产成本等方面进行预测。无论哪一种预测，都必须以翔实、准确的数据和材料为依据，注意从不同的角度来评价和论证，通过比较、分析、科学推断等方法准确预测市场的未来趋势，把专家、行家和群众的意见加以整理、归纳，透过现象看到本质。论证越充分、越深入、越科学，预测的准确性就越高。在分析预测的过程中，还必须清晰地体现市场预测的逻辑性和条理性。分析应有理有据，不能闭门造车、主观臆断。写法上可以分条或分节加以说明。

3. 结尾。通过预测，提出对策和建议，这是预测的目的和归宿。预测的目的就是为了准确地做出决策，建议是市场预测报告中必不可少的内容，它是针对未来发展情况提出的措施或对策。建议必须以针对现状的客观分析为基础，提出既具有前瞻性又切实可行的意见和措施，只有写得具体、有效，才能对决策发生作用。

（三）落款

写明预测报告的单位或个人和日期。

二、市场预测报告的写作要求

市场预测是一门多科学、综合性的边缘科学，要写出内容充分、有参考价值、客观的市场预测报告，要求写作人员必须具备良好的综合素质和专业知识，并要求有良好的写作表达水平。市场预测报告的写作需要注意：

（一）深入调查，实事求是

市场预测的唯一基础在于当时实际存在的事实，市场预测报告正是建立在对所有相关经济现象及其相关关系的充分了解的基础上的。这种充分了解市场信息的首要条件就是要深入市场运作的实际环境，全面地了解经济活动的历史和现状，及时捕捉各种相关信息。资料不全面、不准确，就有可能做出错误的结论，从而给生产经营带来损失。

（二）结合资料，注重分析

市场调查这一工作完成以后，作者就积累了一定数量的材料和数据，如何对这些数据进行去粗取精、去伪存真的鉴别和分析，关系到下一个阶段的预测分析是否准确。这些既有的数据资料，需要进行一定的统计工作，或者运用数学模型、统计工具进行评估、对比，从这些结果中预测出市场未来变化发展的趋势。

（三）表达准确，建议可行

市场预测要回顾历史和现实存在的情况，描述未来的经济发展趋势，所以，要求语言的表达要措辞严格、语气恰当，不可夸大或者缩小，也不可模棱两可。结尾提出的对策和建议，要具有现实的可行性，不可太抽象和太笼统。

案例评析

空调消费需求趋向多元化　功能性产品是亮点

——2014 年中国空调行业发展趋势

在前不久举行的“2014 年度中国空调行业发展趋势高峰论坛”上，业界人士表示，国内空调行业正进入高位盘整期与发展机遇期，面对整个空调行业增长趋缓和需求多元化的趋势，空调行业也应运用大数据、精准营销等互联网技术开发新产品，以顺应市场发展。

市场增速放缓

经历了 2012 年度的深度调整期，空调行业在 2013 年度表现出了一定的反弹态势。有数据预测，今年空调行业生产规模将超过 1.1 亿台，其中国内零售市场销售规模接近 5 500 万台，预计增幅仅有 5%左右。

多位专家在论坛上表示，目前，国内空调消费市场已达到较大的规模基数，行业目前已进入高位盘整期与发展机遇期，市场增速进一步放缓；同时伴随着原材料长期处于价格低位，整体行业进入成本下行与技术转型上行阶段。

他们认为，现阶段，全国空调保有率已经达到 4.8 亿套，同时整体国内经济和房地产市场走势仍然不明朗，存在一系列的负面因素，可以说空调行业已经进入高位盘整期。

“随着刚需释放、城镇化、国家新能效标准实施政策等因素的拉动，市场仍会保持一定的增长，但整体增速会放缓，空调市场的渠道结构也在加速进行转变。”苏宁云商总裁金明指出，目前，一、二级市场高能效空调与房地产的发展在一定程度上促使行业重回上升的趋势。三、四级市场在城镇化的推动下将加快发展，推进整个渠道进一步下沉。尤其是电子商务的发展，再次重构了整个市场渠道。

金明说，互联网浪潮已经不可逆转地改变着每一个行业，影响到每一个企业，空调行业亟待寻找新的零售模式。空调行业也应运用大数据、精准营销等互联网技术开发新产品，以满足消费者的个性化需求。

个性化消费渐成潮流

随着社会经济的蓬勃发展，中国消费群体的格局也产生重大变化，2013 年度空调市场消费者多元化的产品需求和碎片化的消费特性日益凸显。

对于 2013 年度的中国空调市场而言，节能惠民政策和变频空调新国标是影响市场的两大政策。今年 5 月份，空调销售市场受节能惠民政策即将退出的影响，产生了集中热销的效应，销量同比上升 40%以上。据中怡康总经理贾东升介绍，节能惠民政策不仅引导了产业转型升级，而且持续影响着产品发展方向。以高效节能产品为例，其市场占比从 2012 年年中的近 20%，发展到 2013 年 5 月已突破 60%。而变频空调新国标将对后市产品结构的影响更大，预计其直接市场效应将在 2014 年度逐步显现。

健康化、智能化、艺术化是空调产品发展的重要趋势。在互联网时代，产品间的比价更容易实现，同质化竞争必然导致激烈价格战，因此围绕消费者个性化需求而进行的差异化研发成为产品竞争的主轴，智能化、时尚化成为消费者选择空调的重要标准。据中怡康周度监测数据显示，2013 年中秋国庆黄金周期间，空调柜机市场中，时尚、省空间的圆柱形柜式空调零售量同比增速高达 315.6%，美的天行、海尔帝樽、三星 Memory 智能空调、海信“苹果派 A8”等圆柱形柜机的推出，表明企业正通过产品差异化来顺应消费需求的变化。

经过多年的市场培育，加上最近几年国内房地产市场的高速发展，联排、大户型等中高端住宅的逐年增加，带动国内重点市场家用中央空调消费需求的稳步提升。截止到今年上半年，销售规模已达 50 亿元，同比增长超过 20%。

此外，由于雾霾天气的影响加剧，消费者对空调产品的健康功能需求日益明显。2013 年度，空调企业纷纷推出除甲醛、除 PM2.5、空气净化等功能的空调产品。随着互联网、物联网技术的日益成熟与普及，2014 年空调市场上，具备“除甲醛”“空气净化”功能的健康空调将成为空调市场的另一大亮点。

中央空调迎高速发展——或掀节能新革命

资料显示，目前国内大约 21.5 亿平方米的大型建筑使用中央空调，其中很多已经面临更新改造局面。同时，随着新建建筑以每年 20 亿平方米的速度持续增加，以及城市化、城镇化、智慧城市改造的推进，中央空调的新增需求也在明显提升。由此判断，中央空调的消费需求在今后几年将会呈现远高于家用空调增长速度的状态。

从目前国内中央空调的使用情况分析，主要存在两大制约因素：一是传统中央空调的能耗巨大，据统计，大型建筑的总耗电中，空调系统电力消耗水平平均在 50%以上，与目前国家节能减排的要求不相吻合；二是传统中央空调的维护、维修成本较高，给使用单位带来的经济压力较大，整体市场需要中央空调生产企业能够推出能耗低、安装简便、维修维护成本低、使用寿命长的产品，这对传统中央空调来讲，不亚于一场新的技术革命。

为满足宏观管理部门政策制定需求以及便于各生产企业准确把握整体市场发展态势，了解市场竞争的最新变化，制定新年度整体规划、营销策略，国家信息中心市场信息处撰写了《2013 年中国传统中央空调升级改造分析报告》一文。报告对“十二五”规划实施以来国内城市建筑中央空调的基本情况进行了分析，涉及能耗分析、噪声分析、舒适度分析、使用年限分析、国内外现状分析、效果分析等一系列内容，同时还根据整体宏观经济的基本走势，对国内 2014 年度中央空调市场的基本态势进行了预测分析。

本次调研对现有的传统中央空调与节能空调在能源消耗、噪声程度、舒适程度、使用年限、国内外分析、效果分析等六个层面进行全面调研，了解中央空调的现状，以及分析目前中央空调存在的问题，旨在为城市建筑的建设提供合理建议与意见。

根据国家财政部、住建部发布的《中国城市发展报告》《关于进一步推进公共建筑节能工作的通知》以及《绿色建筑方案》的指示，以及随着我国城镇化的加速，城市节能改造与绿色建筑的实施实现，建筑节能减排都将成为重点，而节能减排的重点在中央空调。

《中国城市发展报告》指出，预计到 2020 年，将有 50%的人口居住在城市，到 2050 年这一比例将增至 75%。现在，中国建筑能耗占社会总能耗的近 1/3，而高速城镇化导致人均能耗大量提高，中国建筑节能面临巨大挑战。

《关于进一步推进公共建筑节能工作的通知》指出，我国近 40 座城市已进行节能改造试点，在未来两年内，每座试点城市节能改造面积不低于 400 万平方米；由于公共建筑节能改造市场规模巨大，即使细化至中央空调设备改造，每年规模也不会低于 200 亿元。

我国既有建筑总面积已超过 430 亿平方米，而采用高能效中央空调的节能建筑不足 1%。截至目前，中国节能建筑的总面积只有 2.3 亿平方米，而在每年新增的近 20 亿平方米的建筑面积中，绿色建筑的面积和数量也极其有限，仅占到全部建筑的 3%，也就是说有 97%的建筑属于高能耗建筑。

从传统中央空调与节能中央空调在能耗、噪声、舒适度、使用寿命、国内外对比结果以及使用效果分析中可以发现，在我国，传统中央空调已经为社会带来了巨大的能源消耗，如果不限制淘汰与持续使用，将带来更多的资金投入与人员投入。

从住建部 2013 年公布的《"十二五"绿色建筑和绿色生态城区发展规划》可以看出，国家对节能中央空调将有政策上的倾斜，有利于产品的推广与普及。

从国外节能空调的推进经验中可以得出，节能中央空调能够带来良好的环境效果，在未来将有广阔的发展前景。节能中央空调的普及将会推动整个"十二五"规划绿色建筑与节能改造的实施。

（来源：中国行业研究网）

【评析】这篇市场预测报告通过对空调行业现状和影响未来趋势的诸多因素分析，运用了专家意见、政策文件等进行论证分析，从而提出了 2014 年空调市场发展趋势，为生产企业决策提供了参考。本报告主要通过调查研究和经验判断等方式来进行市场预测，行文客观，论述到位。

第六节 招标书、投标书的写作

情景导入

经过调研和预测分析，上虞市恒盾伞业有限公司决定开设网上商城，为了提高网页设计的专业化水平，达到既销售产品又提高公司品牌知名度的目的，公司决定采取招标的形式，陈婷需要协助市场部撰写招标文书。

思考：招投标需要经过哪些程序？招标文书又有哪些规范要求呢？

必备知识

一、招标书、投标书的含义

招标书和投标书是政府、单位或者企业在招投标时所使用的文书。

招标人在兴建工程、合作经营某项业务、进行大宗商品交易、确定科研项目承担人时，以建设单位、商品购买人或定做人、项目出资人为招标人，或由他们委托专门的招标代理机构，公布标准和条件，公开招人承包或者承办，然后依照有关规定从中选择价格和条件最优者为中标人；招标书就是在这样的活动中形成的书面文件。

投标书是对招标书的回答，是投标人同意按照招标书的要求和条件进行承包或者进行交易，同时向招标人提出合同建议，它是提供给招标人的备选方案的书面文书。

招标、投标是国际上广泛采用的一种贸易方式，是现代经济活动中一种引入竞争机制的经济活动方式，能够最大限度地保证社会的公平竞争，保证资金得到合理、有效的使用，保证项目质量，保护国家利益、社会利益和当事人的合法利益。我国的招投标是在改革开放后开始推广开来的。目前，面对经济全球化浪潮的兴起和我国对外经济活动的日益频繁，招标和投标工作成为各级政府、企业经济活动制度化和规范化的重要方面。

招标、投标需要采用一定法律程序进行，具有很强的规范性。西方发达国家一般具有完善的招投标制度。我国采用这种交易方式时间不长，法制体系建立相对较晚。1999 年 8 月 30 日，九届全国人大常委会第十一次会议通过《中华人民共和国招标投标法》，这是规范招标投标的基本法规，以后又陆续制定了一些配套的规章，如《工程建设项目自行招标试行办法》《政府采购货物和服务招标投标管理办法》《科技项目招标投标管理暂行办法》《建设过程设计招标投标管理办法》等。

二、招标书、投标书的特点

（一）明确性

招标人对招标的项目或者工程基本情况要给予明确的说明，例如项目或者工程的主要目的、基本情况、产品要求、人员素质和具体规定等，必须在招标书中给予清晰的描述。投标书要对所采取的方式、方法，实施措施，所要达到的目标和标准，采用的科学技术方法，可以获得的经济和社会效益等，都要明确清晰地进行说明。

（二）竞争性

招标的目的是寻求经济活动中最理想的合作伙伴，必须使用各种手段造成最广泛的竞争局面，从而扩大选择的对象，增加比对性，获得更好的经济效益。

（三）制约性

招标书是招标人向投标单位提出的约定性文字资料，一旦发出就不能随意改动，否则违背了条款就要承担法律责任。投标单位，必须认真地对招标单位的条件和要求做出郑重承诺，同意招标书中的各项制约性条款，投标书寄出以后，投标人便不能更改，一旦签订了合同，就要认真履行，否则就要承担相应的法律责任。

三、招标书、投标书的种类

1．按时间划分，有长期招投标书和短期招投标书。

2．按内容划分，有企业承包招投标书、工程招投标书、大宗商品交易招投标书。

3．按招标的范围划分，有国际招投标书和国内招投标书。

4．在招标、投标的过程中，有下列招投标文书：

（1）招标委托书。

（2）招标公告。

（3）资格预审公告。

（4）资格审查结果通知书。

（5）投标邀请书。

（6）投标须知或投标说明。

（7）投标书。

（8）投标项目方案及说明（施工方案及说明，设备方案及说明）。

（9）投标保证金保函：经招标人认可的银行为投标人向招标人出具的保证投标人遵守规定，否则立即支付保证金额的文书。

（10）评标报告。

（11）中标通知书。

（12）落标通知书。

（13）招标、投标情况报告。

能力技巧

一、招标书的写作技巧

招标文书包括招标公告、投标企业须知（招标说明书）、技术质量要求、标底书、中标通知书等，主要指招标公告或者招标通知。

（一）招标公告

招标公告又称招标广告、招标通告，是招标企业公开招标时发布的信息，目的是尽可能广地宣传自己的招标项目或者工程，并且欢迎有兴趣的企业前来投标。招标公告一般分为三个部分。

1．标题。一般为招标单位加文种，如“中国技术进出口总公司国际招标公司招标公告”，也可写成招标单位加招标项目名称加文种，如“浙江省杭嘉湖内河航道网改造项目办公室关于塘栖市河改线工程施工招标的公告”。

2．招标号。一般是招标人的英文缩写、编号。有些招标公告没有招标号。

3．正文。分为开头和主体两部分。

开头：简要说明招标的缘由、依据或目的。

主体包括以下几项:

(1)招标项目情况:包括项目名称,主要内容、规模、数量等。

(2)招标范围:投标人应具备的条件。

(3)招标步骤:包括招标文件发售时间、价格,投标截止时间、地点,开标时间、地点,有的还说明签约时限,项目计划开工时间和完工时间等。

4. 落款。招标单位名称、地址、电话、电挂、电传、邮编等,公告发布日期。

(二)招标书

招标书一般由标题、编号、正文、结尾四部分组成。

1. 标题。常见的标题有三种类型。一是由招标单位名称、招标内容、文种三部分组成;二是由招标单位名称或招标内容和文种组成;三是广告性标题,如“谁来承包××大桥工程施工”。

2. 编号。标题下面,往往还写明该招标书的编号,以利于日后存档或查阅。

3. 正文。正文由前言和主体部分构成。前言部分要求写清楚招标单位项目、招标依据、招标目的和招标范围。

主体部分是招标书的核心,主要包括:①招标方式:公开招标还是邀请招标;②招标范围:限定在国内、国际,还是省内、市内等等;③招标内容和要求:尤其要清楚无误地写明要达到的各项指标;④招标程序:针对招标的实际情况,写清楚招标、议标、开标、定标的方法和步骤,标注时间和地点,双方签订合同的原则,明确双方的权利和义务等等。

招标项目的表达方式有条款式和表格式,前者逐条写明招标的有关内容;后者是表格式结构,将招标项目编制成图表,使招标项目简明扼要,一目了然。

4. 结尾。这是招标书重要的组成部分,要详细而具体地写清楚招标单位名称、通信地址、邮政编码、电话号码、电传号码、电报挂号、联系人等,以便投标者参与。

(三)内部发售的其他招标文书

内部发售的招标文书用来出售给前来投标的企业,通常包括资格审查文书、招标章程、企业须知、技术质量要求和标准、购销合同等。一般写法如下:

1. 标题。相对来说,内部发售的招标文书的标题是固定的,因为招标企业在招标之前,就已经拟定了相关常用图表的格式,例如:“××项目投标企业须知”“××工程质量要求”“投标企业资格审查表”“××机械集团公司数控机床外购招标章程”等。

2. 正文。主要包括企业资格审查表、招标章程、企业须知、技术质量要求等。

企业资格审查表主要是审查投标企业的基本情况,如营业执照、资质等级证书、企业规模、技术人员配备情况、资金运转情况及其由银行提供的相关证明、运营状况和社会信誉(包括合同履行情况)、已承担的项目或工程、企业经营业绩等等。这些资料要根据情况,提供原件或者复印件。

招标章程主要说明招标的时间、过程、办法及相关要求等。

企业须知主要是对招标过程中某些具体要求和条件进行补充说明,有时会做出较为细致的规定,因为在涉及知识产权保护和企业商业机密的时候,只能提供给投标企业部分可以参考的资料,而不可能提供全部资料。

技术质量要求是对具体的招标项目或工程需要达到的各项指标的精确描述,一般以图表的形式表示，要注明是国家标准还是国际标准，或者行业标准，例如所提供的设备的具体材质、各种物理性质参数等。

3. 落款。注明招标单位的全称、地址、电话、传真、邮政编码、电子邮件地址、联系人等，招标单位需要加盖公章。一般在招标单位的右下角，另起一行署上制发的日期。

二、投标书的写作技巧

投标文书包括投标申请书、资格审查材料、投标书、演讲词、答辩词等。一般情况下投标申请书和投标书是最常用的投标文书。

（一）投标申请书

它是投标单位向招标单位或者上级主管部门报送的以备审查资格的书面文件，其构成相对简单。

1. 标题。一般为“投标申请书”。

2. 主送单位。正常情况下，要写明招标部门的全称，标题下顶格写。

3. 正文。需要写明投标单位的意愿，对相关的技术要求和条件做出保证。

4. 落款。写明单位和负责人，并盖公章。最后注明申请书发出的日期。

5. 附件。对本单位的投标资格进行详细说明，附上相关证书、文件等。

（二）投标书

目前常见的投标书主要有条款式和表格式两种，一般情况下，投标书由标题、正文、落款、附件等部分组成。

1. 标题。一般由发文单位、项目、文种这些基本要素构成，例如“浙江省第二建筑工程有限公司投标书”，这是单位和文种的组合；也有项目和文种的组合，例如《杭州市背街小巷工程（4 号路段）投标书》；也有的投标书直接写“投标书”或者“标书”“标函”。当然为了突出特色，也可以灵活拟写招标书的标题，例如“视质量为生命——××建筑工程公司投标书”。

2. 正文。和招标书相近，正文也是由主送单位、引言和主体构成。

主送单位即招标单位，标题下顶格写。

引言部分要对投标企业情况进行说明，例如单位的性质、经营活动的范围、所拥有的行业资质证书等级等。

正文部分首先要对投标企业的现状进行分析，主要说明企业规模、资质、资产状况、技术力量和支持、设备情况、劳动力素质和服务意识、已有业绩等，突出自身优势。还要详细说明投标项目的具体指标，明确投标方式和投标期限，根据不同情况，注明经济指标、技术指标、投标企业的履行能力及责任义务等，在充分说明各类需要达到的指标的基础上，说明完成任务的具体措施、方法等。

3. 落款和附件。和前述招标书的写法基本一样，附件有时需要附上担保单位的担保书和图样、表格等。

三、招标、投标文书的写作要求

招标、投标书的写作是一项严肃的工作，要求注意以下几点：

（一）周密严谨

招标、投标书是有一定的法律效力的文件。因此在写作时，内容要具备较强的逻辑性，要有条有理、有依有据。条款的罗列要明确、具体，用词要准确，特别是术语必须绝对准确。单位名称和地址不可简写。时间应具体写×年×月×日，不可写“今年”“明年”之类。投标文书在加盖公章寄出以后，就对所在的单位起到了制约作用，一旦违反约定，需要承担一定的责任，所以措辞必须严密，不可含糊大意、模棱两可。

（二）重点突出

招标、投标书一般内容比较丰富，但在写作时，必须简洁明了地说明问题，切忌长篇大论。

（三）注意礼节

招标、投标书涉及的是交易贸易活动，要遵守平等、诚信的原则。要求措辞诚恳语气平和，尽量避免带上个人主观色彩。

案例评析

【案例一】

××招标有限公司关于××市××中学多媒体、计算机室建设及服务招标公告

××招标有限公司受××市××中学的委托，以公开招标的方式对以下项目进行政府采购，欢迎合格供应商参加投标。

一、招标编号：CXQZ14043。

二、项目名称：多媒体、计算机室建设及服务。

三、资金性质：国库统付。

四、技术规格及要求：详见本招标文件第三部分。

五、交付期：自合同签订之日起15日内全部设备到货并安装、调试交付使用。

六、交付地点：采购人指定地点。

七、投标供应商的资格要求：

（一）凡国内具有独立法人资格，具有较强经济实力、良好信誉和售后服务能力的供应商；

（二）具备省级以上（含省级）信息产业部门认定的叁级（含）以上计算机系统集成资质。

八、购买招标文件时间：2015年6月1日起至提交投标文件截止时间止（节假日除外），每天上午8:30～11:30时，下午14:30～17:30时（北京时间）；招标文件每套售价100元，招标文件一经出售，谢绝退还。招标文件若需邮寄，请加付邮寄费50元；对邮寄过程中可能发生的延误或丢失，采购代理机构概不负责。

九、提交投标文件截止时间：2015年6月21日上午9:30时（北京时间）。届时请投标代表出席开标会，逾期送达或不符合招标文件规定的投标文件恕不接受。

十、开标时间：2015年6月21日上午9:30时（北京时间）。

十一、招标文件发售、投标文件递交及开标地点：××招标有限公司（地址：××市安南路民利大厦11楼，邮编312000）。

十二、凡对本次招标有疑义的，请以信函、电话、传真或来人与我司招标部联系，联系人：郑先生、蒋小姐，联系电话：××××××××（总机），传真：××××××××。

十三、开户行：中国工商银行××市××支行，户名：××招标有限公司。

账号：1406030608010607059。

××招标有限公司

2015 年 5 月 28 日

【评析】以上是较为规范的招标公告，开头交代采用公开招标方式，主体部分具体写明了招标项目、要求以及投标、开标等相关情况。全文以条款式拟写，条理清晰，语言简明扼要，很好地体现了招标文书的写作要求。

【案例二】

××大学 2015 年图书资料采购协议供应商招标书

第一章 投 标 须 知

一、项目名称：××大学图书馆中文图书资料年度协议供应商招标。

二、招标方式：采取公开招标的方式，确定中标单位；标段按年度图书订购类别分为医药卫生专业性图书、综合性图书两个标段。

三、投标人资格和条件

（一）具有独立法人资格，在国内注册的经营国家正式出版物的中文图书经销商。

（二）投标人应承担投标及履约中应承担的全部责任与义务。

（三）投标人必须提供投标资格文件与应具备的条件：

1. 投标人的法定地址、注册地点、企业法人和营业执照。有效的工商营业执照副本复印件，综合图书供应商注册资金不少于 100 万元人民币。

2. 投标人应为企业法定代表人或有法人代表书面委托书的委托代理人，委托书应为原件，必须有法人代表的签名（或私章）并加盖公章，复印件无效。

3. 法定代表人的身份证复印件；投标人的身份证复印件。

四、投标文件的封装：

投标人须按投标文件组成的要求制作标书，投标文件（正副本各一份）以密封形式（封口加盖投标单位公章）。未按本要求密封和投递的投标文件，招标方有权拒收。

第二章 招标项目要求

一、供应商资质及技术要求

（一）图书供应商应为专门从事图书经销法人单位，注册资金不少于 100 万元（医药卫生专业除外），所经销的图书和出版物均为国家正式出版物。

（二）供应商具有全国性的图书采购网络，经营图书品种丰富，综合图书供应商须与全国 400 家以上的图书出版单位有直接供货关系。

（三）供应商需要具有做大型图书馆团体供应的条件和经验；要有较大的后备仓库和团体选购的场所；现货供应品种在 1 万种以上。

（四）有从事书目数据加工业务的专业人员，能提供图书的标准 MARC 数据，数据中应该包括读者使用对象和图书内容介绍（数据要求参见《中国机读目录格式使用手册》《CALIS 联机合作编目手册》），每月提供的书目数据不少于 4 000 条，提供的所有数据能在需方系统无障碍地使用。

（五）供应商应建有功能较完善、性能稳定的专业化图书电子商务网站，便于供需双方通过网络开展业务工作。

（六）供应商应提供符合国家财税法规要求的售书发票。

二、服务要求

（一）定期及时免费提供各地各类型出版社及其他专门的图书目录及报价。

（二）供应商应保证 85%以上的预订图书到书率和 95%以上的现采图书到书率，其中 80%图书的到书周期应控制在 45 天之内。

（三）现场采购图书时，供应商应该提供人员、设备方面的便利。

（四）供应商不得更换图书馆的预订和现采的图书订单，不得搭配非需方订购的图书。

（五）供应商在收到图书订单后应及时进行订购处理，并按需方要求将加工好的图书及时发送到需方指定地点，为此所发生的费用全部由供应商承担。

（六）供应商必须按需方订购的图书品种、数量及时供货，除推迟出版或发生影响合同履行的不可抗力情况以外，若不能按时供货的图书种数或册数超过订单订购数的 15%，即可以认定该供应商不具备供货条件，需方有权要求终止供货，因终止供货而造成的损失由供应商承担。需方有权采取相应的补救措施（如直接向出版商邮购图书或向其他供货商补订图书），由此给需方造成的各项损失或增加的各项费用（如折扣损失、邮费、数据费、加工费）等均由违约的供货商承担。

（七）送交到需方的图书与订单不符，可以予以退货。若发现有污损、图文不清、缺页、倒页、缺附件等质量不合格的图书，一律予以退换，不能以已加工为理由拒绝。由此造成的损失及费用由供应商承担。

（八）供应商在处理订单时，如实际书价超出订单书价 15%，应及时与需方沟通；凡送交到需方的图书，以图书定价作为计算书款的依据，经验收发现书款与发货单不相符的，需方及时通知供应商核算，供应商接到通知之日起 10 个工作日内不予核算，则以需方验收的实际数额计算书款金额。

（九）供应商如在品种或数量上不能达到需方的要求，则应在收到订单 45 天之内向需方反馈未订到图书的信息。

（十）供应商应能提供诸如免费粘贴磁条、盖馆藏章等图书浅加工方面的配套服务。

（十一）供应商应根据需方实际工作运行过程中发生的情况，提供相应的服务保障。

第三章　投标文件要求

一、投标文件内容要求如下：

（一）投标函：项目名称、投标文件内容、投标声明与承诺；

（二）标书所要求投标人提供的所有资格证明材料；

（三）图书供应价格折扣率；

（四）服务承诺书；

（五）图书数据的格式及运行要求；

（六）投标人的资产经营状况及经营规模情况；

（七）投标人的主要图书采购网点分布情况；

（八）投标人的学科优势、行业优势、地域优势；

（九）投标人图书供应的网络环境（计算机网络或网站）；

（十）投标人图书供应的用户分布和业绩概况；

（十一）投标人开户名称、开户银行、账号及传真、电话、网站、E-mail 等联系方式；

（十二）投标人认为有必要提供的声明及文件资料。

二、投标应仔细阅读招标书的所有内容，按招标书的要求提供投标文件，并保证所提供的全部资料的真实性。

第四章　投 标 报 价

一、报价指图书、随机附件（光盘、软件等）、运抵指定交货地点费用、有关服务和所有税费的总和。

二、投标应以人民币报价，按年度图书订购码洋分为20～80万元（医药卫生专业图书供应商）、80～100万元（综合图书供应商）、100～120万元（综合图书供应商）、120万元以上（综合图书供应商）分别报价。

在满足本标书要求的所有服务前提下，投标方承诺的购书折扣率：

购书码洋/万元	折　扣　率	免费服务内容	备　　注
20～80（含80）			
80～100（含100）			
100～120（含120）			
>120			

××大学集中采购管理中心

2015年1月2日

【评析】上述招标书分投标须知、招标项目要求、投标文件要求、投标报价四章，眉目清楚、内容具体，使投标人对招标项目、招标方式以及具体要求一目了然。

【案例三】

投　标　书

×××工程指挥部：

根据××市××局××建设工程招标管理处2015年×月×日发布的《××广播电视中心办公楼建设安装工程招标公告》，以及××省建筑设计院设计的图纸内容，我公司具备承包施工条件，决定对以上工程进行投标。

本公司经历了长期建筑安装工程实践，于2000年企业整顿验收合格，2004年经省建委审定为一级建筑安装施工企业。公司现有职工×××人，共设有建筑安装××个分公司，并配有全钢架现浇、大弯度钢架、预应力工艺等项目的施工能力和经验，具备大型土方石工程、建筑工程和水电安装工程总承包施工能力。

如对方接受我方投标，我们决心在此建筑工程中以全面质量管理为核心，严格编制施工组织设计程序，发挥企业固有的优势，保证缩短工期，力争在该项目上创优良、优质工程。

一、工程标价：

预算总造价为五千五百万元，标价在预算总造价的基础上降低1%，即五万五千元（详见报价表）。

二、建设工期：

如果我方中标，在接到“中标通知书”后十五天进场，做好开工前的一切准备工作。2015年×月×日正式破土动工，2016年×月×日竣工，总工期为××个日历工作天（详见进度计划）。

三、合理的施工措施：

（一）计划控制：采取总进度计划控制与土石方工程平衡配和主车间平行，主体交叉流水网络计划控制相结合。

（二）制定质量目标，坚持TQC管理方法，建立各单位工程中分部、分项工程质量预控网络体系。

（三）健全技术档案，做到技术资料“十二有”，提高施工管理科学性。

（四）安全生产，搞好安全教育，加强安全检查监督，防范事故于未然。

（五）加强职工队伍思想政治教育，增强劳动纪律，讲究职业道德。

（六）各工种工程，分部分项实行挂牌施工，落实岗位责任，推行拣号承包。

四、如果我方中标，我们将按合同价格的百分之十出具履约保函，以保证合同的正常执行。

五、在正式合同制定和签署前，本投标书连同您方的书面中标通知书应视为约束我们双方的合同。

六、建议：

建设过程中如有设计变更、材料串换、代用等现象出现，相互间都应本着实事求是的原则处理。

我们理解您方有权不接受最低标价的投标，或者其他任何你们可能收到的投标。

与本投标书有关的一切正式联系地址、电话等如下：

地址：××××××××××××

电话：×××××××××

传真：×××××××××

邮编：××××××

电子邮箱：×××××××××

联系人姓名、职务：×××

投标人：（加盖公章）

签字人：（授权代表）×××

签字日期：×年×月×日

【评析】这是一份内容详细、完备的投标书。在正文的前言中，交代了投标依据并将投标单位的基本情况进行了详尽的说明，突出介绍了以往工作的主要成绩以及获得的荣誉称号，初步表明了自身的优势。在前言部分的最后，表明了对本项目投标的态度。在正文主体部分中，首先对该项目的基本情况做分析，包括工程预算及建设工期，具体提出了自己制订的施工措施以及所做的承诺。最后，对招标单位也提出了互谅要求。应该说，这是一份比较具有代表性的投标书文本。

相关能力拓展

招标、投标的程序

一、招标

根据《中华人民共和国招标投标法》的规定，招标项目按照国家有关规定需要审批手续的，应先履行审批手续，取得批准；招标人应有进行项目的相应资金或资金来源已落实，并应在招标文书中如实载明。招标工作包括：

（一）确定招标方式

招标方式分为公开招标和邀请招标。

公开招标：这是一种无限竞争的招标方式。就是招标单位通过各种渠道在一定范围发布招标的信息，吸引有资格的企业或者个人参加投标，在机会平等的条件下，将招标文件售卖给他们，并组织其参加投标活动。

邀请招标：这是一种有限的招标方式。招标单位经过一定的考察，根据工程或者项目的具体要求，邀请行业内的若干单位前来投标。招标邀请书发出后，招标单位需要对投标单位的资格进行预审并召开标前会议，然后进行投标和开标的一系列活动，最后对标书进行评审，择优选择中标单位。对于邀请来的落标单位，或者退回押金，或者给予投标补偿金。

国务院发展计划部门确定的国家重点项目和省、自治区、直辖市人民政府确定的地方重点项目不适宜公开招标的，经国务院发展计划部门或者省、自治区、直辖市人民政府批准，可以进行邀请招标。

（二）确定是自行招标还是委托招标

委托招标需向有资格的招标代理机构办理委托手续，填写委托书，提供技术资料和有关文件；交纳保证金，与代理机构一起确定招标类型、定标程序。

（三）发布招标信息

如公开招标，在国家指定的报刊、信息网络或者其他媒介发布招标公告。

如邀请招标，应当向三个以上具备承担招标项目的能力、资信良好的特定法人或其他组织发出投标邀请书。

招标人不得以任何不合理的条件限制排斥潜在的投标人，不得对潜在的投标人实施歧视待遇。

（四）出售招标文件

在公告或邀请书规定的时间、地点发售招标文件。招标文件应当包括项目的技术要求、对投标人资格审查的标准、投标报价要求和评标标准等所有实质性要求和条件以及拟签订合同的主要条款。招标人应当确定投标人编制投标文件所需要的合理时间；但是，依法必须进行招标的项目，自招标文件开始发出之日起至投标提交投标文件截止之日止，最短不得少于20日。

（五）勘察项目现场

如有必要，可组织潜在投标人勘察项目现场。但不得向他人透露已获取招标文件的潜在投标人的情况。

二、投标

投标人应当具备承担招标项目的能力，两个以上的法人或其他组织可以组成一个联合体，以一个投标人的身份共同投标，签订共同投标协议，约定各方承担的工作和责任，将协议与投标文件一并上交招标人，共同与招标人签合同。投标过程包括：

（一）编制投标文件

投标人应按照招标文件要求，对招标文件提出的实质性要求和条件做出响应。投标文件包括：

1．投标书。

2．投标人资格、资信证明文件。

3．投标项目方案及说明。

4．投标项目数量、价目表。投标人不得以低于成本价的报价竞标，不得相互串通投标报价。

5．招标文件中规定应提交其他资料或投标人认为需要加以说明的其他内容。

（二）提交投标文件

在截止时间前将招标文件正本、副本送到规定地点。同时交纳投标保证金。招标人应当签收保存，不得开启，投标人少于三个的，应当重新招标。

三、开标

开标应当在招标文件确定的投标文件截止时间的同一时间公开进行，开标地点应当为招标文件中预先确定的地点。由招标人主持，邀请所有投标人参加，由投标人推选的代表或由招标人委托的公正机构检查并公证，确认无误后，当众拆封，宣读，同时记录，存档备查。

四、评标

评标由招标人依法组建的评标委员会负责。评标委员会成员为 5 人以上的单数，其中技术、经济等方面专家不得少于总数的 2/3，专家须从事相关领域工作满 8 年并具有高级职称或具有同等专业水平，由招标人从国务院有关部门或省、自治区、直辖市有关部门提供的专家名册或招标代理机构的专家库内的相关专业的专家名单中确定，一般招标项目可以随机抽取，特殊招标项目由招标人确定，与投标人有利害关系的人不得进入评标委员会。中标结果确定前评标委员会成员名单应保密。

评标委员会评标后应向招标人提出书面评标报告并推荐合格的中标候选人，也可直接确定中标人。中标人应能够最大限度地满足招标文件中规定的各项综合评价标准和实质性要求，经评审的投标价格最低，但低于成本价的除外。

如评标委员会认为所有投标都不符合投标文件要求的可以否决所有投标，重新招标。

五、定标

招标人向中标人发出中标通知书，中标通知书具有法律效力。同时将中标结果通知未中标的投标人，向未中标的投标人退还保证金。

依法必须进行招标的项目，应在确定中标人之日起 15 日内，向有关行政监督部门提交招标投标情况的书面报告。

六、签约

招标人与投标人应在中标通知书发出之日起30日内，按照招标文件和中标人的投标文件签订书面合同。

本章小结

◎ 计划写作应切实可行，结合实际，内容具体、明确，尤其是措施、办法与步骤，要具体、明确、有序，条理清楚，具有可操作性和可检查性。

◎ 策划书没有固定不变的模式，重在创意，要结合实际，学会灵活运用。专题活动策划的基本要求是：主题明确，内容具体；时机恰当，规模适中；形式新颖，组织周密；符合公众心理，赢得社会支持。

◎ 广告重在创意，要把握市场趋势、抓住特点、把握消费者心理。完整的广告文案有四个部分组成：标题（直接性标题、间接性标题、复合标题）、广告口号（广告语）、正文（述介体、描写体、诗歌体、问答体、对话体……）和随文。

◎ 商品说明书与商业广告不同，其目的主要发挥商品的使用价值，采用平实的说明方法，介绍商品的性能、特征、功效、使用方法等，随商品一起到达消费者手中。

◎ 市场预测报告是对未来市场趋势的推断，与计划、调查报告均不同。常用预测方法有定性预测和定量预测。预测报告的一般结构为现状分析——分析预测——结论、建议。

◎ 无论是招标文书还是投标文书均具有法律效力，因此写作必须规范、慎重。

应知、应会目标鉴定

一、应知目标鉴定

1．正确说出策划研究文书的一般特点和写作要求。

2．正确说出计划的三要素和常用的几种结构方式。

3．利用互联网或其他途径查找企业计划，营销策划书，专题活动策划书，广告文案，商品说明书，市场预测报告，招标、投标文书等文书写作案例，并做出相应评析。

4．正确说出广告文案的组成要素以及相应的含义。

5．正确说出常用预测方法和预测报告的写作结构。

6．运用广告文案写作知识分析下面的广告文案。

台湾地区黑松企业黑松天霖水电视广告文案

挑逗的水（画面为香水）

游戏的水（画面为游泳池中的水）

补充的水（画面为输液的药水）
冒险的水（画面为托起小船的海水）
享乐的水（画面为酒）
成长的水（画面为奶瓶中的乳汁）
发现一瓶好水——黑松天霖水。

海尔 H8018 手机平面广告文案

第一则

所以我忘了女友的生日
所以我忘了接老板
所以我忘了存折密码
所以我忘了到底还忘记了什么
因为我忘了带手机
绝对难忘的海尔 H8018 新上市

第二则

第一只手机丢在新装上市
第二只丢在圣诞疯狂打折
第三只丢在哪个破烂的试衣间
第四只……
我发誓再也不去买衣服了
爱不释手的海尔 H8018 新上市

7. 阅读以下说明书的要点，并根据说明书写作知识进行点评。
（1）吹风机："睡眠时请勿使用。"
（2）点心（印在盒子底部）："请勿倒置。"
（3）儿童咳嗽药（2-4 岁儿童专用）："服用后请勿开车。"
（4）罐装花生："警告——内含花生。"

二、应会目标鉴定

1. 联系实际写一份规范、具体的大学学习、生活计划。

2. 2～3 位同学合作写作一份专题活动策划书，内容可以是校园文化节、红五月活动、毕业生离校活动、学生自主创新成果展示活动、校庆活动或其他有意义的活动。要求原创，具体可行，结构完整，语言通顺，表意明确。

3. 根据下列要求设计一份原创性的广告文案：

（1）为一个产品（可以是自己创设的新产品）设计一份平面广告文案。要求结构完整、内容创新，可配合图案。

（2）为所在的学院设计一份广告文案。要求抓住学院特色，内容创新，吸引人。

（3）为自己创意的专题活动设计一份广告文案。要求围绕活动主题，增加活动的感染力、号召力。

4．为自己创设的新产品写一份说明书。

5．市场营销和管理类专业学生根据具体情景写作简单的预测报告，其他专业的学生能通过互联网或其他途径搜集预测报告的案例并做出正确评析。

6．对自己感兴趣的当地某专业市场做调查，在此基础上写一份该市场发展前景的预测报告。

7．分析下面这段市场预测报告（节选），指出它的特点和各部分构成，所用的预测方法。

2014 年 LED 产业八大趋势预测

未来一年 LED 的发展，将面对更多的机遇与挑战，这期间 LED 企业的经营策略尤为重要。结合环境优势，做专品牌，实现规模效应是未来 LED 企业应对市场风险的有效途径。对于 2014 年，LED 产业有六大预言。

一、2014 年 LED 开始动真格洗牌

国内 LED 行业经过前几年的发展，在技术、规模、产品等方面都取得了长足的进步，但是也面临着很多问题，LED 产能过剩、企业数量众多、产品性能不同、价格战愈演愈烈，很多企业没有一个清晰明确的企业和产品定位。

据九正建材网了解，未来五年 LED 产业将会大洗牌，不管是上市公司，还是国企、民企，未来五年，都将面临非常严峻的形势。尤其是在未来三年，LED 行业大鱼吃小鱼，快鱼吃慢鱼，将是产业的常态，因为市场的空间就那么大，这也是市场规律的必然结果。非上市公司可能基本上被淘汰或整合。

二、全球 LED 光源替换潮将正式启动

在快速发展的 LED 照明市场中，照明厂商纷纷通过收购通路与技术来整合资源、提升竞争力。目前照明厂商多半搭配各种无线传输技术以及整体智慧控制技术，甚至是搭配各种再生能源的绿建筑解决方案，因此未来商机相当庞大。此外，品牌形象提升可扩大照明厂商议价空间，也可以摆脱持续杀价竞争的窘境。

三、2014 年 LED 照明产品出货年增七成，产值达 178 亿美元

全球市场 LED 照明渗透率正在快速提升，2014 年 LED 照明产值将达 178 亿美元，整体 LED 照明产品出货数量达 13.2 亿只，较 2013 年增长 68%。LED 行业机构表示，全球 LED 照明产品替换潮来自于价格快速下降所致，其中以替代型光源产品最为明显，球泡灯和灯管是最受到市场欢迎的替换光源类型，分别占 2013 年 LED 照明产品的 38%和 25%。

此外，一体式的 LED 照明产品类型未来需求将逐渐崛起，特别是结合智能照明应用的产品，因此预期 2014 年 LED 照明产品比重将可望逐年提升。

四、2014 年 FlashLED 市场走势将呈现 M 型化

FlashLED 在智慧型手机的渗透率已达 100%，看准 Flash 商机，LED 业者积极投入 Flash 市场。2013 年 FlashLED 的规格以驱动电流 1 000mA、500mA 与 350mA 为主流，而 2014 年 FlashLED 的规格将走向 M 型化发展，驱动电流 1 000mA、亮度在 240-250lm 的 FlashLED 将持续扮演中高阶的主流，另一方面，客户若有降低成本考量，加上导入机款为中低阶机种，FlashLED 的采用将会落在驱动电流 350mA、亮度在 75lm 以下的规格。

五、2014 年直下式电视渗透率逾六成，冲击 LED 背光产值

2013 年 LEDTV 渗透率在中国电视厂的带动下达到 95%水平，2014 年预计将全面取代

CCFL，全年电视出货量估计达2亿零9百万台，年成长率为3%。然而2014年电视LED背光产值预估为24.1亿美元，年成长率反而衰退17%，主要原因为直下式电视使用LED颗数较侧光式机种少约五成左右，而2014年直下式机种渗透率将高达六成，是导致整体LED电视出货成长，LED产值却下降的主要原因。

六、价格持续下降，照明需求将大增

近两年，全球照明市场开始显现“禁白”效应，同时受到上游芯片技术提升和价格快速下降影响，LED照明与传统照明产品之间的差距逐渐缩小，下游LED照明产品价格下降已成为不争的事实。当前，LED照明产品的价格正以每年20%左右的速度下降，许多区域无论是取代40W或是60W的LED球泡灯最低售价甚至都已经低于10美元，渐渐逼近传统节能灯的价格。

据全球研究机构统计，2013年10月份全球取代40W的LED产品部分价格下降较为明显，各区域品牌灯具最低价格都已跌破10美元，且不同区域间产品均价差距正在逐渐缩小。尤其在英国地区，呈现11%的大幅下跌。部分原有高价品项价格下调，低价品项则继续走低。

（来源：九正建材网）

8．两位同学合作，一位写一份招标书，内容可选你就读的学校一座建筑大楼装修或购置某大宗实训设备等，必须符合招标文书的写作规范；另一位按照第一位同学所写的招标文书，写一份投标文书，内容必须与招标文书相对应，并且符合投标文书的写作规范。

第六章

总结、调研文书写作技巧

应知目标

- 认识总结、调研文书在日常工作、学习中的作用，了解常用总结、调研文书写作的格式和要求。
- 能够区分总结、述职报告，懂得它们的写作要领。
- 熟悉经济活动分析报告、简报的写作要领。
- 熟悉专业论文的特点与写作要领。
- 熟悉常用调查方法、懂得调查报告的写作要领。
- 熟悉预算、决算报告的写作要领。

应会目标

- 能根据实际需要写作总结、述职报告。
- 能写作经济活动分析报告。
- 能编写规范的简报。
- 能写作有一定价值的调查报告。
- 能写作有一定水平的专业论文。
- 会写作简单的预算决算报告、财务分析报告。

第一节　总结的写作

情景导入

上虞市恒盾伞业有限公司成立20周年庆典系列活动取得了圆满成功。公司决定召开一次总结会，每个部门作10分钟汇报交流，总结经验，彰显亮点，畅谈体会。总经办主任让陈婷起草本部门的工作总结。陈婷因参与了整个庆典活动的全过程，感觉有很多东西可以写，但只有短短的10分钟时间，如何将本部门工作亮点凸显出来呢？陈婷陷入了沉思。

思考：你认为总结是否有必要？对日常工作有什么帮助？恒盾伞业的总结会议能起到什么样的作用？

必备知识

一、总结的含义

总结是单位或个人对以往的实践活动进行全面、系统的回顾、分析、研究和评价，从中找出成绩、问题、经验和教训，揭示出规律性的认识，从而指导今后工作的一种事务文书。

总结和计划是管理活动中一对前瞻后顾的链接，计划是事前做设想和安排，解决“做什么”“怎么做”的问题，总结则是做事后的分析，回答“做了什么”“做得怎样”和“为什么这样”等问题。总结和计划既互相依赖又互相作用，没有对以前工作系统、深刻的总结，就很难制订出未来切实可行的计划。

总结与报告也有一定的联系：它们都需要客观、全面地反映实际情况。但总结是为“自我”（本单位、本部门）而写，通常在内部流通，除了介绍、推广经验外，一般不需向外公布。报告则是写给上级或有关部门人员看的，如果向上级汇报工作，反映情况，要用“报告”而不是“总结”。从表达上看，总结采用夹叙夹议的方法，通过分析评议，找出经验教训；而报告则以叙述为主，反映情况为主。

二、总结的特点

（一）客观性

总结是对本组织或个人有关情况的回顾，应该以客观事实为依据，真实、客观地分析情况、解决问题、总结经验，不允许虚构和编造。

（二）概括性

总结的过程，就是感性认识上升为理性认识的过程，总结就是从复杂的现象中探求事物发展变化的必然性，即从纷繁复杂的现象中，进行分析、综合，概括出事物的存在和变化规律。在分析事实材料的基础上，比较、归纳、提炼出正确的观点，从而提高认识、发扬成绩、吸取教训，更好地指导今后的实践活动。因此，总结不是记流水账，而是对实践活动的认识的提高与飞跃。

（三）指导性

总结的目的是扬长避短，把工作做得更好，着眼于对未来实践的深化与优化。

三、总结的种类

1．按照性质分，有综合性总结和专题性总结。综合性总结又称全面总结，是对本组织一定时期内工作的全面总结。专题性总结也称单项总结，是对某一专项工作的总结。

2．按照内容来分，有工作总结、思想总结、学习总结、生产总结等。

3．按范围分，有地区总结、部门总结、班组总结和个人总结等。

4．按时间分，有年度总结、季度总结、月份总结等。

5．按写作目的分，有常规工作总结和经验总结。

能力技巧

一、总结的写作技巧

（一）标题

总结的标题有公文式标题、论文式标题、双行标题和提问式标题四种形式。

1. 公文式标题。一般由单位名称、时限、内容摘要、文种构成。如“浙江经济职业技术学院2014年教学工作总结”。有的标题省略单位名称或时间，如“企业改制工作总结”，其中省略的“时间”“单位”等要素，往往在总结落款中表明。

2. 论文式标题。这种标题一般要求概括总结的基本内容、范围或提示观点，表明经验。如“建设企业文化是加强和改进企业思想政治工作的必由之路”。

3. 双行标题。又称新闻标题，由正题和副题构成。正题点明主旨，副题具体说明总结的单位名称、时限、内容和文种或只说明内容和文种。如“抓改革 促管理 增效益——恒盛食品厂2014年工作总结”。

4. 提问式标题。这种标题一般用于经验总结，如“我校是如何争创国家示范性高职院校的”。

（二）正文

和其他应用文体一样，总结的正文也由前言、主体、结尾三部分构成。

1. 前言。主要概述基本情况，对过去的工作予以概括交代，包括工作的时间、地点、背景、总体收获，对以往工作的基本评估等，给读者一个总体印象。这一部分内容是对基本成绩、经验和教训的总评价，所以写作时应简明扼要。

企业的总结开头往往用数字来说明取得的总体成绩和收获，如《浙江省物产集团公司2014年工作总结》开头：

2014年对于物产来说，是重大改革突破之年，是瘦身强体之年，是强化制度执行、风险管控之年，是服务基层之年，更是丰收之年，是具有里程碑意义的一年。一年以来，集团上下围绕年初董事会确定的“一体两翼”发展战略、工作方针和目标任务，凝聚共识，真抓实干，利润总额、净资产收益率等核心指标实现了较好的增幅。据快报显示，2014年实现营业收入2 143.64亿元，同比增长1%；利润总额24.32亿元，同比增长48.43%；进出口总额（含转口）48.91亿美元，其中出口9.98亿美元，同比增长28.19%，营业收入、利润总额和进出口总额均创历史新高；净资产收益率11.45%，同比提高2.45个百分点；资产负债率降至70%以下，同比下降9个百分点以上；实物量1.03亿吨，与去年基本持平；浙经院取得了2项国家级教学成果一等奖、1项二等奖等突破性的好成绩；物产管理学院组织7 365人参与了35个培训项目，起步良好。各项数据都好于预期，许多工作都有了新的亮点和突破。

2. 主体。这是总结最核心的一部分内容，内容包括成绩、经验和体会。主要介绍工作取得了哪些成绩，这些成绩是如何取得的，采取了哪些方法和措施，收到了什么效果。一般要用具体事实和数据表述出来，从中归纳出带有规律性的经验。

这部分内容要求观点明确、突出，材料典型、充实，观点、材料相统一。同时注意点面结合，不能就事论事，应把那些感性的材料提高到理性高度，总结出鲜明的观点，从而站在理论的高度上解决问题，做到叙述、说明、议论相结合。

这部分内容比较多，所以应做到结构分明、层次清楚。主体常见的结构形式有以下三种：

（1）按照工作的模块划分层次。如学生总结往往分德育、智育、体育、美育等几个模块写；企业的总结分生产情况、销售情况、经营管理情况、企业文化建设等几个模块写。

（2）按照概括的几条经验划分层次。经验总结往往采用这样的结构，如《抓好“三个一”工程　推进企业可持续发展》一文主体结构就是由三条经验来贯穿：

一、探索建立一套灵活、有效的机制，是推进企业可持续发展的关键。

二、形成一个不断变革创新的思路，是推进企业可持续发展的保证。

三、培育一支优秀的管理团队，是推进企业可持续发展的基础。

（3）按照做法、成绩、经验或体会的先后顺序划分层次。内容较为复杂的总结往往采用这种结构，如《中国广告联合总公司十年工作总结》的主体结构：

十年来，总公司及成员公司的职工发扬团结奋斗、艰苦创业、开拓进取的精神，公司发挥联合优势，不断发展壮大，成为我国广告界一家有影响的全国性广告公司，为向现代化广告公司发展奠定了良好的基础。我们的主要工作是：

一、统一思想认识，明确公司性质。（具体内容略，下同）

二、重视人员培训，提高职工素质。

三、注重创意策划，提供优质服务。

四、发挥联合优势，共同发展提高。

五、重视国际交流，拓宽发展视野。

六、注重理论研究，引领发展前沿。

通过上述工作，总公司发生了可喜的变化：

第一，成员公司不断增加。

第二，人员素质不断提高。

第三，经营业绩持续增长。

第四，策划能力不断提升。

第五，优质服务赢取客户。

总结十年实践经验，我们有以下几点体会：

一、目标一致、认识统一是我公司巩固、发展的前提。

二、明确方针、真诚团结是我公司巩固、发展的根本。

三、提升素质、优质服务是我公司巩固、发展的基础。

四、措施得当、行之有效是我公司巩固、发展的保证。

3. 结尾。总结的结尾一般写存在的问题、教训与今后的打算。经验总结一般省略结尾。

问题和教训一般也是总结中不可缺少的内容。问题，是在实践中感到应该解决而没有办法解决或没解决好的事情；教训，是指观念或做法不对而导致错误、损失，从而得出的反面经验。好的总结，既要摆成绩，又要找问题，既要推广经验，又要披露教训，使人有所启迪又有所警戒。今后的打算往往针对存在的问题和教训，对开展今后工作提出改进意见。这一部分要写得简略、中肯、有针对性。如《××燃料集团有限公司 2014 年工作总结》的结尾：

在总结成绩的同时，我们也应看到存在的问题和不足：一是流动资金不足，已成为公司规模更上一个台阶的瓶颈。二是人才储备不足。无论在管理还是在业务上，长期以来的“重使用，轻培养”造成人才短缺，制约了公司业务的拓展和网点建设的突破，影响了公司的健康发展。三是管理粗放，体现在有章不循，监督乏力，缺乏责任感。有些公司无视财务制度和公司规定，私设小金库；有些业务部门在拉煤过程中缺乏责任意识，煤炭被调包等等，给我们的管理敲响了警钟。四是两端进销比例低。在进货总量中，直接向煤炭生产企业进货比例不足 50%，尤其是国家重点订货合同的兑现率仅 44.1%；销售总量中，直接销售给终端用户的比例不到 60%。

今年我们跨出了快速增长的第一步，但是一时的增长可以做到，持续的增长才至关重要。新的一年，我们将进一步坚定信心，同心协力，开拓进取，争取在以下几个方面有所突破：一是进一步提高内贸直供比例和进出口自营比例；二是进一步落实公司内部资源互补、销售网络完善、客户资信评价体系；三是进一步引进充实经营管理后续人才、新板块专业型人才；四是进一步完善创建学习型组织，强化企业执行力，激发各部门、子公司勤奋干事、主动加压、不断改进、激情创业等方面的具体措施和力度。

（三）落款

写明单位或个人，总结日期，如标题中写明单位，落款处可以省略。

二、总结的写作要求

1. 要点面结合，详略得当，抓住重点。
2. 要就事论理，概括出规律性的东西。总结并不是罗列现象，记录数据，介绍实例，而要以个别来揭示一般。
3. 要实事求是，不能报喜不报忧，只谈成绩、经验，不谈问题、教训，切忌虚假。
4. 语言要质朴、简练、准确。避免散文化语言或空洞的套话。

案例评析

××公司 2013 年工作总结

2013 年是公司“管理创新年”，全年以管理创新为根基，以变革应对变化，不断调整企业经营战略目标和管理机制，不断完善企业内部目标责任状。一年来，在集团党委的正确领导下，全司上下根据年初制定的工作目标，齐心协力，努力拼搏，实现总产值 8.767 亿元。

截至 2013 年年底，我司共参加投（议）标项目 182 项，其中中标 73 项，中标率为 40%。完成经营开拓量 16.8 亿元，超额完成年初制订的经营目标。在 13.07 亿元签约量中，黑色冶炼 5.85 亿元，占总签约量 44.7%，有色冶炼 0.93 亿元，占总签约量 7.1%，民用建筑 5.27 亿元，占总签约量 40.5%，市政、石油化工等 1.02 亿元，占总签约量 7.8%。回顾过去一年，公司主要做了以下工作：

一、进一步创新经营方式，拓展经营规模

2013 年以来，在集团公司的正确指导下，抢抓机遇，深入剖析公司的优势和劣势，积极调整思路，坚定不移贯彻大市场、大业主、大项目经营理念，在全体员工的共同努力下，经营开拓保持着稳步发展的态势。首先，在公司领导班子的带领下，把开拓市场放在经营工作的首位，组织强有力的开拓团队，努力构建新的经营开拓网络，积极与政府、业主和各大设计院建立良好的合作关系。其次，经过科学分析，瞄准我公司具有一定优势的建设项目，公司领导带头跑市场，充分利用各类资源，对项目进行长期跟踪，加大前期投入，以一个项目为原点，辐射周边市场，拓展新市场。三是科技创新、强化管理，在工程投标、预算编制、施工组织设计等方面，采用现代管理和计算机软件技术，不断提高工作效率和工作水平。同时，进一步加强经营开拓、工程合同和企业信用的管理，为业主建设单位提供优质服务。四是规范联营管理，有效防范经营风险，把联营合作进一步做大做强，使其进入健康发展轨道。

二、进一步加强基础管理，提高企业竞争力

1. 进一步加强项目管理。坚持每周组织召开重大项目调度会，对重点项目进行统一调度，对重大项目上存在的问题，及时研究，并采取有效措施加以整改。公司承建的嘉盛华府房产工程，沙钢焦化四期化产及油库土建、设备安装、调试工程，杭钢废水处理工程、杭钢烧结烟气脱硫等工程均能按照合同进行施工。公司承建的株洲市体育中心工程被评为省优工程奖，株洲市芦淞区政府行政大楼被评为芙蓉奖，株洲市水岸春天一期工程、益阳银色现代城等两个小组获得湖南省优秀管理小组，由公司编制的大截面铝母线焊工法、早拆模板体系工法、高炉本体大（中）修工程冷却壁安装施工工法、高炉炉壳工厂开孔制作施工工法等四项工法被评为工程建设省级工法，为明年的生产奠定较好的基础。

2. 进一步优化人力资源管理。为满足企业和员工的需求，公司竭尽所能创造条件，开展培训工作。今年共组织 642 人次参加各类培训、考试、取证工作。同时，为了满足企业发展对人力资源的需求，今年共招聘相关专业的大中院校毕业生 45 人。对新进公司的青年人才，继续推行师傅带徒弟的方式，实行“一带一”的培养，不仅增长了他们的工作才干，也提高整体业务能力。

此外，公司认真贯彻《劳动合同法》，妥善处理了因各种原因造成的民工投诉事件，处理好各类劳动争议事件 21 起，确保了公司的稳定，减少了公司的风险成本。

3. 进一步加强财务管理。一是根据二十三冶建设集团有限公司会计核算办法，完成了企业会计准则的实施。建立规范的账套体系，对会计科目、核算项目、费用项目的设置均按照会计准则的规定进行设置。各项目部、子分公司均设有完整账套，目前运作良好。会计人员也基本掌握了财务软件的应用与操作，不仅提高了财务人员业务能力，而且提高了工作效率，使财务工作上了一个新的台阶。二是有效开展项目成本核算，加强了对各项目部的财务监督管理。经常对各子分公司、项目部的财务状况进行检查。对存在的问题，及时要求项目部加以整改。三是加强与税务部门的沟通，融洽了税企关系，为合理避税做了大量工作并取得了显著成绩。

4. 进一步强化工程结算和审计力度。首先，抓好成本测算与控制，建立项目预警机制。今年，主要对新开工的沙钢化产四期技改工程、嘉盛华府一期工程、江西德兴铅冶炼工程、印度工程等大型项目进行了全面成本测算与控制分析，根据市场行情并结合中标价，分析工程项目中人、材、机费用预测控制，对主材、辅材及机械和管理费进行逐项分析，核定项目管理费的控制计划，并做好相关的检查与监督记录，建立了资料档案库。其次，狠抓工程竣工结算，争创工程结算效益。全力推进结算工作进度，为公司资金回收创造条件。为此，公司特别成立了结算与目标考核工作重点调度小组，以湘钢、新钢、杭钢、常钢、株洲恒丰置业水岸春天一期、株洲嘉盛紫苑江岸等工程结算为重点，带动全公司其他工程项目的结算工作。截至12月底，公司完成终审结算值60 299.33万元。同时，加大对已完项目的经营效益审计，全年共完成了对安装二分公司江阴项目部、房建一分公司株洲高科项目和体育中心项目、九盛项目部、项目管理公司、兴泰项目部、新城项目部的经济效益、收支情况的审计，完成对宏源劳务公司、智源劳务公司、消防分公司、暖通分公司、芙蓉项目部、安装一分公司等已撤并项目的经营效益审计。

5. 进一步强化安全管理。公司认真吸取了“3.19”的教训，今年年初进一步落实了安全生产责任制，与各单位签订了安全生产责任状，建立健全了安全生产保证体系。切实做好施工现场安全督察工作，做到每个季度对所有在建工程进行地毯式的安全检查，每月对省内在建工程进行一次检查，重点工程每周检查一次。与此同时，还加强了对重点工程的管理力度，派安全专管人员到各重点、难点工程施工现场蹲点、指导，督促项目部做好施工安全、质量、进度等各项工作。对检查中发现的各类隐患，特别是重大隐患，排查一处整改一处，一抓到底，隐患整改率100%。此外，还积极开展安全生产活动，确保安全生产顺利推进。

三、进一步加强思想政治建设，促进和谐发展

今年，公司紧紧围绕生产经营和管理创新，做好职工的思想政治工作。

（1）加强干部思想建设，推进企业科学发展。公司通过举办中层干部理论学习培训班等活动，坚持一手抓企业改革发展，一手抓党员领导干部思想作风建设，做到企业发展战略与党员干部队伍建设同步规划、同步推进、同步考核。

（2）切实加强领导班子建设，促进企业又好又快发展。公司党委班子开展了以“讲党性、重品行、做表率”为主题的系列活动，进一步加强领导班子的建设。

（3）把思想政治工作渗透到对职工的关怀中。我们在思想政治工作中，坚持把解决思想问题与解决实际问题紧密结合，有效地调动员工的积极性。每逢节日来临之际，公司尽量挤出资金，把组织的关怀和温暖落实到每个职工家庭。对遇到困难的职工，公司在力所能及的范围内给予帮助，营造了“公司是我家，人人都爱它”的良好氛围。

回顾过去一年的工作，我们应该客观地评价公司全体职工所付出的努力和取得的成绩，但也要清醒地认识到公司目前面临的形势和在各项管理工作上存在的问题，如经营思路不够开阔、资金运转仍然很难、管理成本居高不下、创新意识不强等。这些必须引起我们的高度重视。我们一定要认真对待，仔细分析，采取以下措施进行解决：

1. 继续发展主业经营，实现持续发展。以优质服务为宗旨，把主营业务放在优先和突出发展的位置上，尤其要在引进新的贸易手段，提高各工程项目如建筑等的附加值，巩固安全意识，实现公司持续、稳健发展。与各相关部门通力合作，加强协调，在为各兄弟单位做好服务工作的同时，还要加大开拓新的经营模式的力度，降低经营成本，利用不同的经营手段，增加新的经济效益，明确分工，分清职责和义务，严格执行公司的各项管理规定，确保工作顺利完成。

2. 加强信息交流，发挥整体优势。我们要加强与总公司之间的信息交流和沟通，在全公司推行使用先进的业务交易软件系统和台账管理软件系统。要加强公司网站的建设，全面提高公司网站的质量，开展公司内外的情报互动工作，为领导的决策提供信息支持。我们还要充分利用总公司的信息优势，增加公司的经营效益。公司各部门还要进一步规范业务流程，明确各业务职责，强化区域联合理念，发挥出自身的优势。不仅要服从总公司的一体化运作，遵守运行规则，还要增强自身发展能力，确保在一体化的运作中保值增值。

3. 加强培训工作，提高员工的整体素质。一流的企业需要一流的人才。公司要成为地区领先、国内知名、管理先进的国际贸易公司，就必须有一支素质较高、结构合理、政治过硬的人才队伍。公司要全面落实总公司《未来五年人力资源发展规划》，把合适的人才用在合适的岗位上。制订出科学的培训机制，激发员工的创新动力。将培训作为一种奖励办法，奖励对公司有突出贡献的员工和业务骨干。

今后，时代发展必然使公司面临新的挑战，公司更应该认真落实各项管理措施，树立全公司一盘棋思想，化挑战为机遇，推进改革进程，开拓进取，进一步提升公司业绩，实现公司的战略发展计划。

【评析】这是一份综合性的全年工作总结。开头概括介绍了工作的背景、取得的成绩，然后按工作的重点概括了三方面的成绩，接着客观地分析了存在的困难问题，结尾提出了今后的努力方向。全文逻辑关系清晰，事实、数据材料充分，有点有面，叙议结合。

第二节　述职报告的写作

情景导入

转眼到了年底，上虞市恒盾伞业有限公司收到了上虞市发改局年度考核通知。根据通知要求，各公司要上交班子述职报告，党政班子成员个人要围绕德、能、勤、绩，撰写年度书面述职报告，重点汇报一年来履行岗位责任的工作情况和实绩，并向公司全体职工进行口头述职，发改局将派人参加并主持述职会议，会后进行民主评议和考核测评。

思考：读了上述材料，你对述职报告应该有了初步认识，那么述职报告与总结有什么区别与联系呢？学了本节后，相信你会很好地加以区别。

必备知识

一、述职报告的含义

述职报告是指某一单位的领导或某一岗位工作人员，就自己任职期间的思想政治、业务能力与岗位职责执行情况，向上级、有关部门及下属陈述的自我述评性的书面报告。

这里所说的述职报告主要是指我国随着人事制度改革和国企体制改革而产生的由一定级别领导人员、高级管理人员所用的全新的文体。1988 年中央组织部制定的《关于试行地方党政领导干部年度工作考核制度的通知》中，规定了各级领导干部需要作个人述职。2013 年中组部又发布了《关于改进地方党政领导班子和领导干部政绩考核工作的通知》，进一步完善了考核评价制度。目前，述职报告的应用，已成为各公司、企业管理、考核和民主监督干部或高级管理人员的一种重要的方式，撰写述职报告，可以对自己的任职情况加以回顾和反思，有助于促进和监督领导干部和高级管理人员忠于职守，提高其政治思想水平和业务能力，并为有关部门考核、选拔任用干部和高级管理员工提供依据。也有助于沟通干群关系，增强选用干部和工作人员的透明度。

此外，还有一类职称评定中的述职报告，是指每一位在职人员对自己工作岗位履行的情况，即业务能力、学术水平，尤其是工作实绩的回顾与评价，作为评定职称的重要依据。

二、述职报告的种类

述职报告按性质可分为领导干部述职报告和职称评定述职报告。

领导干部的述职报告按不同的分类标准又可划分为以下几类：

按述职报告的用途划分，有晋职述职报告和例行述职报告。晋职述职报告即有关领导者或工作人员为晋升更高一级职务时，必须向主管部门和领导报告履行岗位工作的情况。例行述职报告即担任一定岗位职务的人员，定期向有关组织和群众汇报工作情况，接受组织的考核与监督。

按时间划分，有任期述职报告（即一届任职期间的总体工作情况）、年度述职报告（本年度任职期间的工作情况）和临时述职报告（根据需要或上级要求写任职期间某阶段工作情况）。

按内容划分，有综合性述职报告（就任职期间工作的全面情况而作汇报）、专题性述职报告（就任职期间某方面的工作汇报）。

按述职成员划分，有集体述职报告（即班子述职报告）和个人述职报告。

能力技巧

一、述职报告的写作技巧

述职报告一般由标题、称谓、正文、落款和附件组成。

（一）标题

述职报告标题写法有两种：

1. 直接用文种名称作标题。即“述职报告”，这是最常用的一种标题形式。

2. 用全称标题或者省略某些要素。全称标题包括单位名称、职务、姓名、任职时间和文种，如“××财政厅×××任职期间的述职报告”“浙江省物产集团公司党委 2014 年述职报告”等。

（二）正文

1. 称谓。即听取述职报告的对象，或是某个部门，或是负责人。

2. 正文。正文由开头（前言）、主体、结尾三部分组成。

（1）前言。交代述职者的身份和职责：担任的职务、分管的工作、岗位职责等。如，××公司总经理述职报告开头：

本人担任集团公司总经理，这是党组织的信任和集团公司广大干部员工的重托。按照总经理工作职责的要求，协助配合董事长，负责集团公司日常生产经营、企业管理、改革改制，具体分管财务资产管理部、流通部，负责联系××公司、××公司和××分公司等成员企业。现根据省纪委、省委组织部、省国资委党委的统一部署和要求，对照本人所担任的职务和领导班子的工作分工，做如下述职，请同志们评议。

（2）主体。一般围绕自己岗位履行过程中“德、能、勤、绩”四个方面的表现，重点陈述自己的工作实绩。

德，是指政治、思想和道德品质的表现；能，是指业务知识和工作能力；勤，是指工作态度和勤奋敬业的表现；绩，是指工作的数量、质量、效益和贡献。

这部分要紧扣岗位职责，重在陈述自己忠于职守、履行职责的情况，包括做了哪些工作，效益如何，自己在集体中发挥的作用：是出主意还是支持他人，是组织协调还是亲自指挥带头干，是决策还是提合理化建议。切忌总结整体工作，看不出自己的作用，或者把成绩只记在个人的账上。要选择具有较大影响的事件和突出政绩，不要事无巨细，写成流水账，也不要写自己的认识和思想活动。

（3）结尾。述职报告的结尾一般写存在的问题和今后的改进措施或建议。这部分简明扼要地概括即可。

最后还可加上“专此述职”“特此报告，请同志们评议”“以上是我履行职责的情况，请领导、同志们批评指正”等结束语。

（三）落款

述职完了，应该署上述职人的姓名。署名可以署在标题之下，标明述职人本人的姓名和所在单位的全称，以示郑重。也可以署在文尾，同时写上述职日期或成文日期。

二、述职报告的写作要求

1. 陈述工作实绩要“一分为二”。

不要把述职报告写成经验总结，或者以偏概全，对缺点轻描淡写，要真实、客观地反映工作情况，肯定成绩的同时，也应指出不足。

2. 要把集体的成绩与个人贡献区分清楚。

在写作时，不要把个人的述职报告写成组织的工作报告。有些人写述职报告，容易把集体领导的成果都归功于个人工作的开展。应该明白，述职人只是领导班子的一员或工作集体的一员，述职时只需讲清个人的实际作用，而不应将集体功绩占为己有。对集体领导相互协作取得的成绩和出现的失误，要讲清自己在其中“扮演”的角色和起的作用。

案例评析

××学校办公室主任述职报告

各位领导、各位同事：

4 年来，本人作为承担“综合协调、保障运转、监督落实、参谋咨询”基本任务的党院办负责人，在学校党委的正确领导下，在其他职能部门和二级学院的支持帮助下，在党院办其他员工的配合努力下，以“运转有序、协调有力、督办有效、服务有形”为目标，围绕学校人才培养这一中心工作，抓好对内综合协调、对外沟通联络，做好服务保障、规范公文处理，为保障学校工作正常运转，发挥了应有的作用。现根据组织安排，对本人四年来的履职情况，汇报如下：

一、政治思想表现

担任党院办主任的4年里，我与全校教职工一起分享了国家骨干高职院校从申报到建设再到取得验收优秀成绩的发展历程，为学校改革发展所取得的成就感到由衷自豪，为能在学院大家庭里工作而感到心情舒畅。因此，我一直心怀感激，十分珍惜自己的工作岗位，始终坚持“实实在在做人、踏踏实实做事”的原则，政治上坚定信念，以党员干部标准严格要求自己；作风上勤政廉洁，以洁身自好的心态坚守法律的底线；工作上尽心尽职，以满腔的工作热情认真履行好岗位职责；学习上勤奋刻苦，以自身素质的提升促进管理水平和服务能力的提高。坚持少说多做，不计得失、兢兢业业、默默无闻、诚实肯干、团结同事，为学校改革发展尽自己最大的努力，连续三年获得部门考核和个人考核优秀。

二、四年的履职情况

（一）围绕学校发展，做好综合协调工作

1. 围绕学校重点工作，做好内部协调。主要包括八个方面工作：一是牵头做好学校发展规划和年度计划、总结工作。牵头完成了学校“十一五”总结和“十二五”发展规划起草和编制工作。起草了党委、行政年度工作计划和总结；作为牵头部门之一完成了3年的学校人才培养工作质量报告，上报教育部。二是协同做好国、省两级示范院校建设相关工作。牵头省示范校企合作人才培养平台项目建设和国家骨干院校机制体制平台项目建设，圆满完成了建设任务。负责国家骨干校总报告统稿，协助对其他成果材料的审核，牵头做好验收专家接待服务工作等。三是协同开展“创先争优”和党的群众路线教育实践活动。作为群众路线教育实践活动办副主任，承担会务和文字材料的起草工作。起草相关材料共约12万字。牵头完成了全校300多项制度大梳理工作。四是协助做好新疆阿克苏地区职业院校对口援建工作。负责起草了《浙江省高等职业教育对口支援新疆阿克苏地区职业教育发展框架》（2011—2015年）和对口支援框架协议书；参与起草了《2011年浙江对口援阿劳动力职业技能培训计划》并上报阿克苏地区劳动局参考实施。做好两校之间的联络协调和互访接待工作。在总结援疆工作的成绩和经验基础上，协助申报了省教育厅委托援疆课题项目，顺利获批。五是协同推进办公信息化建设。牵头推进OA办公系统建设，不断优化办公流程、文件管理、会议管理等流程；协助图书信息中心优化国家教育信息化试点单位申报和建设方案。六是协同做好学校重大会议的筹备和服务工作。协同筹备和召开了学校第一届党代会、学校董事会成立暨产学研推进大会、学校第八届教职工代表大会第一次会议等重大会议，做好会务、秘书、接待等工作，起草的学校董事会章程和《浙江物产集团公司与浙江职业技术学院产学研结合的实施意见》，教育部网站专题刊发，受到了校内外领导、专家的一致肯定。七是协同推进和谐校园建设。作为维稳办负责人，协调学校日常安全稳定工作；连续3年作为牵头部门，完成大学生思想研判和安全排查年度报告。八是牵头做好部门考核工作。牵头完成了2009—2013年各年度的部门考核工作。修订完善了《部门工作年度考核实施办法》和考核细则，为更加科学、公平实施部门考核奠定了基础。

2. 围绕学校发展，做好外部沟通联络工作。一是做好学校与上级单位的沟通与协调工作，确保政令畅通。认真仔细处理上级来文，做好上情下达工作；耐心指导各部门起草相关文件，做好下情上传工作。认真做好上级领导单位来校检查指导工作的相关沟通与接待工作。牵头做好第三届全国大学生艺术展演接待和服务工作，学校被省政府评为“第三届全国大学生艺术展演接待工作先进集体”。二是做好与兄弟院校的沟通协调工作。4 年共接待 120 多批次兄弟院校的来访交流，做到了规范、有礼。

（二）围绕辅助决策职能，抓好信息工作

一是指导抓好学校亮点工作的信息报送工作。起草和报送了 2009—2012 年教育年鉴材料、教育厅“质量工程”的总结材料、援疆材料、书记、院长暑期读书会交流材料、产学研合作典型案例、全国职教先进单位材料、校企合作材料、服务创新驱动典型材料、贯彻落实夏宝龙书记讲话精神材料以及向集团公司董事会上报的各类汇报材料等。学校先后 2 次被教育厅评为信息工作先进集体。二是牵头做好信息整理和信息公开工作。指导编写学校大事记，收集整理了学校 2009—2013 年各年度大事记。牵头做好学校信息公开、校务公开、党务公开相关工作，建立了信息公开专题网站，制定相关制度，完成了学校 2010—2013 年 4 个学年的信息公开报告，上报省教育厅。三是指导做好档案整理、归档和查阅服务工作。

（三）围绕学校中心工作抓好服务工作

一是做好对上对下各项服务工作。发挥“文明窗口”作用。变交办服务为参谋服务，被动服务为主动服务。及时关注经济和社会发展的趋势，关注教育改革的最新动态，关注高职教学改革动态，做好相关重要信息搜集和整理工作，为领导宏观决策提供充分、准确的依据；同时，面向基层、面向师生做好服务工作。二是协助做好信访工作。做好书记、院长信箱日常管理工作和校领导接待日安排工作，按照流程与相关部门一起做到件件有答复，事事有回音。三是做好督办工作。随时对上级和学院党政有关重要会议、文件、决策、工作部署、领导批办、交办事项的贯彻落实情况进行督促检查。负责做好物产集团公司、省教育厅等上级单位、学校领导布置的各项工作催办、督办工作。

三、存在的主要不足

1. 素质和能力需要进一步提升。回顾四年来所做的工作，尽管整天忙忙碌碌，经常加班加点，但限于本人素质和能力，离学校事业发展和领导的要求还有差距。

2. 主动性和创造性需要进一步加强。在实际工作中，尽管能很好地执行领导的指示，但做事往往按部就班，主动性和创造性还不够，特别是对如何当好领导参谋、助手等方面做得还很不够。

3. 外联公关需要进一步强化。由于本人不善言辞，在对外联络、公关等方面还存在很多不足，特别是在接待方面还需要进一步磨炼，做到“周密灵活、规范得体”。

四、今后的努力方向

后示范骨干时代，对每位教职工特别是中层领导提出了新的更高要求，要进一步加强学习，完善自身的知识结构，并着力在三个方面实现提升。一是走在前：增强工作的前瞻性和预见性，全面掌握上级精神、领导意图、基层情况，把工作想在前面，把问题发现在前面。二是站得高：站在全局的高度和领导的角度，用战略的眼光、发展的眼光看问题，聚焦在牵动全局、事关长远的大事上。三是想得深：围绕“参与政务、管理事务、搞好服务”的工作职能，养成“事事关心、处处留意”的好习惯，勤于思考和总结，提出可行性建议，供领导决策参考。

以上是我对四年来履职情况和今后努力方向的简要汇报，敬请领导和同事们多提宝贵意见，帮助我进步与成长。

【评析】这是一位学校办公室主任的任期述职报告。开头总括工作职责，主体部分阐述了思想政治表现、履职情况和工作业绩，结尾指出了存在的问题和努力方向，基本符合述职报告的写作要求。

相关能力拓展

总结与述职报告的区别

述职报告类似于总结，但不同于总结。主要有以下几点区别：

一、述职的自我性

述职的自我性即自我评述，是述职报告不同于一般的工作总结、工作报告的显著特点。述职报告首要的是“述职”，述职就是述说自己在任职的一定期限内履行职责的情况，既要述（检查、总结自己的工作情况），又要评（解剖、评价自己的工作），总是用单数第一人称的口吻。因此，写述职报告要首先把握好述职的自我性特点，不能写成回顾整个单位或他人工作情况的工作总结、工作报告。

二、论述的确定性

写述职报告，是对自己在任职一定时期内所做工作的评述。这里有一个客观标准，就是岗位职责和一定时期的目标任务。写述职报告要依据这个标准去评价自己的工作，而一般的工作总结、工作报告的评价标准是不固定的，往往是以上级部门的工作部署和基本要求为依据的。

三、内容的规定性

述职报告不像一般总结和报告那样，内容涉及面较广，而是根据当前组织人事部门考核领导干部的有关规定，要求对任职的一定时期的德、能、勤、绩四个方面来述职，尤其是绩（即政绩），是评价干部好坏的主要标志，述职报告要充分呈现述职人的工作政绩，应实事求是地写出来，不能夸大，也不能过于谦虚而缩小。

第三节 调查报告的写作

情景导入

上虞市恒盾伞业有限公司的产品越来越丰富，客户群越做越大，但市场竞争也越来越激烈了。为了进一步站稳市场，赢取客户，满足消费者需求，公司决定抽调一部分人员组成调查组，开展市场需求情况、产品情况和消费者情况专题调研，形成调查报告，为下一步决策提供充分的依据。

思考：你认为做社会调查或市场调查有何意义？上述调查组该如何开展调查才能形成有价值的调查报告？

必备知识

一、调查报告的含义

调查报告就是对客观事物进行深入、细致的调查研究后所写出的真实地反映情况的书面报告，有时也称为“考察报告”。反映情况，揭露问题，总结经验，揭示规律，是调查报告的主要功用。

二、调查报告的特点

（一）目的性

调查报告服务于具体工作需要，有明确的目的，或为了制定新的方针政策提供依据；或为了总结经验，推广先进典型经验；或为了弄清某一事件，查清重大问题或事故；或为了回答和解决现实中的“热点”问题；或为了了解某一产品市场情况。调查报告目的性越强，其作用便越大。

（二）纪实性

调查报告以事实为基础，以真实材料为依据。无论历史材料还是现实材料，正面材料还是侧面材料，统计数字还是典型事例，都应该翔实可靠、确凿无误。否则便失去调查报告的价值。

（三）科学性

调查报告不是为调查而调查。调查的目的是弄清事实，分析与研究事物的性质及其发展规律，得出正确的结论。因此要采取科学的调查方法，提供具有科学价值的信息。要尊重事实，由事实本身来认识规律，不能以主观的好恶来评判是非，以个人的感情色彩来改变事实的存在。

（四）时效性

绝大多数调查报告要回答现实生活中人们迫切要求回答和解决的问题。时代在急速发展，环境日新月异，各种新事物层出不穷，社会调查必须迅速、及时，才能适应时代要求。尤其是市场调查，时间就是企业的金钱和效益，任何过时的信息都没有任何使用价值。

三、调查报告的种类

调查报告所涉及的内容很广泛，表现的形式也是多种多样，主要有社会调查和市场调查两大类。

（一）社会调查报告

社会调查报告主要包括经验调查、情况调查、问题调查和事件调查四种。

1．经验调查。也称典型调查。主要是反映社会实践中具有一定典型性的经验，报告某一经验创造的过程、具体做法及所取得的成绩、效果等。经验调查能够起到以点带面、推广经验、指导全局工作的作用。

2．情况调查。这是反映某地区、单位、行业或某一方面的基本情况、发展状态的调查报告。这类调查基于当前情况，反映出社会发展中有利或不利的因素，剖析情况产生的原因，提出建设性意见、建议或设想；或者针对新情况、新事物，说明基本面貌及发展趋势。

3．问题调查。针对现实中存在的问题或矛盾，做出敏锐的反应，通过调查，找出根源，引起社会的关注，有关部门的重视，探求解决的途径和方法。

4．事件调查。反映历史或现实的重大事件的来龙去脉，澄清是非，公布真相。

（二）市场调查报告

市场调查报告包括市场需求情况调查、产品情况调查、消费者情况调查、销售情况调查、市场竞争情况调查等。

1．市场需求情况调查。调查某种产品、旅游、文化娱乐等市场的现实需求量和潜在需求量。

2．产品情况调查。通过对消费者的广泛调查，反映消费者对某一种产品的质量、价格、包装、商标、使用状况与技术服务、售后服务等方面的评价、建议和要求；或产品在市场上的情况，如市场占有率、覆盖率及其走向等。

3．消费者情况调查。通过对消费者的广泛调查，反映某一商品或某一类商品的消费者数量及地区分布状况，消费者性别、年龄、职业、民族、文化程度、个人收入、家庭平均收入水平、购买力大小、购买商品数量，消费者购买欲望和动机、购买习惯，影响消费者购买的决策因素等。

4．销售情况调查。调查商品在市场上的供求比例、销售能力和影响销售的因素；调查销售渠道，中间商的销售额、潜在销售量、利润、经营能力，消费者对经销商的印象，消费者对销售服务方式的满意度，商品储存和运输情况，广告媒体的宣传效果等。

5．市场竞争情况调查。调查对象为竞争对手，主要调查：竞争对手的数量、人力、财力和经营管理水平，竞争对手产品的质量、品种、花色、式样及其特色，竞争对手的所采取的价格策略、销售渠道策略、广告宣传策略，竞争对手产品的市场占有率、覆盖率，竞争对手的企业发展战略及目标等。

此外，还有市场环境调查、技术发展调查、产品生命周期调查等。

四、调查报告的形成

调查报告不同于一般应用文的写作，形成过程比较复杂，必须在进行系统、周密调查的基础上，经过充分分析研究，“去粗取精，去伪存真，由此及彼，由表及里”，才能提炼出报告的中心主旨，最后进入写作报告的阶段。因此，“调查——研究——报告”三个环节缺一不可。

调查是形成调查报告的重要基础。调查的步骤如下：

（一）精心设计、掌握方法

在调查前，根据调查研究的目的和调查对象的性质，对调查工作的总任务的各个方面和各个阶段进行通盘考虑和安排，提出相应的调查实施方案，制订合理的工作程序。主要环节如下：

1．确定调查目的和内容。明确通过调查解决哪些问题、取得什么样的资料等。调查的目的不宜过大、过空，要从实际需要出发，目标要具体。

2．确定调查范围和对象。明确需要调查哪些单位、哪些具体的个体等。

3．确定调查项目。将进行调查的主要内容罗列出来。

4．确定调查方式和方法。常用调查方式有普查、抽样调查（随机）和典型调查（选择有代表性的对象调查）三种。常用调查方法有：

（1）开调查座谈会：有针对性地设计问题，启发引导参加人员全面、客观地反映情况。

（2）深层访谈：对当事人或知情者进行个别采访。

（3）德菲尔法：这是20世纪60年代美国兰德公司首创的一种方法，采用函询方式，依靠调查机构反复征询每个专家的意见。

（4）电话调查：分为传统电话调查和计算机辅助电话调查。传统电话调查：随机拨号，提问，记录；计算机辅助电话调查：自动随机拨号系统根据设计号的抽样方案，自动拨号保存记录，访问员按照屏幕显示的问题进行访问，随即录入。

（5）面访调查：分为入户调查、拦截式面访。

（6）邮寄和电子信箱调查。

（7）在线调查：让被调查对象填写网上问卷，数据直接被录入网站服务器。

（8）直接观察：深入现场或参加实践活动，直接获得第一手的材料。

（9）实验法：通过现场实验，找出一些规律性的材料。

（10）问卷调查：设计调查表格让受访者填写，这是最普遍、调查面最广、调查成本最低的调查方法。

（二）深入调查，掌握材料

通过以上调查方法获取第一手的材料，即直接材料。直接材料主要包括具有普遍性的综合材料，有代表性的典型材料，对比性的材料以及数据材料等。

同时，通过查阅有关文字记载获得第二手的材料，即间接材料。间接材料包括：企业内部资料，如业务资料、统计资料、财务资料、其他积累的资料；企业外部资料，如统计部门和政府主管部门公布的资料，各种信息机构提供的市场信息和行业情报，国内外有关书籍、报纸、杂志上的文献资料，广告资料，商品目录、说明书、价目表，专利资料，各类媒体、网络提供的市场信息，各种博览会、展销会、交易会、订货会、学术经验交流会发放的资料等。当然，调查报告的写作以直接材料为主，间接材料为辅。

（三）分析研究，把握本质

原始的调查材料固然可贵，但不是所有原始调查材料都准确无误，值得采用。在写调查报告之前必须对大量的原始调查材料进行分析和整理，一是检查、核实。进行必要的订正、追记、补充，使材料可靠、完整。二是归纳、统计。归纳相同的材料，并对某些事实、数据进行必要的科学统计，使零散的材料系统化。

能力技巧

一、调查报告的写作技巧

调查报告的格式与一般文章相同，包括标题、正文、调查作者署名。

（一）标题

调查报告的标题主要有如下四种：

1. 公文式标题。直接标明调查对象或调查事由、文种等。如“关于大学生心理健康问题的调查报告”“2014年杭州市居民投资情况调查”。

2. 结论式标题。表明观点，概括情况。如“大学校园语言：让人欢喜让人忧”“市场定位准确是取得经营成果的关键”。

3. 提问式标题。如“沈阳噪声设备厂为什么能迅速扭亏”“‘人情债’何时了”。

4. 复合式标题。一般采用主、副标题。主标题揭示调查报告中心思想，副标题标明调查对象和事项，如“靠高质量低成本开拓市场——春兰集团公司调查”。还有用三行标题的，如：

一则报道引起央视关注
地下六合彩赌博祸害多
——实地调查××地区地下六合彩

（二）正文

正文包括前言（或导语）、主体、结尾三部分。

1. 前言。一般用来简要叙述情况，包括说明调查的背景和出发点，如调查的对象、地点、时间、范围、目的以及采用的方法和主要调查结果等。应根据需要来写，不一定面面俱到。常用开头方法有以下几种：

（1）综合式：概括基本情况。如经验调查的开头一般概括被调查对象所取得的成绩、经验等，突出主旨。

（2）议论式：说明调查意义，揭示结论。

（3）提问式：抓住中心问题发问。提出一个或多个大家所关心的问题，吸引人们的视线。如《测谎仪真的能测谎吗》一文开头：

测谎仪真的能测出谎言吗？它到底利用什么原理来测谎的？在当今破案过程中到底发挥了什么作用？笔者进行了调查。

（4）交代调查的一些要素：如调查目的、缘由、时间、地点、对象、经过、范围、方法等。

一篇调查报告可以综合运用多种开头方法。不管用哪种方法，开头部分要求开门见山，简明扼要，提纲挈领，紧扣主题，给人一个总的印象。

2. 主体。主体是调查报告的关键部分，较为详细地介绍调查的主要内容，并分析、说明这些内容反映什么，具有什么意义。为了层次清楚，通常可以用小标题分成几个层次来写；也有的一气呵成，不用小标题。但不管用什么结构方式，都要做到观点和材料的统一，要选用最典型的材料说明观点，要恰当地运用事实说明观点，善于运用不同的材料，从对比中说明问题，阐述观点。

主体部分从逻辑上讲，一般包括基本情况、对情况进行分析两方面。基本情况包括数据资料、背景资料的介绍说明；分析包括原因分析、利弊分析、预测分析等。通常采用如下几种结构形式：

（1）纵式结构：按调查顺序或事物发展变化过程组织材料，通常以时间为主线。例如，先介绍事件的起因、发展，后介绍事件的结局；或先介绍调查起因，再介绍调查经过和结果。

（2）横式结构：不以时间为主线，而是按问题性质、事物特征组织材料。例如：

情况调查，包括市场调查一般采用的结构：情况具体表现——分析情况产生的原因或利弊分析——预测情况发展趋势或针对情况提出建议。

经验调查一般采用的结构：成绩、经验、做法、效果（概括成几个方面）——启示。

问题调查一般采用的结构：问题的具体表现——分析问题产生的几大原因——提出改进意见、措施。

事件调查一般采用的结构：事件概况——事件产生的背景、深层次原因——启示。

（3）综合式结构：这种结构兼有纵式和横式两种特点。在组织安排材料时，多用纵式结构；在发表议论、分析材料时，多用横式结构，纵横交叉配合。

3. 结尾。结尾部分要总结全文，得出结论，以便深化主题，给人以明确认识。通常有如下几种写法：

（1）归纳全文，提出结论性意见或总结主要观点。

（2）对事物的发展做出展望，提出处理问题的建议。

（3）提出尚存在的问题，启发人们进一步去思索。

（4）展现前景，鼓舞人们。

总之，结尾要根据实际需要，简洁、有力，给人留下启示或较深刻的印象，不可矫揉造作，画蛇添足。如果该说明的观点在报告中已全部说清楚了，那么，可以不另写结尾。

（三）署名

署名时要注意，如果是单位署名，可将单位名称放在标题中或下一行中间位置；如果是个人署名，可署在文尾右下方；如若要在报刊上发表，就应该放在标题下面。需要署日期，一般在正文末尾的右下方。

二、调查报告的写作要求

（一）要凭事实说话

调查报告最显著的特色是凭事实说话，不空发议论，不作文学描写，不夸张、渲染事实，要对事实做客观、真实的介绍。作者要冷静、科学地分析问题，写作风格应该严肃、朴实。

（二）要用典型材料说明观点

调查报告需要从丰富的材料中引出观点，因而在调查报告的写作中容易出现大量罗列材料的毛病，文章写得冗长，很容易令人生厌。所以，在安排材料时要有所选择，要善于选取典型材料，揭示事情的本质，使内容精练、有说服力。重要的观点，可多用些生动的典型材料，以加强文章的力度。

（三）叙述、议论、说明相结合

调查报告要凭事实说话，这决定了表达方式应以叙述为主。同时，还要对事实加以分析综合，并从中得出结论，所以还必须有议论部分。叙述和议论相结合，夹叙夹议，应是调查报告采用的基本表达方式。但是，叙述与议论要有机结合，融为一体，而不是简单地相加，还必须运用说明来调节，包括调查情况的说明，调查表格的说明及其调查方法的说明等等。

（四）求实而又生动的语言风格

调查报告语言总体要求是简明、准确、务实。同时可以吸收生动活泼的群众语言，增强调查报告的可读性。如《谁把你网在网中央》一文开头写道："如果你爱他，那就把他送到网吧去，因为那里是天堂；如果你恨他，那就把他送到网吧去，因为那里是地狱"，生动形象地说明了网吧对青少年产生的双刃剑作用。

案例评析

高职院校思政课实践教学实效性调查研究

——以廊坊燕京职业技术学院为例

（廊坊燕京职业技术学院公共教学部李远杰，黄志强）

一、调查缘起及概况

从 2011 年 9 月开始，我院在大量的调查研究基础上编制了廊坊燕京职业技术学院思想政治理论课"常青藤"实践教学手册，设计了经典影片赏析、经典作品阅读、小组主题活动、公益活动体验、时事要闻评论、特色实践活动等 6 个板块，通过完成上述各项学习内容，理论联系实际，提高思想政治理论课的教育教学效果。在使用了两年之后，笔者又做了较为详细的调查研究，考察其在教学中的实效性。

（一）调查对象和阶段

从 2011 年 9 月到 2014 年 7 月，每个学期对我院学生进行一次专项问卷调查，一共进行了 5 次，共发放调查问卷 1 500 份。调查采取分阶段分内容进行，第一阶段针对高职院校思想政治理论课实践教学的总体情况展开调查；第二阶段针对思想道德修养与法律基础课程展开调查；第三阶段针对毛泽东思想和中国特色社会主义理论概论课程展开调查；第四阶段针对形势与政策课程展开调查；第五阶段针对学生对我院思政课实践教学手册的使用情况展开调查。

（二）调查方式

调查主要采取无记名问卷调查方式，同时辅之以访谈、座谈、随机交流等多种方式。

（三）调查内容

一是了解学生对高职院校思政课实践教学的熟悉情况及需求；二是了解学生对高职院校所开三门思政课的实践教学的了解情况及需求；三是就我院进行的思政课实践教学的实施情况和效果进行信息反馈。

二、调查统计结果与分析

（一）高职院校大学生对思政课实践教学的认知程度及需求

要进行高职院校大学生思政课实践教学，首先要知道他们对思政课实践教学各方面的认知。调查显示，学生对思政课实践教学有所了解的占 60%以上，但也有 1/3 的学生没听说过思政课实践教学。有 80%以上的大学生认为开展思政课实践教学是完全有必要，同时，超过了 60%的学生对现存思政课实践教学形式表示不满。这些情况说明了高职院校大学生支持学校进行实践教学的教研教改工作，从更深层次上讲，学生有强烈的愿望改变现在这种灌输式的教学模式，希望教学形式的多样化。

就思政课实践教学形式而言，调查结果呈现多样化。在各种形式中，校外打工占 20%，观看视频占 18%，校内学生活动占 15%。呈现各种形式有如下几点原因：一是我院学生大部分家庭经济条件不是很好，为了解决日常生活开销而外出打工，时间一般集中在周六、日；二是有的学生为了获得工作经验和社会见识而外出打工。外出打工女生多于男生，工种主要集中在饭店小时工、发传单和商场促销员三种工作。学生选择校外打工的主要原因是经济原因，并且所从事行业基本与自己所学专业没有太大关系，这值得注意和思考。

就开展校内思政课实践教学的时间安排和考核方式来看，调查结果显示，学生希望每学期安排一次的占 47%。主张用学习手册和论文进行考核，两项共计 70%。这说明校内思政课实践教学的开展还是以学期为单位为好，并使用书面方式来检验学习效果，这样既符合我国学生学习的习惯，方便安排学习内容和期末考核，也对完善规范化教学管理是有利的。但也应该注意到，这些学习和考核方式基本上是应试教育模式的做法，教师应该将学习和考核方式多样化，比如答辩、演讲等。

在问及思政课实践教学师生交流方式和平台的问题时，学生表现出了较高的热情。80%以上的学生认为应该建立思政课实践教学师生交流平台，其中 QQ 群位居第一，其次是课堂讨论和交流谈心。这与我们的预期是吻合的。说明当代大学生有强烈的交流欲望，他们渴望有一个合适的场所或方式与老师进行交流，畅谈他们的心声。特别是网络交流平台成为最主要的交流平台，被重视的程度超过了传统交流方式，这些值得我们注意并且应该加以思考。课堂讨论和交流谈心基本上差不多，说明学生在网络时代依然需要面对面的交流，这为我们开展有效教育活动提供了数据上的支持。

（二）高职院校大学生对三门思想政治理论课开展实践教学的看法和需求

依据《中共中央宣传部、教育部关于进一步加强和改进高等学校思想政治理论课的意见》实施方案中关于课程设置的规定，专科学校开设三门思想政治理论必修课，即思想道德修养与法律基础、毛泽东思想和中国特色社会主义理论体系概论以及形势与政策。作为一所新建高职院校，我院严格执行教育部的规定，并且在讲授理论的同时有条不紊地进行相应课程的实践教学活动。为了使实践教学活动更好地开展下去，我们重点针对学生对各门课程的认识和对课程实践教学的需求做了调研。

1. 思想道德修养与法律基础。从数据上来看，学生们对思想道德修养与法律基础这门课的期望值还是比较高的，有 46%的学生想通过学习这门课来解决一些实际问题，比如道德、公共生活、爱情、法律问题等。他们认为较好的实践教学形式有观看视频、课堂演讲和组织辩论赛。这些说明在当前开设这门课的意义还是比较大的，关键问题是如何通过科学有效的教学手段、方法来为学生释疑解惑。

2. 毛泽东思想和中国特色社会主义理论体系概论。调查数据显示，绝大部分学生希望通过学习这门课来学到更多的历史、政治知识和提高自己的思想道德修养，但也有 27%的学生是为了毕业而学习。这说明这门课的开设还是受到了大学生的肯定的，大学生的期望值也比较高。在实践教学形式上，观看红色电影位居第一，这与思想道德修养与法律基础课实践教学形式调研的结果完全吻合，再次说明视频教学对当代大学生是不可或缺的一种形式。参观考察位列其后，说明大学生希望走出去，增长自己的见识。

3. 形势与政策。调查显示，67%的学生认为学习这门课可以了解社会情况和时事新闻。在实践教学形式上观看视频依然位列第一，占到了37%，学生讲述热点新闻和就某一新闻展开讨论辩论占28%，写评论文章占15%。总体上看，学生对这门课还是比较重视的，最主要的目的就是通过老师的课堂展示和讲解来了解社会，在教学中，教师必须给学生播放最新的视频材料，让他们了解当前的社会情况，然后进行讨论，让学生畅所欲言地发表自己的看法和观点，提高他们分析问题、认识问题的能力。

（三）我院思政课实践教学手册使用情况的信息反馈

经过系统调研后，课题组设计了符合我院教学实际的思政课实践教学手册。调查显示，有72%的学生认为本学期思想政治理论课实践教学有较大的改革，认为有一些改革的占23%，没有变化的占2%。这说明大部分学生对思政课实践教学改革是有所感受的，并且觉得与以前相比，变化比较幅度较大，这为进一步深化思政课实践教学的改革增添了信心。在问及实践教学手册能不能对学生学习思政课起到作用时，71%的学生认为学习思政课的兴趣有较大提高，67%的学生认为有收获，这些结果说明我们的教学改革有了一定的成效。

就实践教学手册各个板块来看，经典影片赏析名列第一，其次是经典作品阅读，最后是公益活动体验。这个结果与之前的调查结果基本吻合，视频材料还是最受学生欢迎的教学内容，同时也说明经典作品在现当代依然是最有魅力的东西，公益活动体验名列最后。

三、思考与启示

（一）全面贯彻思政课双主体教学理念

调查数据和教学实际表明，以教师为主体的灌输式的政治理论课教学理念已经不能够适应新的时代和新的教育对象了。当今时代是一个全新的时代，新观念、新知识层出不穷，变化之快令人目不暇接。以互联网为载体的多媒体技术正以最快的速度和最大的范围影响着人们的生活和思想，青年大学生正值个体走向成熟时期，接受能力和思考能力日益增强，他们思维活跃，乐于探索创新，简单的灌输已经不能满足他们对知识、理论的强烈渴望。要想让高校政治理论教育达到预期的目的，必须全面而彻底地转变我们的教学理念，由以教师为主体的教育理念转变为以教师和学生为主体的教育理念，也即由单主体教学理念转变为双主体教学理念。这种教学理念要求：在整个思政课实践教学过程中，教师与学生的地位是平等的，他们二者在和谐、融洽的友好气氛中互动合作。教师通过服务学生、指导学生和调动学生，最大限度地激发学生学习和实践的积极性、主动性和创造性。教师在进行思政课实践教学中负责主题设定、方向指导、管理服务，而学生则根据自己的专业特征、学科背景、个人兴趣爱好等，自主创设教学情景和形式，充分发挥主观能动性，深度参与到思政课实践教学当中来。

（二）切实坚持“以人为本”的教育原则

以人为本的教育原则要求：一是教育必须把一个个活生生的、具有不同思想和个性的人作为教育的对象，而不是将其抽象化为一个形而上学式的概念或符号。二是要深刻地认识到人是自我的主宰者和规定者，是自我价值的源泉和创造者。三是要认识到实践是人的解放与自由全面发展的根本途径。教师在实施教育的过程中，要切实做到以学生为本，充分尊重学生的受教育主体地位，树立引导学生、服务学生的理念，创造条件去发挥学生的自觉能动性和内在潜能，把握学生的思想、学习实际，最终达到学生的全面发展。而学生要明确自己的主体性地位，以自身条件为出发点，依据教师的引导，创造性地完成教师所提出的实践教学任务。

（三）运用以教师为引导，学生为主体的教学策略

以教师为引导是指在整个实践活动中，教师是引导者、研究者、合作者、监督者、评价者和学术顾问。在实践活动前，教师通过理论教学帮助学生认识实践活动的目标和意义，充分调动学生参与实践教学活动的积极性和主动性；帮助学生找寻、掌握科学合理的实践方法；引导学生在自愿的基础上完成团队的组建、项目申请的提出、活动计划的拟订等。在实践活动中，教师是研究者和指导者，他需要具备深厚的理论功底和实践经验，要对所要进行的实践活动有着较为全面的把握和理解。同时，在活动中，教师不是袖手旁观者，而是学生活动的积极参与者，广泛地参与到学生进行的活动中来，为他们答疑解惑、加油鼓劲。在实践活动完成后，教师要进行科学的、民主的评价，在老师的监督下，学生组成活动成绩评价小组，对团队、小组、个人成绩进行分别评价，其中团队成绩由教师和评价小组根据团队实践活动成果报告的质量进行综合评价。在整个实践教学活动中，教师应由讲坛圣人、知识权威转变为知识的传递者、教学成果的共享者。

在整个实践活动中，学生要有明确的主体意识，在教师的指导下，努力发挥自我的自主性、能动性和创造性。学生通过自主申报项目、拟订计划、开展活动，最后完成项目，走过一次较为完整的实践活动。这一流程让他们摆脱了原来那种你讲我听的教学模式，动脑动手去总结探究知识，甚至是走出课堂，深入社会，接触、体验、感悟纷繁复杂的社会生活，用自己的亲身经历去了解社情民意，将所学的知识运用到现实生活中去，全面培养了自己的学术研究能力、社会实践能力、创新思维能力和论文写作能力。同时，在团队合作项目中还培养了团队合作精神和人文关怀精神。在日常教学中，发挥学生的主体性，一是要鼓励学生质疑，二是要导学结合。在自主探究中培养求真务实的创新精神，及时总结，将活动中的感受提升到知识和理论的高度，达到学习的目的。

（四）要以实践项目为教学活动的载体和驱动力

以项目为中心的教学模式或方法我们称之为项目驱动教学法，是指师生通过共同实施一个完整的“项目”工作而进行的教学行动，它是高职院校工学结合一体化课程中最常用也是最理想的教学方法。在思政课实践教学中我们根据政治学科的特点，有选择地运用了这一教学方法。首先是确定项目，然后将项目分为以问题为中心和以任务为中心两大部分进行。以问题为中心是指教师在授课中有意识地引导学生认识社会发展中的重大理论问题、热点和难点问题，并对这些问题的进一步探究提出要求和希望，将原有教学模式中的“灌输”方式转变为“主动探究”。以解决问题为导向，学生团队共同设计路径，进行社会调研和文献考究，分析问题，并提出解决问题的设想，最后形成报告。以任务为中心是指教师帮助学生拟订明确的学习目标，分析学习需要，并为学生的各环节的学习提供咨询、监督管理和学习评价。任务教学的实践方式将“双向”“互动”“参与”的教学理念融入教学中，能促进学生自主学习的积极性，在活动中历练他们的坚强意志，培养学生合作的精神，并完成对知识的运用和构建。

（五）加强团队协作，培养合作精神

在思政课实践教学过程中，要非常注重发挥团队的作用。团队学习是建立在团队成员共同愿景和目标基础之上的，通过项目目标激发各成员的智慧，发挥团队的整体搭配能力，实现个人智慧向团队力量的转化。在团队组织中，学生不再是孤立的学习个体，他总是在活动和探究中与他人进行交互活动。团队成员为了完成共同的任务，必须密切配合，同心协力，将集体智慧发挥到最大。在进行团队教学中，我们注意了两方面的问题：一是团队的组建。团队的组建要考虑到规模和结构。团队规模要适中，如果太大，成员太多会造成凝聚力下降，工作效率低下；如果太小，成员太少会造成工作压力太大，任务难以完成。同时，结构要合理，男女比例要恰当，三男两女为合理。还要考虑到团队成员的性格因素，外向型性格和内敛型性格相结合。二是团队的管理。在教师的引导下推选出具有责任意识和统筹才能的项目负责人，他的主要任务是整体把握项目方案实施的全过程。包括制定工作计划、进行任务分解和布置、做好工作记录和完成项目报告等。

（来源：《当代教育理论与实践》2015 年 1 月，编者稍作修改和整理）

【评析】这篇调查报告采用了主副标题，主标题交代调查主题，副标题交代调查对象，前言部分交代调查背景、概况。主体部分采用小标题的方式从高职院校大学生对思政课实践教学、三门思想政治理论课开展实践教学的看法和需求以及对思政课实践教学手册使用情况的信息反馈等三个方面说明了调查情况，最后得出结论和启示。因采用问卷调查方式，因此，依靠大量的数据材料说明问题。全文材料翔实，叙议结合，观点明确。

相关能力拓展

大学生实习报告

一、实习报告的含义

为提高大学生实践能力，每年寒暑假，学生均要参与社会实践或毕业专业实践活动，在实习结束后将实习情况、体会和认识形成报告，即实习报告。

高职学生在学业的最后一个学期还需参加毕业实习并撰写毕业实习报告。毕业实习报告是对该阶段进行总结与说明的书面材料，是反映学生毕业实习完成情况的一个主要内容，也是对毕业生的又一次培养和训练。

二、实习报告的内容要求

实习报告的基本内容主要包括实习期间在企业所观察到的业务活动的基本情况、基本流程描述，发现企业经营活动过程中存在的问题，分析产生这些问题的原因，并针对原因提出相应的改进对策和措施。

通过毕业实习报告可以大致反映学生是否具备运用 3 年所学得的基础知识来分析和解决本专业领域内某一基本问题的技术水平和能力。其选题一般不宜过大，内容不宜太复杂，要求能够较好地结合企业实际情况，分析或解决专业领域中的某一具体问题。在报告写作的过程中，可以结合实习课题将所学专业知识和技能运用于实际，在理论和实际结合过程中进一步消化，加深和巩固所学的专业知识，并将其转化为分析问题和解决问题的能力。

在搜集材料、调查研究、接触实际的过程中，既可以印证学过的书本知识，又可以学到许多课堂上和书本里学不到的活生生的新知识。

三、实习报告的格式要求

实习报告一般包括：实习单位介绍与实习岗位，工作的内容、过程，实习的体会（包括专业体会、做人的体会）三个方面内容。

案例评析

毕业实习报告

我从 3 月 17 日开始到青岛海信计算机有限公司郑州办事处技术服务部毕业实习，到 5 月 10 日毕业实习结束。在部门领导和同事的指导帮助下，我慢慢了解了公司的组织机构、经营状况及管理体制以及技术服务部的基本业务，并学到了许多计算机维护知识。

海信集团是以海信集团公司为投资母体组建的国内大型专业电子信息产业集团。创业三十多年，从最初的青岛无线电二厂，到青岛电视机厂、海信电器公司，发展成为国内著名的大型高新技术企业集团。多年以来，海信坚持高科技、高质量、高水平服务、创国际名牌的发展战略，以优化产业结构为基础、技术创新为动力、资本运营为杠杆，快速成长，迅猛发展，率先在国内构架并专注于家电、通信、信息为主导的 3C 产业结构，主导产品为电视、空调、计算机、移动电话、冰箱、软件开发、网络设备。海信拥有国家级的企业技术中心，建有国家一流的博士后科研工作站，每年承担十多项的国家级项目。2002 年，海信对信息、人才、设备等技术力量进行了整合，扩建为海信集团研究发展中心，中心设有 11 个专业技术研究所，拥有 1 500 多名优秀的专业技术人才。海信坚持将销售收入的 5%以上投入到技术创新，力求在集成电路设计、网络设备与服务、新型电子显示等核心技术上有所突破。

目前，海信在全国有 20 多个营销中心，200 多个集销售、服务于一体的分公司和办事处，10 000 多个维修服务网点。产品远销到欧洲、非洲、东南亚、南美、北美等近百个国家和地区，并在日本、巴西、美国、印尼、中东、澳洲、意大利等国家和地区设立了贸易分公司或办事处，在南非建立了生产基地，实行本土化经营。

以“创新就是生活”为宗旨的海信计算机公司是在海信公司强大的技术支持下和雄厚的科研支持下于 1996 年成立的。它以科技和人才为依托，坚持“知识就是财富，人才就是利润，向管理要效益”的宗旨，充分发挥公司员工年轻化、知识化的优势，内抓管理，外争市场，发挥团队优势，在短短几年内取得了令人瞩目的成绩，成为行业中的一支生力军。其产品通过国家电工产品认证（CCEE），通过全国 28 个省市区协作城市产品质量认证，享有销售免检权、向消费者优先推荐的资格。产品可靠性指标 MTBF（平均无故障时间）达到 12 000 小时以上。1995 年，海信技术中心被国家经贸委、海关总署和国家税务总局联合认定为国家级技术中心，雄厚的技术实力和人才队伍，为海信的计算机的技术研究提供了坚实的保障；技术中心不仅是海信的研发基地，而且是海信的新产业孵化器和人才培育中心。1998 年 6 月在中国电子质量体系认证中心ISO 9001质量体系认证审评中，海信计算机公司成为中国同行中在最短时间内通过认证的公司。

近年来，海信计算机公司始终致力于为社会、为人民提供最好、最新的科技产品，先后推出了商用、家用电脑与高端的图形工作站、服务器和网络产品。海信电脑曾荣获1999年首选购买品牌和1998年电脑实际购买第三名，其金箭99H荣获高档组四项测试第一名，金箭99V荣获中档组四项测试第一，蓝箭获得廉价组八项测试第一名。其代表作——海景回归海飞箭系列电脑和闪电系列图形工作站，在国家权威机构的多项评测和用户调查中名列前茅。

海信公司的服务承诺是：

1. 全国联保。计算机出现故障时，用户可凭《品质保证书》在最近的海信公司最近的各级海信维修部以及各个授权维修中心获得维护服务。

2. 在设有海信计算机维修服务站的地区实行三日内修复的服务。

3. 免费维修。在计算机部件保修期内且在正常使用下的故障，免收部件的成本费用和维修费用，超过保修期，免收服务费，只收成本费。

4. 保修期的第一年内，正常使用过程中的计算机出现故障时，只需拨打海信计算机公司设在该区的服务热线，即可预约时间，并且在预约时间享受免费上门服务。

5. 终身维护。为彻底解决顾客的后顾之忧，对于超过保修期的海信计算机，由用户和任何一家维修中心（站）签订协议，则可享受终生维护。

我实习所在的部门是技术服务部，主要从事郑州地区的电脑销售及售后服务工作。虽然我学的是电子商务专业，但在电脑维护方面的知识少之又少，而且从没给人做过计算机维修工作，所以一切都要从零学起。刚开始实习时，办公室的同事给了我一些有关部门运营和计算机维护的公司的规章制度，让我对公司运营情况和计算机维护——特别是系统维护有了一定的认识，真正体会到了一个重量级的国家级企业单位对人事的重视，理解了我所在的技术服务部的电脑维护工作虽然是企业部门运营的一个小侧面，但关系到企业在广大市民心目中的形象，关系到企业参与全国范围的计算机销售竞争的能力及品牌亲和力。我们中有经验的大哥哥、大姐姐还给我仔细讲解了计算机维护的每一款注意事项，经常领着我去进行顾客回访、产品市场调查、计算机系统维护；后来，又让我参与了一些具体的工作，比如约定顾客、维修单开立、对外宣传以及具体维护工作。在部门领导及全体同事的帮助指导下，经过这么多天的学习、工作，我已熟悉整个电脑维护的流程，可以独立、熟练地维护电脑，比较准确地报出各种电脑故障问题。

在实习期间，我深切地感受到，技术服务部是一个团结、上进、充满活力的集体。每天大家都是笑脸相迎，即使面临很大的工作压力，办公室里仍然会听到笑声；面对客户，大家总是热情、真诚；面对工作上的困难，大家总是互相帮助，直至解决难题。整个部门和睦相处，就像一个温馨的大家庭。而部门领导就是这个家庭中的家长，给每个人很大的空间自由发挥。从他们身上，我真正体会到了青岛海信敬人、敬业、高效、高水平服务的真实意义，体会到了服务部服务、奉献的意义，体会到了创造完美、服务社会的服务理念，体会到了青岛海信计算机公司的企业文化，知道了“创新就是生活”的真正含义。特别令我感动的是，每当我遇到困难向大家求助时，谁都会无私地告诉我；有一次，有个顾客说他的计算机经常出现无故的黑屏、死机的故障，当我们到那儿的时候，无论是谁都没能查出来到底是出了什么毛病或哪儿有毛病，我建议说看看是不是顾客自己对计算机进行CPU

超频了，大家并没有因为我没经验而忽视我的意见，结果查明确实是这么回事，然后我们调回了 CPU 的主频，并对顾客进行了自己绝对不要随便超频计算机的教育；后来大家在当天的下班总结时当场对我进行了表扬。我真是太高兴了。我对能到这样的公司实习感到骄傲，为青岛海信人的事业感到自豪。我很庆幸自己能在这样有限的时间里，在这么和谐的气氛中工作、学习，和同事们一起分享快乐，分担工作。所以我努力向同事学习，不懂就问，认真完成领导和同事交给我的每一项工作。部门领导和同事也都尽力帮助我，给我讲授和业务有关的知识，耐心解答我的疑难困惑，并给我制订了一系列的实习计划，帮我达到实习的目的。

在这一段时间里，我不仅很好地运用了所学的专业知识，而且还学到了很多在学校学不到的实用的待人处世之道，扩大了知识面，也丰富了社会实践经历，为我即将踏入社会奠定了很好的基础。

十分感谢青岛海信计算机公司，感谢技术服务部给我这样一个宝贵的实习机会，让我对社会、对工作、对学习都有了更深一步的理解和认识，为我即将走上工作岗位增添了信心，让我在大学生活中留下了美好的一页。其次，我还要感谢技术服务部的各位师傅，感谢他们给我的指导！我也要对陈经理及各位主管说一声谢谢，感谢他们对我的栽培！

（来源：OA 居——办公应用网）

【评析】这篇实习报告首先概括了实习时间、单位、内容等基本情况，接着阐述实习单位的经营概况，在此基础上写了自己的实习岗位和实习内容，最后写出自己的实习收获与体会，并对实习的单位表达真诚的感谢之情，基本符合实习报告的写作要求。如果能以小标题的方式加以概括，文章层次感会更强。

第四节　简报的写作

情景导入

上虞市恒盾伞业有限公司 20 周年司庆活动取得了圆满成功。公司决定让总经办出一期 20 周年司庆活动专题简报，将司庆系列活动成果及各级领导、兄弟单位、公司员工的祝词等展示出来，留作纪念。陈婷等负责编写这份简报。

思考：在具体工作中，简报能起到什么作用？

必备知识

一、简报的含义

简报即情况的简要报道，是国家机关、社会团体及企事业单位内部用于反映情况、交流经验、沟通信息的一种简短的、具有一定新闻意义的文字材料。

简报是个统称，日常工作中常见的“简讯”“动态”“内部参考”“快讯”“情况交流”“信息通讯”等，都属于简报。

简报通常定期或不定期编发，每一期刊发若干篇文章，少则一篇，多则一二十篇。简报属于内部刊物，既可以上报上级机关，也可以抄送平级单位，还可以分发下属部门。由于它可以比较快地反映和沟通情况、交流经验、传递信息，加之篇幅简短、内容灵活、编写制作方便，因此受到党政机关、社会团体和企事业单位的欢迎，使用非常普遍。

二、简报的作用

在一个部门或一个单位里，工作方面的各种信息能否通畅地传递和交流，对于能否做好工作起着十分重要的作用。简报在这方面所起的作用归纳起来主要有以下几点：

（一）下情上传的作用

通过简报，可以把各单位、各部门的实际工作近况、经验教训以及工作中存在的问题和困难及时向上级机关和领导反映，便于上级主管部门了解下情、掌握动态，从而有针对性地指导工作。

（二）上情下达的作用

上级部门通过简报可以将领导的指示、意图和带指导性、倾向性的意见传达给下属单位，或者通报有关情况，或者在所刊发的稿件前加上“编者按”，表明上级机关的观点和看法，用以引导下属单位的工作思路沿正确的方向发展，指导其做好各项工作。

（三）联系沟通的作用

记载着大量工作信息的简报可以报送上级机关，可以发送给兄弟单位，也可以发放到单位内部的各个部门，使得工作中的新经验，出现的新情况、新问题以及重要的动态、事件等，都可以及时得到交流和传播，人们或从中汲取经验教训，或增进沟通了解，或获得某种启示，从而更好地开展工作。一些大、中型的会议，借助简报，可以使会议研究的议题不偏离方向，并将讨论的情况和会议的进展及时反映出来，对开好会议起着重要作用。另外，简报所刊登的内容，还常常为新闻单位或宣传部门提供报道的线索。

三、简报的特点

简报具有简、准、快、活、新等基本特点。

（一）简

简报的内容往往简明扼要。文字短，内容精，开门见山，直接叙事，一语中的，尽可能一事一议，少做综合报道。简报字数一般为几百字，至多不过千字。

（二）准

简报要求材料真实、准确，问题抓得准，语言表达准确恰当。

（三）快

简报具有新闻性，追求时效性，要求发现、汇集情况快，撰写成文快，编印制发快。

（四）新

简报要求内容新鲜，有新意，要善于捕捉工作、社会生活中的“新”，提出新情况、新问题和新经验，这样才能使简报具有更强的指导性和交流性。

（五）活

简报的形式较为灵活。单篇编写或多篇合编均可。

此外，有些简报用于单位内部交流，还有一定的机密性。

四、简报的种类

简报的种类，按不同的角度、标准有不同的分类。

1．按性质分，有综合情况类简报和专项工作类简报。

2．按内容分，有工作简报、会议简报、动态简报。

工作简报一般报道业务工作或中心工作的工作情况、过程、问题、经验教训等；会议简报一般报道会议概况、进程、议题、决议、发言要点等。动态简报，也称信息简报，报道某一单位或行业的动态信息。

3．按编写方式，有专题式、综合式、信息报送式、经验总结式、转发式五类。

能力技巧

一、简报的写作技巧

简报式样像小报，由报头、报核、报尾三部分组成。

（一）报头

报头部分，又称版头，一般占首页三分之一的上方版面，用间隔红线与正文部分分隔开。报头的内容包括：

1. 简报名称。如“商业工作简报”，在居中位置，用套红大号字体，要求醒目、大方。

2. 期数。排在简报名称的正下方，按期序编号，有的还注明总期数。

3. 编发单位。在横隔线的左上方位置。

4. 印发日期。在横隔线的右上方位置。

5. 密级。在报头左侧上方位置，标志密级并加标志★，如“机密★”“秘密★”或“内部刊物”等。

6. 份号。印在报头右侧上方位置。

无须保密的简报不标密级和份号。

（二）报核

刊登简报文稿的部分称为“报核”（也称“报体”），是简报的核心部分，一般由按语、标题、正文、作者四项组成。

内容重要的简报在报头下、正文标题前标明按语。按语主要有这么几种：一是说明性按语，标明材料来源、转发目的、转发范围等；二是提示性按语，简括正文主要内容；三是评论性按语，对主体内容加以评论，表明态度等。按语可以省略。

（三）报尾

报尾在简报的最后一页的末尾，用横线将报尾隔开，写上上报及发送单位名称和印制份数。报，指上报上级单位；送，送至指不相隶属的一些兄弟单位；发，指下发给下级单位或部门，这是简报主要的发送单位。

简报样式如图 6-1 所示。

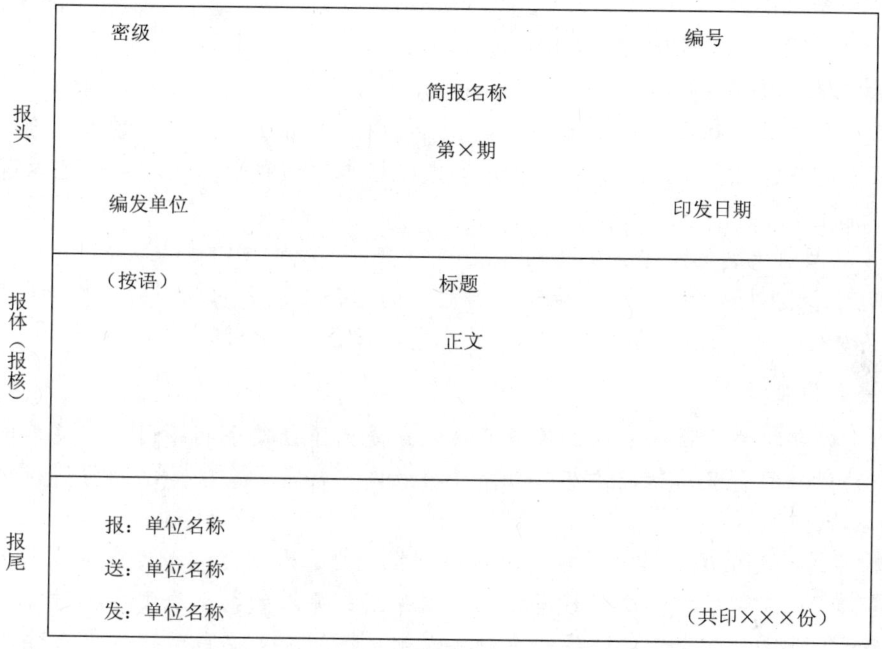

图 6-1

二、简报的写作要求

（一）专题式简报

这种简报要求抓住工作、生活中的某个典型，做突出的介绍。这种方式主要适用于反映“点”的情况，即一人一事或某个问题。编写时应注意以下两点：一是对象应具有典型性。二是表达应简明扼要。

（二）综合式简报

这种简报具有明显的综合性，类似新闻报道中的综合消息。它是在一个明确的主题下，综合反映若干情况或问题的一种简报。这种方式适用于反映“面”上的情况，使人对某一类事物或问题有比较全面的了解和认识。编写时应注意以下三点：

1. 注意提炼出一个能够准确、鲜明、生动地表达基本精神的醒目的标题和贯穿简报始终的主题。

2. 简报开头应有概括的说明文字，类似新闻写作中的导语。概括要简明扼要。

3. 注意点面结合，使综合反映的内容既有广度，又有深度。不但要注意运用概括性的材料，尤其要注意运用典型事例，给人活生生的感性认识。

（三）信息报送式简报

这类简报要求用最简洁、精练的语言表达出准确、完整的信息内容，一般不加评论。编写时应注意以下三点：

1. 编写者应像新闻记者那样，善于从一般中见特殊，从细微处发现值得注意的动向。
2. 要求据实直书，注重用事实和数据说话。
3. 强调简明扼要，同时注重信息内容的完整。

（四）经验总结式简报

这种简报主要介绍某项工作的成功经验。简报的内容常常就是某一典型的经验总结。它的写法常采用“先果后因”的逻辑顺序，即开端先概括工作的成绩，然后再分述取得成绩的做法、经验。编写应注意以下三点：

1. 侧重于从做法上总结经验，突出对经验的介绍，一般的工作过程从略。
2. 注意观点和材料的结合，努力从理论与实践的结合上说清问题，引出事物的规律性。
3. 力求系统化，把经验归纳成相互联系的几条，逐条加以介绍。

（五）转发式简报

这种简报是领导机关为推动某项工作的开展，或是为了让某个问题引起有关单位注意，把有参考价值的材料用简报的形式转发下去。简报的内容常常是基层单位的典型材料。编写时应注意以下三点：

1. 转发材料前面要加编者按语。按语应根据简报的内容和实际需要发表见解。按语的写作一定要提纲挈领，言简意赅。要巧妙地把领导机关或领导人的批示原文安插进去，尽可能保持领导人指示的风格。重要的按语最好请领导人亲自撰写，或编写后请领导人过目。

2. 反映的问题应有代表性。一期简报一般只转发一份材料，也可转发一组围绕同一中心的短小材料。它们反映某地区、某系统带有共同性的问题。

3. 编者可以根据需要对转发材料作必要的技术处理。重要的一般全文转发；内容较多、篇幅较长的可以摘要转发，或作适当的删节，但要注意保持原材料主题的完整性。

实际工作中的简报还有各种各样的写法。总的说来，简报的编写不像其他公务文书那样程式化，无论文字、语言、标题制作都要求清新活泼，具有较强的可读性。简报的编写者完全可以根据内容和行文的需要，在编写上不断创新。

案例评析

依法治市简报

第二期

××市依法治市领导小组编　　　　　　　　　　2013 年 4 月 30 日

本期目录

◇　市委书记梁××调研全市政法工作

◇　全市安定稳定形势分析会召开

◇ 城厢区司法局“四加大”服务重大项目建设

◇ 我市成立首支交警特勤队

◇ 简讯三则

市委书记梁××调研全市政法工作

日前，市委书记梁××调研我市政法工作，市领导李××、郑××、卢××，市法院院长胡××、市检察院检察长于××参加调研。调研组一行先后查看了公安局110指挥中心、检察院侦查监控指挥中心、法院诉讼服务中心。

就下一步政法工作，梁书记强调：一要抓稳定保发展。要继续加大矛盾纠纷排查力度，强化社会治安综合治理，加强安全生产监管，加强网络舆情监控，努力提高“平安莆田”建设水平。二要求创新出亮点。通过创新理念和举措，推动综治维稳、司法审判等政法工作迈上新台阶。特别要在社区网格化管理、治安防控体系、矛盾纠纷化解、流动人口管理、“两违”整治等方面，力争打造一批工作品牌和亮点。三要担责任促落实。各级领导要把思想和行动统一起来，认真依法履职，将责任落实到各项具体措施中，努力把我市综治维稳工作提升到一个新水平。四要建队伍树形象。要强化队伍建设，以提高专业化、职业化、正规化水平为重点，全面加强思想政治建设、能力素质建设、纪律作风建设，着力打造一支忠诚可靠、执法为民、务实进取、公正廉洁的高素质政法队伍。（市委政法委供稿）

全市安定稳定形势分析会召开

我市召开第二次安定稳定形势分析会，市委常委、政法委书记李××，副市长、公安局局长卢××出席。

会上，李书记强调：一要推进社区网格化管理。各有关部门要密切配合，各县区要加大保障，确保按期完成任务目标。二要健全社会治安防控体系。继续推进以电子警察小区、视频监控等为主题的立体化治安防空系统建设，推广优秀经验做法，全面提升人民群众的安全感。三要推广群众工作部建设经验。将社会稳定风险评估放在前，继续健全大调解工作机构，完善大调解机制，推进大调解工作进机关、进企业、进基层，提升城乡群众工作的水平。四要完善政法维稳信息平台。抓好城乡一体化相关工作。配合推进我市城乡一体化工作，研究制订适应城乡一体化和网格化社会管理的户籍改革、行政区划方案。抓好突出问题整治。五要推进法治莆田建设。（市委办供稿）

城厢区司法局“四加大”服务重大项目建设

一是加大重大项目建设法律对接服务力度。组织律师为全区大项目提供可行性论证、起草审查各类经济合同、出具法律意见书，减少和防范重大项目建设存在的法律风险。积极办理重大项目建设中涉及土地征收、失地农民的赔偿、拆迁安置等法律援助事项，简化审批手续和环节，提高维权效率。1—5月份组织律师走访企业36次，为企业提供各类咨询96次，办理法律援助案件5件。

二是加大重大项目建设公证法律保障力度。建立公证服务经济绿色通道制度，对重大项目实行公证进现场，审查办证一条龙服务。继续推行预约服务、延时服务和节假日值班服务制度。1—5月份共办理涉及征地拆迁、个人继承、赠与公证20件，办理涉及重点项目公证3

件，有力地推进了重点项目。

三是加大重大项目建设人民调解工作力度。设立重大项目建设一线纠纷信息员，落实矛盾纠纷预警、排查、调处机制。组织人民调解员、律师、基层法律工作者和机关干部，深入重大项目建设工地和征地补偿户、搬迁安置户，及时把各种矛盾纠纷化解在基层，消灭在萌芽状态。截至目前，全区共受理调解各类矛盾纠纷 162 件，调解成功 162 件，成功率 100%。

四是加大重大项目建设法制宣传教育力度。组织开展送法律进企业进现场活动，重点向政府有关部门、项目投资人、参建单位、征地拆迁户开展法律和政策宣传，促进政府有关部门依法行政、依法办事，提高投资建设单位依法经营、风险防范的意识，提高相关人员的依法维权意识，为重大项目建设营造和谐稳定的社会环境。1—5 月份，开设法制讲座 10 场次，结合重点节日上街进行法制宣传 5 次，共发放宣传资料 23 000 多份。（城厢区司法局供稿）

我市成立首支交警特勤队

近日，市公安局交警特勤队在原城区交警中队举行启动仪式。3 辆执勤车辆，由 20 名民警、10 名协警组成的 30 人特勤队携单警装备正式上路执法。

交警特勤队是市公安局加强城市交通管理的重大举措之一，专司打击发生在重点道路上的突出交通违法行为，及时处置交通堵塞和紧急交通事件。每日在规定的时间内，实行三班倒勤务模式，严查、严处、严管行人及车辆交通违法行为，确保城区交通秩序得到明显改观，提升城市形象。特勤队在执勤时，遇到治安案件，按照属地管理的原则，由特勤队先行处置，并通知属地派出所处理；遇到交通事故，由特勤队负责保护现场、抢救伤员，后通知属地派出所或交警大队处理。（市公安局供稿）

【简讯】

◆ 日前，市委中心组举行学习（扩大）会议。省委办公厅副主任、省委保密办主任、省国家保密局局长王××应邀到会作“当前保密工作需要引起重视的几个问题”的专题讲座。（市委办供稿）

◆ 市检察院监所检察处林××深入东峤司法所督查社区矫正管理工作，并与东峤司法所的社区矫正人员进行交流。（秀屿区司法局供稿）

◆ 盖尾司法所联合镇综治平安协会开展法制电影下乡活动，影片内容包括莆仙话说唱、法制宣传小品等，寓教于乐，起到良好的宣传效果。（盖尾司法所供稿）

报：全国普法办公室、司法部法制宣传司、省依法治省领导小组办公室

送：市各部委办局、各直属单位

发：各区县依法治区、县领导小组和办公室

××市依法治市领导小组办公室　　　　共印 138 份

【评析】这是一份综合性的工作简报。简报的报头标明简报名称、简报编号、编写单位和日期。正文由 4 篇不同类型的文章组成，第一篇是领导调研论述摘要，供发送单位学习参考；第二篇是会议简讯，传达信息；第三篇是一篇经验介绍，用于推广学习；第四篇是一则消息，告知民众；最后还有三则一句话简讯。每篇文章均交代出处。报尾注明发送单位、编印单位和份数。

第五节 经济活动分析报告的写作

情景导入

上虞市恒盾伞业有限公司是一个管理相当规范的公司。每个季度末，公司都要求各个部门上报本季度经营情况，最后由总经办汇总成公司季度经营情况分析报告，在此基础上，公司再召开季度经营工作形势分析会，总结过去一个季度的经营情况和成败得失，规划部署下一阶段工作。

思考：哪些单位和部门需要作经济活动分析？对企业而言，经济活动分析报告有何作用？

必备知识

一、经济活动分析报告的含义

经济活动分析报告是以计划指标、会计核算数据、统计资料和调查研究中掌握的有关实际情况为依据所写成的书面报告。旨在对某个经济实体的全部或部分经济活动情况进行分析、研究后，评判该实体经济活动情况的成败得失，从而提出改进措施和意见，以求获得更好的经济效益。经济活动分析报告也可简称为“经济活动分析”，又称“经济活动总评”“××状况分析”等。

二、经济活动分析报告的作用

经济活动分析的具体作用有：

（一）及时总结经验、做出正确决策

经济活动分析报告提供的信息，有助于企业的各级领导和广大员工及时、真实地知晓本单位当前的形势和任务，特别是对于存在的问题引起注意和重视，做到及时调整和处理。

（二）提高管理水平，实现经济效益

经济活动分析材料不像会计、统计材料那么机密，它是通报性的，就是要让有关单位和人员知晓并重视它所反映的情况和意见，提高管理水平，实现更好的经济效益。

（三）认识经济规律、发挥宏观指导作用

经济活动分析不仅企业做，有关政府部门、银行等也做。对企业（不是自身）的经济活动加以分析是出于政府宏观调控的需要，而企业的经济活动分析则为政府了解社会经济发展状况提供了依据。

三、经济活动分析报告的种类

经济活动分析报告运用的范围很广，内容丰富繁杂，从不同的角度可分成不同的类型，各自有着不同的特点。

1．按范围分：有宏观经济活动分析报告和微观经济活动分析报告。

2．按时间分：有年度分析报告、季度分析报告和月份分析报告等。

3．按内容分：有工业、农业、商业、服务等行业分析报告；有生产方面、销售方面、成本方面、财务方面的经济活动分析报告。

4．按性质分：有综合分析报告和专题分析报告。

综合分析报告又称系统分析报告或全面分析报告，是对某一部门或某一单位在一个时期内的经济活动，根据各项经济指标，进行系统而全面的考察、分析后写成的报告，主要用于年度或季度的分析。

专题分析报告也称专项分析报告、单项分析报告，是对某一经济措施进行分析，或对经济活动中某个薄弱环节、关键问题进行深入、具体的专门分析，或对经济活动中某一问题、某一现象单独进行分析。专题分析报告大多内容较专一。例如，对某类产品成本增高、某商品库存过大、占压资金过多等原因的分析；对经营不善造成企业亏损原因的分析等。

能力技巧

一、经济活动分析报告的写作技巧

（一）标题

经济活动分析报告的标题一般有以下三种:

1. 文件式标题。这种标题一般由分析单位名称、分析时限、分析对象及范围和文种四个部分构成，比如，“浙江省物产集团公司 2015 年上半年经营情况分析报告”“吴江机械厂 10 月份生产成本分析报告”等。文种有时也可称为“分析”“情况汇报”“情况说明”“评估与建议”等。

2. 论文式标题。即直接使用分析报告里提出的意见、建议或结论作为标题，这类标题比较醒目，直接切入主题，让人一看就大致了解了报告要达到的目的。比如，“关于加强回笼资金管理的建议”“二季度销售平稳、物价继续上涨”等。

3. 主副标题。主标题揭示观点或论题，副标题交代分析的对象等，如“大市待兴商为先——××年深圳市商业物业市场分析”。

（二）正文

由于经济活动分析报告是一种数据与文字有机结合的文书，它既要以指标数据、图表为表述的依据或说明，也要用文字表达分析情况，因此，正文写作的形式是多样的。但不管采用什么形式，正文基本上应该包括基本情况、评估分析、意见建议三部分。

1. 概述基本情况。这是正文的开头，又称导语、前言或引言，是关于分析期内经济活动的基本情况。写情况介绍主要是为下文的分析作铺垫，它是解决问题的基础，也使人们对报告有一个总印象，因此，必须做到准确、真实、可靠。

如《2014 年上半年我国蛋鸡市场分析》开头部分就对整个鸡蛋市场的基本情况做了概括:

自 2013 年 3 月至 2014 年 2 月，“H7N9”事件导致消费者心理恐慌，抑制了正常的鲜蛋消费需求，对我国蛋鸡行业造成了严重冲击。商品代蛋鸡场2013年下半年雏鸡补栏数量急剧下降，2014年上半年在产蛋鸡存栏持续减少，鲜蛋产能下降，供给明显不足。2014年3月份以后，鲜蛋价格逐步走高，商品代蛋鸡场实现盈利，整个蛋鸡行业在付出沉重代价后，正在逐渐恢复新的平衡。

2. 进行评估分析。评估分析是经济活动分析报告的主体、核心。评估分析一般通过对指标完成情况或经济效益等情况的分析、比较、说明、总结等，对企业在经济活动中的成绩、经验、问题作反映，并进行基本评价。或是对各项主要经济技术指标逐项加以分析，或是重点分析与专题相关的主要因素，或是着重分析主要经济指标和重点问题。通过对比分析等手法，揭示问题的实质和存在原因，然后根据分析结果，做出中肯的、合乎实际的评价、得出结论。为了保证问题的解决，这一过程必须实事求是，从具体情况的实际出发，同时需要掌握科学的分析方法。

常用的分析方法有比较分析法、因素分析法、平衡法、动态分析法等。

（1）比较分析法，也称对比分析法、指标分析法，就是将两个以上具有可比性的数字加以对比，根据对比结果做出分析，以揭示各项经济活动之间的联系和差距，从而了解本部门现阶段经济活动状况，所处环境与地位，存在的问题与差距。一般有“比计划、比历史、比先进”三个方面的比较内容。

（2）因素分析法，又叫连锁替代法，就是将综合指标分解成若干因素进行研究的方法。企业的各项经济活动都是相互关联又相互制约的，如利润的多少，要受商品销售数量、价格、成本、税金、费用等因素的影响、制约。采用因素分析法可清楚地探求出各因素之间的相互关系，了解它们对产值、效益变化影响的程度，找出影响经济指标的原因，调动积极因素，克服消极因素，有效改进工作，提高经营管理水平。

（3）平衡法，即通过分析对应关系指标是否平衡来评价管理工作、方法。如根据资金来源总额与资金占用总额关系的会计原理，分析在资金使用和管理方面的问题；根据收支平衡的规则，分析经济管理工作的好坏等。

（4）动态分析法，即分析各项经济活动在时间上的变动。如对产品历年销售额的分析，找出事物发展规律，预测未来销售趋势。一般用图表，如《2014年上半年我国蛋鸡市场分析》用了曲线图（图6-1）作比较分析：

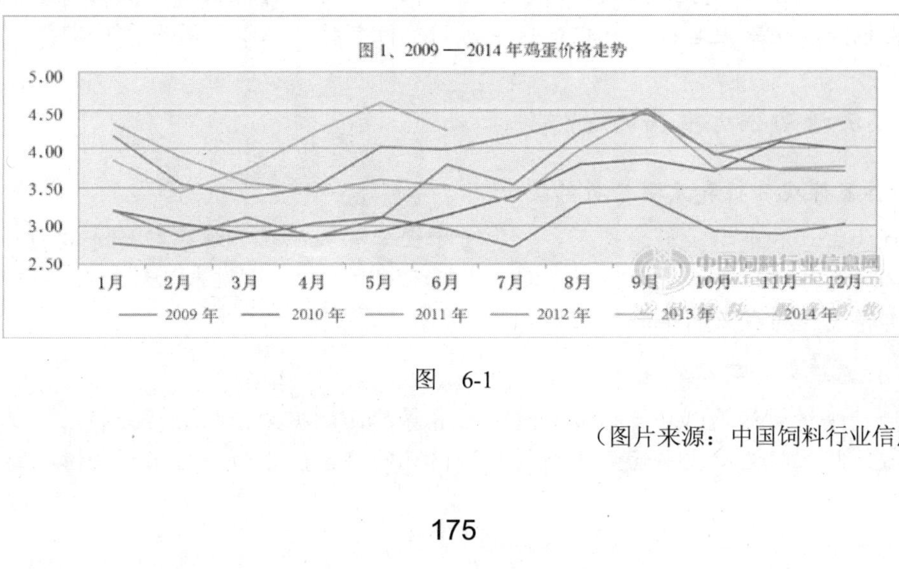

图 6-1

（图片来源：中国饲料行业信息网）

除上述四种方法，经济活动分析还有其他多种分析方法，这些方法各有长短，在具体分析研究中，可以其中一种为主，其他为辅，互为补充，扬长避短地运用。只有掌握多种科学的分析方法，才可收到良好效果，获得正确结论。

3. 提出建议和措施。一般根据分析的结果，提出今后经济活动中的建议措施。建议应具体可行、切实有效、针对性强。建议也可穿插在主体分析过程中。有的经济活动分析报告以说明成绩、总结和推广经验为主，这一部分就着重写明推广经验、提高经济效益的途径；有的经济活动分析报告以揭露问题、总结教训为主，这一部分就着重写明解决问题、改进工作的措施。总之，分析问题是为了解决问题，分析是建议的前提，建议是分析的结果，两者在经济活动分析报告中都有重要的作用。

如《2014 年煤炭市场形势分析》在分析了生产不均衡、煤炭质量不稳定及铁路运力紧张等长期固有问题之后，结尾就提出两条具体可行的建议：

危机面前，我们将着重从以下几方面努力：

第一，坚持大营销战略，把应对市场冲击作为优化调整结构的重要契机，把统筹兼顾作为谋划和推动工作的根本方法，协调生产与外运，结合市场与效益，既能化解煤炭市场危机冲击的“眼前之急”，又能谋求煤炭营销的“长远之功”。

第二，坚持市场导向，以企业效益为基本立足点，以扩大销量为主攻方向，以结构调整为内在动力，以煤炭质量为重要支撑，大强度推进市场调研，大力度创新销售模式，做到以销量保增长、以品种保效益。

第三，坚持产业链创新升级，采取“三链一转化”战略，形成铁路、公路、水路“三位一体”协同发展的运力新格局，实现产业链延伸、价值链增值、运输链提升，增强整体竞争优势。

总而言之，基本情况、评估分析、建议措施三部分是相互关联的有机统一体，基本上是围绕提出问题、分析问题、解决问题的思路来安排结构的，以便清楚地阐明经济活动“怎么样”“为什么这样”“应该怎么办”的问题。这样的结构既反映了事物的内在联系，又符合人们认识事物的规律。

（三）落款

正文结束后应在右下方加落款，写明报告单位的名称或作者姓名以及写作完成的日期。如果标题中已经注明单位名称，或在标题下写明单位名称，可以只写撰文日期。

二、经济活动分析报告的写作要求

（一）注意微观分析和宏观分析的统一

在现代化生产和市场经济条件下，任何一个企业和其他经济组织的经济活动都不可能是孤立的，它既受内部各种因素的制约，又受外部环境的影响，反过来又对外部环境产生作用。不能以局部得失作为成败的唯一标准。

（二）注意现象和实质的统一

经济活动分析固然是以会计核算、统计核算等账面数据为依据进行分析的，但是又不能简单、机械地断章取义。应当注意死材料与活情况的结合，账面上与账面外情况的互补。

（三）注意反映全貌与突出重点的关系

不论是综合分析或专题分析都应与事物的本来面目相一致。这就需要客观、全面地反映情况和分析问题。要防止先定调子、投其（领导或有关主管部门）所好，因而报喜不报忧、只讲客观因素不讲主观因素等主观、片面的倾向。同时，又要注意突出重点，抓主要矛盾和矛盾的主要方面。因为面面俱到是不可能也不必要的，不分主次使人莫衷一是，甚至导致错误结论。

（四）注意数据和文字的有机结合

经济活动分析主要是定量分析，应当靠数据说话。不仅反映情况是用数据表述的，分析原因也要有具体的数据。同时，也应当注意经济活动分析又不同于各种分析表，它不是纯客观地记录和反映生产经营活动的原始过程，它是用以检查、总结、指导工作的，单用数据也是不能达到目的的，所以它是数据与文字说明的有机整体。

案例评析

浙江省舟山市 2013 年经济运行情况分析

2013 年，在复杂严峻的宏观环境下，全市经济运行总体呈平稳增长并有所回升的态势。工业生产和企业家信心回升明显，新区新开工项目和基础设施项目投资建设较快推进，民生实事进展良好，社会保障日益完善。

一、2013 年经济运行基本情况

（一）经济运行总体稳中有升

据初步核算，2013 年，全市实现地区生产总值 930.85 亿元，比上年增长 8.5%。其中，第一产业实现增加值 95.73 亿元，增长 7.6%；第二产业 411.55 亿元，增长 9.2%，其中工业增加值增长 9.9%，拉动 GDP 增速 3.5 个百分点，贡献较大；第三产业 423.57 亿元，增长 7.9%。三次产业比重为 10.3: 44.2: 45.5。按常住人口计算，全市人均 GDP 预计为 8.2 万元左右，约折合 1.3 万美元。全市海洋经济总产出 2 195 亿元，按可比价计算，增长 12.1%。海洋经济增加值 644 亿元，增长 10.0%，高出 GDP 增速 1.5 个百分点，海洋经济增加值占 GDP 比重达到 69.1%，比上年提高 0.4 个百分点。

全年经济稳中有升。从三次产业情况看，全年第一产业虽比前三季度回落，但仍保持平稳增长；第二产业中工业生产形势好转，出现回升；第三产业部分行业进入四季度增速回升。一季度全市 GDP 增长 8.3%，上半年增速回落至 8.1%，前三季度保持 8.1%，随着全市上下决战四季度各项举措的落实到位，全年经济在保持平稳增长基础上有所回升，全年增长 8.5%，在全省的增速位次比前三季度前移二位，居全省各市第六位。2013 年，全省 GDP 增长 8.2%，全国 GDP 增长 7.7%。全省其他各市情况：温州、台州、丽水比前三季度小幅回升，杭州和金华与前三季度持平，宁波、嘉兴、湖州、绍兴、衢州比前三季度略有回落。

（二）财政和城乡居民收入平稳增长

2013 年，全市财政总收入 137.42 亿元，比上年增长 3.0%，其中公共财政预算收入 92.63 亿元，增长 8.3%，增幅分别比上年回落 1.9 个和 3.6 个百分点。全市城镇居民人均可支配收入 37 646 元，比上年增长 10.0%。其中，工资性收入和经营净收入分别增长 11.1%和 4.2%。

渔农村居民人均纯收入 20 573 元，增长 10.6%。

（三）市场消费和价格较为稳定

2013 年，全市社会消费品零售总额 331.65 亿元，比上年增长 14.1%，增幅比上年回落 1.9 个百分点。其中汽车类商品零售额 19.88 亿元，增长 55.5%。住宿餐饮业实现营业额 71.0 亿元，增长 13.0%。旅游市场总体发展良好。全年旅游接待人数 3 067.47 万人次，增长 10.7%，实现旅游总收入 300.12 亿元，增长 12.5%。

2013 年，居民消费价格指数比上年上涨 2.1%，其中服务项目价格上涨 3.5%，消费品价格上涨 1.5%。八大类商品和服务项目价格“七涨一跌”，食品类上涨 3.0%，烟酒类、衣着类、家庭设备用品及维修服务分别上涨 0.6%、1.4%、1.8%，医疗保健和个人用品、娱乐教育文化用品及服务和居住类分别上涨 1.8%、3.0%和 2.2%，交通和通信类下降 0.3%。商品零售价格上涨 0.5%。2013 年，全国居民消费价格上涨 2.6%，全省上涨 2.3%。

二、经济运行主要亮点和积极面

（一）稳中有进，部分指标稳步回升

1. 渔农业生产稳步发展。全年实现渔农业总产值 188.8 亿元，比上年增长 15.4%，其中渔业产值 172.58 亿元，增长 16.8%。全年水产品产量 155.38 万吨，增长 4.8%。其中远洋渔业产量 29.66 万吨，增长 18.4%。

2. 工业生产形势逐步好转。（具体内容略，下同）

3. “个转企”工作成效明显。

4. 企业家信心指数回升。

（二）进中有优，结构调整稳步推进

1. 工业结构调整加快。新兴产业和高新技术产业较快发展。2013 年，全市规上工业中高新技术行业、战略性新兴产业和装备制造业分别实现工业总产值 239.8 亿元、522.97 亿元和 772.24 亿元，分别比上年增长 13.3%、10.9%和 11.3%。规模以上工业新产品产值 173.2 亿元，增长 34.6%，占工业总产值的 12.8%，比重比上年提高 2.3 个百分点。

2. 科技创新力度加大。（具体内容略，下同）

3. 节能降耗取得成效。

（三）进中有喜，新区建设加快推进

1. 新开工项目建设进度较快。2013 年，全市完成固定资产投资额 750.02 亿元，比上年增长 20.6%。其中，工业投资 240.19 亿元，增长 19.9%；服务业投资 494.85 亿元，增长 26.0%。全市房地产投资 143.79 亿元，下降 9.5%。全年新开工项目 666 个，比上年增加 155 个，完成投资 308.7 亿元，增长 51.5%，拉动全市固定资产投资增速 13.9 个百分点。按项目计划投资额分类看，亿元以上新开工项目增长 53.0%，亿元以下项目增长 49.9%。

2. 基础设施项目加快推进。（具体内容略，下同）

3. 民生实事社会保障日益完善。

三、存在困难

1. 服务业发展不快。近年来，服务业增加值占全市经济总量保持在 45%多一点。在批发业明显回落，交通运输业、线上服务业企业增加值增速不快等诸多因素影响下，全市服务业增加值增速减缓。2013 年，全市服务业增加值增长 7.9%，比上年回落 1.2 个百分点，增速居全省各市末位。批发业在基数较大和煤炭、油品等大宗商品交易不景气影响下，2013 年，全市限额以上批发业销售额由上年的增长62.8%大幅回落到1.7%。海运货运周转量和金融信贷增速也有所回落。2013年，海运货运周转量增速由一季度的19.2%、上半年的14.0%，回落到10.3%，增速比上年回落4.8个百分点。2013年末，全市金融机构贷款余额（本外币）1 333.35亿元，比年初增加36.3亿元，增长2.9%，增幅比上年末回落8.6个百分点。从贷款期限看，短期贷款余额增长1.4%；中长期贷款余额581.4亿元，增长3.9%。

2. 企业生产经营不佳。（具体内容略，下同）

3. 工业企业资产总额增幅逐步回落。（具体内容略，下同）

4. 外贸出口降幅较大。（具体内容略，下同）

四、2014年经济形势预判和下步建议

2013年全国GDP增长7.7%，增速为14年来最低，但从全年走势看，国民经济呈现稳中有进，稳中向好的发展态势。2013年12月，中国制造业采购经理指数（PMI）为51%，连续15个月位于临界点（50%）以上。从浙江制造业PMI数据看，2013年除7月份为49.9%外，其余各月均保持在50%荣枯线之上，1—12月PMI均值51.6%，较2012年均值高出2.4个百分点，制造业经济总体上企稳回升，结构有所优化，效益提升，整体运行呈稳中趋升、小幅波动态势，年均值高于全国平均水平0.8个百分点，总体上好于全国。但企业仍面临产能过剩、效益不佳、出口乏力、要素偏紧等问题和挑战。总体看，2014年国际国内宏观经济环境依然复杂严峻，促进经济增长与制约经济回升的因素互相交织。

从我市情况来看，随着新区发展规划的全面实施，随着国家和省出台的扶持新区建设的政策措施逐步落实到位，舟山自由贸易港区的努力探索和争取，部省际联席会议制度的建立，招商引资年活动的强力推进，新区产业投资负面清单编制，投资项目“零审批”“零收费”的试点及全面推行，新区管理体制机制创新，舟山港综合保税区通过国家验收并于2014年1月封关运作等积极因素都将进一步发挥作用，推动新区经济持续健康发展。但经济运行中困难、问题和不确定因素仍然较多，新的经济增长点比较缺乏，对2014年经济保持较快增长带来压力。2014年全市上下深入贯彻落实党的十八届三中全会和中央省市会议精神，“进中求快，快中求好”，走转型升级科学发展之路，继续加大招商引资力度和投资项目建设进度，全力促进产能释放，加快服务业发展，力争加快全市经济社会发展，开创新区建设新局面。按照省委、省政府对新区发展提出的新要求，按照新区党工委、管委会、市委、市政府的总体要求和部署，切实抓好各项工作落实。

1. 强化新区“新”的理念。在“新”字上做文章，完善新体制，推动新开放，营造新环境，打造新优势，狠促新发展。一是坚定信心。2014年经济运行环境依然复杂严峻，完成目标任务艰巨，要坚定加快发展的信心，突出新区经济发展速度“快”的理念，咬定目标不放松，把各项工作落到实处，全力加快推进新区建设。二是发挥优势。充分发挥舟山海洋优势，在海洋新兴产业培育壮大上迈出实质性步伐；充分发挥新区新体制优势，在产业集聚区、海洋科学城、各功能区及园区加快发展上取得明显成效。三是加强考核。进一步深化新区新的考核办法和激励约束机制，深化重点项目领导责任制，科学合理及早制定促进经济增长的各项目标，各部门、县区、功能区要细化分解目标任务，加强考核督查，明确工作责任，落实各项任务。

2. 加快项目招商引资和落户投产。投资依然是拉动我市经济增长的重要着力点，既要不断完善基础设施，更要加大对产业投资的力度，提高投入产出水平。一是全面落实全市招商引资新政策，力争全年超额完成招商引资目标，加快项目落地，力促项目及早建设并投产。

二是进一步加快推进在建重点产业项目，力争在2014年早日投产，尽早释放产能，形成新的经济增长点。三是力促现有重点工业企业满负荷生产，力促生产经营形势较好的企业进一步扩大产能，做大规模。四是支持建筑业发展，全市1 000亿投资规模中，项目工程建设尽量安排舟山本地建筑企业施工，做大做强本地建筑企业。

3. 加快新区服务业发展。全市三次产业中，服务业增加值在GDP中比重最高，对全市GDP增速的拉动与工业接近，加快服务业发展是确保经济较快增长的重要抓手。一是采取有效措施帮扶企业改善经营状况，提高经济效益。推进大宗商品交易中心已注册的企业加快开展业务，促进能源贸易等企业复苏销售规模。二是加快保税港区企业落户并投产。开辟和建立综保区与国际市场的直接航运物流通道（海运航班航线）。三是开展生产性服务业剥离工作，相关部门采取有效措施积极推进重点企业剥离后，注册新的贸易企业，做大批发业销售规模。四是盘活舟山企业（项目）与当地金融机构的融资业务，并努力新增金融机构和融资总量，争取国家开发银行、国家进出口银行等在舟山设立分支机构，更好发挥金融对经济发展的支撑保障作用。

（来源：国务院发展研究中心信息网）

【评析】这是一篇对舟山市2013年经济运行情况的分析报告。文章开头从三个方面概括了2013年经济运行基本情况。主体从三个不同方面分析了经济运行主要亮点和积极面，同时分析了四个方面存在的困难。最后根据上述分析，结合2014年面临的经济形势，提出三条具体工作建议。整篇文章运用了大量的数据材料，采用比较分析法和因素分析法等。

相关能力拓展

一、经济活动分析报告与总结的关系

经济活动分析与一般工作总结的性质和功能在本质上是一致的，即以党和国家的方针、政策为依据，掌握丰富的材料，进行深入的分析，探索事物的规律，通过认识的提高，指导今后的实践。但是它们在认识事物的角度和方法上，又各有其特点：

经济活动分析以指标数据为核心展开分析，评价得失成败，以数量的增减为出发点，分析原因，也要对具体的数量变化做出具体的剖析，要落到实处。

工作总结则要求把实践上升到理论，它回顾分析做过的工作，是为了寻找事物的发展规律，它注重对现象进行概括和抽象，忌讳就事论事。一般工作总结常常也要涉及一些数字，但却是作为论据来用的。

如果说一般工作总结侧重于定性分析的话，那么经济活动分析侧重于定量分析。

二、经济活动分析报告与调查报告的关系

管理机关对企业作的经济活动分析，从表现看，与调查报告一样，都是写他人，两者都用第三人称，但是这两种材料的功能作用不同。

调查报告属于新闻体裁之一，与消息、通讯、评论等同属新闻范畴，它的内容注重新闻性，即为社会普遍关注的、有兴趣的、接近受众生活的事件，调查报告总是公开发表，

见诸报刊。

经济活动分析原本是一种管理方法，它是针对某一特定对象进行的，反映的情况和提出的意见都有鲜明的针对性，所以经济活动分析材料通常都以内部文书形式在内部流传。

三、经济活动分析报告与经济预测报告的关系

经济活动分析也可以对未来发展趋势作预测，但对已经实现的情况的分析是它的基本任务。经济预测报告也要对历史和现状加以分析，但那不是目的，而是为预测未来提供论据。两种报告的结构表面相同，大体都为递进式的三大部分，但具体内容各不相同。

在开头的概况部分，经济活动分析报告往往仅限于概括本单位基本情况。主体即分析部分，经济活动分析仅分析已出现的情况。在结尾意见和建议的部分，经济活动分析都紧扣计划目标，具体切实。

经济预测报告在开头的概况部分要广泛得多，如果是产品预测，反映的是该产品整个市场、行业的情况，不限于本企业。主体即分析部分，经济预测则在已知情况的基础上，运用科学的预测方法，对未来的发展趋势做出推测。在结尾意见和建议的部分，经济预测是供决策参考的，提出的意见和建议是意向性的。

第六节　专业论文的写作

情景导入

转眼陈婷在上虞市恒盾伞业有限公司工作 2 年了，公司领导对她踏实勤奋的工作作风、虚心好学的工作态度和良好的文字表达能力予以了充分肯定，总经办主任对她更是关爱有加。一天，主任告诉陈婷，让陈婷在繁忙的工作之余，好好研究办公室工作的特点和规律，写写研究论文，一来可以提升自身的理论水平，将工作经验上升到理性认识，进一步提高工作的科学化水平。更主要的是将来评经济师有发表论文的要求。陈婷觉得这是领导对自己的关心和帮助，她决定好好努力，找出与自身工作相关的研究方向，尝试写几篇应用型的研究论文，提升自己的综合素质。

思考：你觉得专业论文会对工作产生促进作用吗？

必备知识

一、专业论文的含义

专业论文又叫学术论文，是专门探讨和研究某一专业领域中有学术价值或亟待解决的问题，并就此发表自己创造性的见解，表达科研成果的议论文。

专业论文具有储存、传播专业研究信息的功能，是交流科研成果的重要工具，也是考核评定专业人员业务水平和学术水平的重要依据。

二、专业论文的特点

（一）科学性

科学性是专业论文的基本特征。它意味着专业论文的写作须在科学世界观与方法论的指导下，直接运用科学的专业知识、原理，准确地剖析客体的各种错综复杂的现象，揭示其发展运行的客观规律，并把这种规律以具有普遍意义的科学结论或理论形态表现出来。

（二）创造性

创造性是衡量专业论文价值的根本标准。专业论文的写作应努力探索前人所未曾发现的规律与事实，提出自己独到的见解，破旧立新，推陈出新。这就要求专业论文的作者要在对现象进行周密的观察、调查、分析、研究的基础上从中发现别人没有发现过的新问题，或者是在综合前人认识的基础上大胆创新。

（三）指导性

专业论文的写作目的就是要运用客观规律来指导实践，推动现实工作的开展。它或者从宏观上为党和国家制定方针政策提供理论依据，为国民经济发展勾画目标前景；或者从微观上对某个部门、某个行业、某个项目进行论证和指导，解决运行中存在的各种问题。这就要求写作专业论文要注重实效，讲求实际，一切从工作的实际出发，有的放矢，对症下药，具有实用价值。

（四）平易性

这是指专业论文在表达上的通俗易懂和内容上接近现实生活。专业论文的内容虽是专业性很强的理论问题，但它毕竟是对生活中事物的反映，并且是为了交流的需要，所以，不可过多地搞抽象的纯理论思辨，在保有较强的理论色彩和一定的理论深度的前提下，更多地注意其可读性、可懂性，深入浅出、平易通俗，力求能使文化层次不同的众多读者所理解和接受。

三、专业论文的种类

专业论文的种类大致如下：

1．按研究对象的范围分，有宏观专业论文和微观专业论文

宏观专业论文指宏观的、普遍性、整体性的专业问题研究论文；微观专业论文指局部性专业问题为研究对象的论文。

2．按研究对象的性质分，有理论性专业论文和应用性专业论文

理论性专业论文是指以研究理论问题为主的专业论文；应用性专业论文指根据基础理论，以分析各种具体现象、解决实际问题为主的专业论文。

3．按写作目的来分，分为学术论文和学位论文两种

学术论文是指科研工作者向科技部门提交或供各专业杂志发表用以交流的专业论文。学位论文是学位申请者为申请学位而提交给考核部门的论文。依据学位的高低，学位论文又可分为学士论文、硕士论文和博士论文三种。

4．按论证的方式来分，有立论文和驳论文两种

立论文是在论文中直接树立自己的观点，并以大量论据证明自己论点正确的专业论文。驳论文是运用大量证据反驳对方论点，以证明对方论点是错误的，从而驳倒对方，树立起自己论点的专业论文。

能力技巧

一、专业论文的写作步骤

（一）选题

选题，即确立研究课题。选题一般遵循以下原则：

1. 客观上，选择有科学价值、现实意义的论题。从论文的价值来看，选题的理论意义和现实意义是首要的。一是从实践中发现的问题中进行选题。现实工作或生产实践总会有些应当解决但尚未解决的问题，这种选题具有较强的现实意义。二是从有必要进行补充或纠正的课题中进行选题。学术问题总是在错误修正中，或扩大应用领域中，或与其他知识相结合中发展的。因此，选择课题时，同样可以采用这一思路。

2. 主观上，选择个人条件好的论题。术业有专攻，人或有偏好。对某一问题感兴趣，就易于钻研下去并取得成绩。因此，选择自己在专业中的强项问题，或自己最感兴趣的专业问题作为自己的课题方向，有利于提高论文撰写质量。

选题应注意以下几点：一是选题大小要适中。尤其是初学者尽可能从一个较小的角度切入，以便谈深谈透；二是注意研究角度新。从新的角度切入，才能谈出自己的见解，论文才有价值；三是要知己知彼。无论怎样选题，都必须了解前人已有的相关研究成果，以及自身的学术水平和研究条件，切不可脱离实际去选题，即不能选择方向虽好但无法完成的课题，也不要重复前人早已研究的成果。

写作毕业论文或学位论文一般还要填写开题报告来论证选题的科学性和可行性。开题报告一般包括选题的意义、目的、国内外研究现状、研究思路、研究重点、难点以及完成步骤等。

（二）准备

1. 搜集资料。选题和资料搜集紧密相关。只有确定了选题才能按照选题方向去搜集更多的资料；有时也会因新资料的影响，产生新的看法，再次修订选题。搜集资料是具体研究问题的开始，没有资料就无从分析问题。

资料可以用直接调查的形式获得，也可以通过图书馆、档案馆或互联网查阅获得。到图书馆、档案馆或互联网查阅资料，可以获得多方面的有用信息。首先，可以提供课题的研究状况。查阅资料，可了解自己的选题究竟新在何处，有什么意义，迫使自己思考研究本课题的方法和途径。其次，能够获得二手基础资料。已发表的论文或历史文献中具有大量的有用资料。某些基础性资料可帮助我们重新认识问题，因为同样的资料，站在不同的角度可以得到不同的认识。

直接调查也是获得资料的重要途径。其调查形式是多样的，如通过直接观察、个别访谈、查阅有关档案、抽样发放问卷等方式进行。调查材料是第一手资料，反映的是现实实际情况，对认识课题的现实意义有重要作用。

2. 分析、提炼材料。面对一大堆材料，如何取舍？如何安排呢？首先要做好资料的分析工作。一是将资料分类。资料分类是资料分析的重要步骤，分类标准要以资料反映的主要思想为依据。二是给每类资料拟写标题。根据对资料的分析，撰写资料标题。标题是资料中心思想的概括和结论的提示，将为我们取舍资料和安排资料在论文中的位置做准备。三是分析资料能够证明的结论。要分析每类资料能够导出的结论并把这些结论写出来，形成自己的见解。其次，要根据论文目的，考虑材料选择的必要性、真实性、新颖性和充分性。

3. 写作技巧准备。通过阅读典范论文，学习研究方法及论文的撰写章法和技巧，通过分析这些论文，学习专家们的思路、角度、方法和方式以及谋篇布局技巧，从而达到拓展自己思路、合理安排结构的目的。

（三）撰写

1. 拟提纲。根据初步研究结果，确定主体结构，确定标题、小标题、结构层次、中心论点、分论点等。特别要注意将各个分论点按照内在的逻辑关系组合起来。

2. 执笔写作。先写出初稿，然后反复修改，最后修改定稿。

二、专业论文的写作技巧

专业论文的写作格式与一般文章的写作格式相比，要规范得多、复杂得多。尤其是随着科学技术的发展和国际交流活动的频繁，为使科学技术达到最佳的经济、技术效益和社会效果，就更需要论文写作的规范化。

一般说来，一篇论文通常包括下列部分：标题、署名、摘要、关键词、正文、注释、参考文献、致谢、附录等。

（一）标题

标题，是专业论文的题目。标题的拟定，一是要准确。即要求标题能准确地表达出论文的中心论点和研究的范围。二是要简洁。这既指标题的内容要精练、具体，又指标题字数不宜过多，一般以不超过20字为宜，如果语意未尽而需要进一步引申主题，补充说明，则可以适当地加上一个副标题。如果论文篇幅较长，还可以根据内容需要和分量的轻重，安排适当的分标题。三是要醒目，即要求标题要突出、新颖、能引起读者的注意。四是要透视文种，即应选择诸如“论”“试论”等能够显示文种类别的字眼来拟定标题。

常见的专业论文的标题，大致有三种基本类型。

1. 揭示论点的标题，即以简洁的语言，直接揭示论文的中心论点，如“银行信用缺失的潜在风险应引起关注”。

2. 揭示课题的标题，即以简洁的语言，揭示出论文研究的范围，如“民营企业人力资源管理对策研究”。

3. 主副标题。一般主标题揭示观点，副标题揭示研究范围，如“民族文化情怀与现代观念的诗意整合——张晓风散文古典意蕴与现代美感探析”。

（二）署名

论文作者的署名，不仅是作者创造性劳动的体现和作者应享有的权利，而且也是表示对所写文章的负责。为了便于识别，作者应当用全名，必要时可加上职务、单位名称、城市、邮编等，署名应放在标题之下。如：

标　　　　题

姓　　名

（浙江经济职业技术学院，浙江杭州，310018）

（三）摘要

摘要，又叫内容提要，是对论文的内容不加诠释和评论的概括性陈述。摘要的内容是对全文内容的高度浓缩。一般包括：介绍研究工作的对象、范围和缘由，简介研究的内容和过程，介绍成果、结论及其价值、意义等。一般说来，摘要的写作要求准确、精练、具体、完整，既要能准确地概括论文的主要内容，还要能简明扼要独立成文，其字数不宜过多，一般在150～300字为宜。

摘要是专业论文结构中重要的组成部分。其作用在于能帮助读者尽快地了解论文的主要内容和结果，帮助读者判断，看是否有必要阅读全文。另外，随着科技情报事业的发展，它还可以满足二次文献工作的需要，供编制文摘刊物时引用。

（四）关键词

关键词是为了检索的需要，从论文中选出来的最能代表论文中心内容特征的有实质意义的名词和术语。关键词一般来源于论文标题，也可以从论文内容中抽出。一篇论文可选3～7个。关键词另起一行排在摘要之下。选取关键词可以不考虑语法上的结构，也不一定要表达一个完整的意思。

用于国际交流的专业论文还要写外文摘要，通常多为英文摘要。外文摘要一般写在中文摘要的后面，也有附在正文后面的。它要包括文题、作者和工作单位、内容摘要、关键词等项。

（五）正文

论文正文的结构形式即最基本的结构形式——“三段论”结构形式。从总体上来说，由绪论、本论、结论三部分组成，即提出问题、分析问题、解决问题三个部分组成。

1. 绪论。绪论也称引论、引言、导论、导言等，它是论文的开端部分。其作用在于提出问题，引出论文主体，以便展开论证。一般简要说明研究课题的目的、意义、范围；或对研究的课题，前人研究的情况、现状及发展趋势作客观的阐述或表明自己研究的依据及方法等；或指出问题，引起读者思考或吸引读者阅读下文。常用的开头方法有：

（1）开门见山提出中心论点。

（2）介绍国内外有关问题的研究动向，引出自己的观点。

（3）从当前公众关注的热点问题，引出论点，表明自己的看法。

（4）从研究课题相关概念的定义写起，导出本课题的研究目的、方向及自己的观点。

2. 本论。本论也称主体，它是专业论文的主要部分。如果说引论只是提出了问题的话，本论部分就是分析问题、运用论据证明论点的部分。

论文的本论部分，在写作中应注意如下几点：

（1）围绕中心论点从各个方面或不同角度建立分论点。

可用序号、小标题等形式。中心论点是全文居于统帅地位的观点。分论点是从不同角度、不同层次支持、证明中心论点的观点。两者的关系是：中心论点统帅分论点，分论点紧紧围绕中心论点。

（2）论文的分论点要按照一定的结构形式排列起来，使主体部分形成一个完整统一的整体，具有内在逻辑力量。

主体的结构方式有三种：一是并列式结构形式，即运用并列的几个分论点展开论述；二是递进式结构形式，即采用纵式结构，步步深入、层层展开；三是纵横穿插，并列与递进结合式的结构形式。

（3）中心明确，重点突出。中心明确，既是指应提炼出明确的中心论点，又是指在写作过程中始终要围绕中心论点展开论证，以中心论点为轴心。重点突出，是指在中心观点上，在作者新发现的地方，要全面展开，详尽阐述，而在一般的地方则要简明扼要。

（4）论证充分，逻辑严密。论文撰写，不仅要论点明确，还要根据论点的需要来筛选材料，以材料来说明观点，形成材料和观点的统一。论证要有严密的逻辑性，在阐述自己的学术见解的时候，应表现一种逻辑力量，证明自己的见解是合理、毋庸置疑的。

（5）客观公正，态度诚挚。正文中运用的材料要反复核实；观点的表述要中肯，要正视自己研究中存在的问题，并给予实事求是的说明。做到以科学态度对待科学问题。

3. 结论。结论是专业论文的收束部分，是全文的归纳、总结部分和提高、深化。一般写论证得到的结果，即研究成果的结论，也可对自己或他人在这一领域的研究提出要求及发展趋势。这部分要求结论明确，文字简练。

（六）注释

论文写作中，有些问题需要在正文之外加以解释，这就是注释。注释的功用有两类，一类是补充论文的内容，一类是注明资料的出处。尤其是后者要交代引文作者、篇名、出版者、页码等。

（七）参考文献

论文后注明参考文献，既是表明对前人研究成果的尊重，也是说明自己工作的依据，还便于读者查阅原文资料，更全面和更深入地了解有关内容。参考文献应包含作者、篇名和出版地、出版社、出版时间等。

注释与参考文献中一般采用通行的标志符号，如杂志[J]、专著[M]、论文集[C]、论著[A]、报纸[N]等。如：

[1] 王洪才. 中国大学模式探索[M]. 北京：科学出版社，2013：178.

[2] 程卫凯. 加快形成具有国际竞争力人才制度优势的思考[J]. 中国人才，2013（07）.

[3] 罗迅. 大数据时代[N]. 光明日报，2014-05-17（3）.

（八）致谢

致谢是对为本文研究提供过帮助和指导的单位、组织或个人表示谢意，以表示尊重他们的劳动，感谢他们的帮助。

（九）附录

附录也是论文内容的一个组成部分，它可以对专门问题作比较系统的介绍，也可以介绍参考性资料或推荐性的方法。

以上所述是专业论文写作的一般格式。虽然现在学术论文的写作格式都要求规范化，但作为形式来说，它始终是为表现内容服务的。因此，也并非所有的论文写作都要求每部分完全具备，这就要根据写作中的具体情况，看是否必要，以决定取舍。

三、专业论文的写作要求

（一）合理选题是关键

选题是专业论文写作的第一步。题目选得好坏，从一定意义上可以说是论文写作成败的关键。如何选题，这是每一个论文写作者都面临的问题。选题要有针对性，针对其作用，针对其创造性，针对其理论性。选题要考虑可行性，即应结合自己的实际情况来选题。选题必须掌握学术信息，所谓掌握学术信息，是指对自己研究的领域的历史和现状有一个大体的了解，要从“宏观”的角度摸清本学科的基本情况。掌握学术信息的途径有两个：一是向本学科的专家或内行请教；二是检索有关资料。

（二）占有资料是基础

撰写专业论文应围绕课题占有详细的资料。科学研究，从本质上讲，就是要发现事物的内在规律，揭示其蕴含的真理，而“规律”“真理”总是存在于大量的现象中，蕴含在丰富的材料之内的。因而占有详尽的材料，从这些材料中“引出”其固有的而不是臆造的结论——这就是一切科学科研的根本宗旨。

（三）掌握方法是前提

写专业论文，在研究过程中最常使用的方法就是分析和综合。分析就是把整体分散为局部，把复杂的事物分解为简单的要素，把完整的过程分解为组成它的阶段或环节来分别研究的一种思维方法。综合就是在思维中把分析的结果联结起来，把分析中得到的关于研究对象各个部分、单元、要素、环节的认识复原为对于对象整体的认识。分析是结论的基础；结论，就是在分析的基础上所做出的科学综合。所谓论文的“逻辑性”就来自分析的周密、条理、精辟。综合也很重要，没有科学的综合，就没有判断，就没有认识的“飞跃”，也就没有任何观点、结论可言。所以，撰写专业论文，要特别注意掌握分析和综合的方法。

（四）拟定提纲是要领

拟提纲对专业论文的写作十分重要。有一个提纲，可以帮助我们树立全局观念，从整体出发，去检验每一个部分所占的地位，所起的作用，相互间是否有逻辑联系，每部分所占的篇幅与其在全局中的地位和作用是否相称，各个部分之间的比例是否恰当和谐，每部分之间是否能相互相配合，都能为主题服务。提纲对论文的写作影响极大，所以，一定要在这上面多花点时间和精力。

案例评析

当代高职生应具备的社会生活素质

赵　芹

（南通纺织职业技术学院，江苏南通，226691）

【摘　要】时移则世异，世异则事异。不同社会发展阶段对社会成员的素质要求有相同之处，也有不同之处，这就要求教育者要经常梳理社会生活需要的素质，以提高教育的社会适用性，从而提高教育质量。文章梳理出了高职生满足生存需要的素质和较高层次的生活乃至社会成功需要的素质及高职生接受范围内的素质。

【关键词】高职生；社会生活素质；三创；小康社会；创新型国家

时移则世异，世异则事异。不同社会发展阶段对社会成员的素质要求有相同之处，也有不同之处，这就要求教育者要经常梳理社会生活需要的素质，以提高教育的社会适用性，提高教育质量。那么按什么原则确定当下高职生应具备的社会生活素质？当下高职生应具备哪些社会生活素质？以下是笔者的一些探索，希望有助于这些问题的解决。

一、当下高职生应具备社会生活素质的确定原则

一是满足生存需要的素质。如谋生技能，交通等安全自救知识，维持身体、心理健康的习惯和常识等，这是人社会生活素质的基础部分，也是人类教育永恒的主题，舍此，一切免谈。

二是较高层次的生活乃至成功人生需要的素质。第一是科学合理地过好独处、家庭、公共、职场等生活需要的素质，这也是任何时代均需要的素质。第二是特定社会阶段需要的素质。高职生能生活其中社会阶段无非是今后100年尤其是今后50年，这时期科技高度发达，生活、工作高度智能信息化，人们从繁重的劳动中解放出来，有更多的时间休闲、学习；中国将变得更强大，与外国的交流将更频繁；建设创新型国家、全面建设小康社会将成为未来30年重要发展目标。这些社会阶段性特征将产生一系列新的巨大社会需求。高职教育唯有主动适应这些需要，方能提高自身竞争力。

三是能与专业素质相结合的高职生之普遍长处。高职生与普通本科甚至研究型大学学生相比有其特点和长处，要能够与专业素质相结合，如此方能最大限度地开发高职生的潜能。

二、当下高职生应具备社会生活素质的内涵

按照以上原则，经筛选，当下高职生应具备的社会生活素质，主要有：

（一）满足生存需要的素质

1. 谋生技能。高等职业教育千好万好，若最终学生毕业找不到工作，或学无所用，那将是最失败的教育。因此，给学生谋生的技能是高等职业教育的神圣使命，这也是高等职业教育始终专业为大的理由。不过谋生技能有很多，专业技能只是一方面，高财商、能结合自身特长恰当选择就业创业的素质也很重要。

2. 其他生存技能。如游泳，常常尚未入夏，便不时传出件件溺亡事件。倘若人人会游泳，也不至于死亡率如此高。而高职生中仅约有1/10的学生会游泳，这就是潜在的安全隐患。再如安全自救常识，学校是人口密集地区，高职生毕业后大多从事人口密集型工作，这均是发生踩踏事件的高危地区和人群。这要求上课时教室前后门均应虚掩，以便短时间内人群疏散，尤其不能死死关闭。这些安全自救常识因使用机会少、查验难度大而常被忽略掉，造成一旦发生安全事故往往伤亡惨重、损失巨大。

3. 维持身体健康的习惯和能力。毛泽东、邓小平等伟人青年时期几乎都有大量参加体育锻炼的经历。这些锻炼不仅为后来的事业生涯奠定了坚实的身体素质，也磨炼了他们超强的意志。因此，人若想要真正有所作为，必须要有维持身体健康的习惯和能力。然而当代大学生的“身体素质总体水平呈下降趋势”，学生对此并非不重视，而是没形成强烈的锻炼意识，没有养成锻炼习惯，更谈不上掌握锻炼的小技巧和注意事项。

4. 维持心理健康的习惯和能力。哲学家弗洛姆曾说过：健全人格必须具备“父亲”（知错必改，否则你不再得到我的爱）和“母亲”（虽然犯错了，但我的宽恕和爱能够感化你）人格。只有具备健全人格的人，方能做到在混乱的局势中坚持自己、及时有原则地修正自己。

高职生由于是高考受挫人群，挫败感较强，自信心较差，在一年级要多进行“母亲”人格教育，增强信心，方能在心理上保持父亲和母亲人格的平衡。

（二）较高层次的生活乃至成功人生需要的基本素质

按照马斯洛需要层次理论，人不仅有生理和安全的需求，还有社交、尊重需求和自我实现的需求。而要满足社交、尊重和自我实现的需求，人还应该具备以下不同角度的社会生活素质：

1. 能科学合理地过好独处、家庭、公共、职场等生活需要的素质。人若出问题，都不可避免地出在这四大领域。如李某某虽艺术方面才华横溢，但其他方面的社会生活素质则不健全，其打人、轮奸案均体现出缺少自我克制和自我管理，缺少最起码的法律素养。今年大学生宿舍频现凶杀案，则是大学生缺少多种社会生活素养所致。如复旦投毒案的林某投毒动机完全是日常琐事积怨所致。倘若林某平时社交广泛，调适与休闲之渠道广泛，这些日常积怨便能相对及时清零。而南京航空航天大学的因不开门导致口角升级最终酿成命案，至少说明俩人缺少其他较量和发泄的渠道、俩人平时感情基础不牢。学校应经常引导学生寻找合理的发泄渠道，引导学生发展广泛的兴趣爱好，并且引导学生经常组织宿舍内团体活动，呼吁学生相互关心，多宽宥体谅他人，或许动手时彼此的仇恨和敌意也就会减轻许多，避免发生这样的悲剧。学生自己更要不断提高自身修养。人要想满足社交、尊重和自我实现的需要，必须具备科学合理过好独处、家庭、公共和职场生活的素质。高职院校宜着眼高职生今后长期的社会生活过程，开展相应的教育教学改革。

2. 特定社会阶段需要的素质。对高职生而言，是未来 100 年，尤其是未来 50 年内应具备的社会生活素质。这些素质大致包括以下方面：

（1）自主学习和独立思考的习惯和能力。这是创业创新创优（简称三创）素质的核心，也是当下和未来高职生应具备的核心素质。未来科技发达使劳动生产率大幅提高，从而导致休闲时间增多，而那些能在休闲时间内自主学习和独立思考的人，其附加值也在不断提高。同是高职毕业，保持终生学习的人，可能最终成为某一领域的专家；而不学习的人，可能成为老同学的保安。教育者尽量采用情境教学和开放式教学方式授课，鼓励学生畅所欲言，发表独到的见解，可有效培养这方面素质。

（2）较高的文化素质。中国文化将随国力增强而成为国内外的显文化，文化将成为经济发展的一大重要支柱。与此同时，商业竞争白热化也会导致产品文化附加值的竞相提高。这些均导致社会对劳动者的文化素质要求水涨船高。因此，高职生应树立不断提升自身文化素质的强烈意识，教育者除教给学生文化知识外，更应“在很多课程里面，把优秀传统思想文化贯穿进去”“用自己的言行把优秀文化中的精神面貌体现出来”，以实际行动燃起学生提高自身文化素质的兴趣。如果说改革开放前 30 年是把投资“引进来”的过程，而后 30 年甚至更长时间内，则是中国投资“走出去”的过程，这意味着中国与外国之间的交流将越来越多，故高职生应具备文化素质中，还要具备“理性看待全球化中的中西文化”的素质，养成对外界积极而开放的心态，学会与不同民族、国家人们之间沟通交流。

（3）看新闻、解读新闻的习惯和能力。大学生只有对社会进行充分及时的了解，方能树立顺应社会发展潮流的人生目标。让创业创新创优植根于优质的思想、思维土壤，方能跟得上科技发展的步伐。

（4）多商智能的要求，尤其是情商、逆商、财商、美商的素质要求越来越高。高等职业院校若想提升教育的竞争力，需从现在开始，加大对高职生这些能力的培养力度。不过情、逆、财、美商对高职生来讲均有侧重。就情商素质而言，要重点培养高职生超强的自信。以下方法比较奏效：第一，日常教学与生活中，多运用赏识教育，用积极和欣赏的眼光看待学生，帮助高职生发现自身优点与长处，客观公正地评价自我。哪怕是点滴进步，应及时肯定并多加鼓励，使高职生从中积累自信。对于错误和问题，批评要客观公正，并给予改正的方法指导。第二，教给或引导学生找到解决问题的方法胜于空洞的鼓励，这样可让学生面对困难时第一时间想到的是寻找方法而不是产生卑怯心理。

就逆商而言，逆商即超强的意志力。爱因斯坦曾说过：“优秀的性格与钢铁般的意志，比博学和智慧更重要。”这也是成大事者必须具备的素质，通常也是高职生的短板。高职生之所以成为高考的牺牲品，很大一部分是因为学习时注意力难以集中持久，自制力较弱，确立目标后很容易受干扰而动摇。

而注意力和自我控制能力的深层素质则是人的意志力，意志力就是执行力的核心部分。高职生如不及时补上这一短板，恐怕终生难成大事。但意志力的培养并非易事，它是个系统工程，需要综合利用各种方式和途径才能有效推进。以下手段可以有效提高人的意志力：第一，通过励志故事的宣讲宣传来激发大学生迎难而上的激情。教师可在授课中融入具体生动、贴近学生实际的励志故事，校园文化建设中可见缝插针地介绍、宣传本行业或泛行业或古今中外的励志故事，营造催人奋进的励志氛围；第二，注重通过体育运动、社会实践来锻炼大学生的意志力。鼓励大学生选择一项喜欢的体育项目，坚持锻炼并养成习惯，这是培养逆商最直接有效的方法。

就财商、美商而言，对高职院校来讲，最实用、最有效的莫过于开设贴合高职生日常生活需要的相关课程，如《投资与理财》《美容与形象设计》，将这些课程设为全院公共必修课，既能培养学生的财商、美商，又能实实在在地指导高职生的社会生活。

当然，以上能力的培养要落实到人才培养方案、课程体系设置和课堂上，并结合高职生校内外的社团活动和社会实践，融入高职院校的校园文化和氛围建设，形成立体式素质提升体系。

（5）培养社交能力。社交能力是应试教育学生的短板，但它却是三创素质、建设创新型国家和小康社会的又一重要素质。广泛的社会交往不仅可以增强人际交流沟通，对自己和社会有个客观公正的认识，减少心理疾病的发生，也能增长见识、开阔视野，增加社会交往经验，为将来在社会上校友之间互相提携奠定坚实基础。高职院校多为学生创造校内学生、校际学生、学校与用人单位及学校与其他社会人士接触交流沟通的机会，可使人才培养事半功倍。

（三）能与专业素质相结合的高职生之普遍长处

学者姜大源认为：“一般来说，职业教育的培养对象，主要具有形象思维的特点。”“教育实践和科学研究都证明：形象思维强的人，能较快地获取经验性和策略性的知识，而对陈述性的理论知识却相对排斥，这并非职业院校学生的弱势，而恰恰是优势所在。”高职生能与专业素质结合的普遍长处是形象思维，形象思维擅长的人更容易成为“高级技工、技术员、高级技师”，他们跟“数学家、物理学家、医学家”等“同样是专家”。因此，培养形象思维应成为高职教育特有的素质内涵。

那么怎样培养高职生的形象思维？下列方法可助一臂之力：第一，引导学生多观察，丰富形象思维的素材库。无论专业还是公共基础课程，均要尽可能提供给学生较为形象、直观、可动手实践的教学材料，多采用实物、图片、视频、课堂互动、亲身体验、实训等情境教学、理实一体化教学方式，让学生对授课内容有一个形象直观的体验。为形象思维提供足够的素材，如通过举几个休闲的例子来让学生体会到休闲的含义。第二，注重让学生根据授课内容展开联想和想象，如让学生想象假如突然中奖1亿元打算怎么办，由此展开对学生人生观价值观的引导。这意味着课堂授课尽量采用开放式教学，鼓励学生奇思妙想。第三，在布置作业或回答问题时鼓励学生尽量用形象、直观、实践操作的方式把所思所想表述出来。如专业课程中多用图、实物制作，采用实地操作演练等方式将所学展现出来等。

参考文献：

[1] 徐礼才，董雪莲. 影响高职生身体素质下降的因素分析[J]. 职业教育研究. 2012(6): 36-37.

[2] [3] 汤一介. 理性看待全球化中的中西文化教育[N]. 中国社会科学报. 2010-04-20(5).

[4] 姜大源. 职业教育学基本问题的思考（一）[J]. 职业技术教育（教科）. 2006(1): 5-10.

（来源：《职教论坛》，2014年第5期，有删节和修改）

【评析】这篇论文题目交代了论题，其选题在当时具有现实意义，结合当代高职生的实际，提出应具备的社会生活素质，具有较强的针对性和实用性，其研究对教师和学生均有重要的参考价值。摘要简练而客观地概括了文章主要内容，给读者以提示作用。开头第一段为前言，开门见山提出问题。主体部分先提出当下高职生应具备社会生活素质的确定原则，再进一步阐述这些素质的内涵及如何达到这些内涵的实施途径，即需要着力解决的问题，构成递进式结构，层层深入探讨，逐步加深对该问题的认识。

相关能力拓展

毕业论文的相关知识

一、毕业论文的作用

毕业论文是大学生毕业前，根据所学专业，综合运用已学知识，有选择地进行学术研究，表述理论创造或表述分析应用所写的一种学术论文。

毕业论文对学生具有考查作用。由于学历层次的不同，考查要求的程度也不同。如硕士和博士论文就是学术论文，要求具有独创性；而大专和本科生，主要考查的是已学理论的应用。

毕业论文本质上属于学术论文，其要求与学术论文大体相同。需要经过选题（自己所学专业范围内）—— 写开题报告—— 提纲—— 初稿—— 成稿—— 答辩这几个步骤。其特殊之处有以下三点：

（一）综合考查已学知识的应用能力

毕业论文的撰写是大学生毕业阶段的重要学习内容，是对学生已学知识的综合考查：

（1）考查运用已学专业知识分析问题、解决问题的能力；

（2）考查查询专业资料（中文资料和外文资料）的能力；

（3）考查运用计算机分析和处理数据的能力；

（4）考查语言（中文和外文）的表达能力和文章的撰写能力。

（二）培养科学工作的素质

要求详细阐述课题研究过程，体现该课题的科研方法。

（三）培养创新意识

要求学生的选题具有新颖性、实践性。

二、毕业论文答辩

毕业论文答辩，是由论文审定小组（或委员会）围绕论文，对论文作者公开审查、检验的一种方式。

（一）论文答辩的意义

1．考察论文写作的真实性，这是最低层次上的意义。

2．对论文质量考核评估，这是最基本的也是较高层次的意义。

3．可以帮助论文作者修改论文。

（二）论文答辩的准备

1．资料准备。除精心准备自述提纲外，还应围绕论文内容搜集有关资料，并且要预想答辩教师可能会提出哪些问题。可采取准备资料卡片的方式来完成资料准备工作。

2．心理准备。不要有侥幸心理，也不要怯场，要相信自己，做到从容、自信地参加论文答辩。可以提前到达答辩现场，熟悉环境和气氛。只要准备充分，心中有底，就能消除紧张心理。

（三）答辩的一般要求

1．内容要正确、清晰。自述要体现逻辑性、科学性、理论性。答问要有针对性，避免答非所问。要做到这一点，要做好资料准备和心理准备。

2．语言要流畅、自然。在自述及答问时，做到语调自然，发音清楚，言语富有节奏感，手势表情自然大方。

3．态度要诚恳。谦虚、沉着、冷静、理智，意识到答辩是一次学习的好机会，要有求知的诚恳态度，神态和用语都应谦虚委婉，切忌强词夺理、胡搅蛮缠。

（四）答辩的一般技巧

1．善于倾听，把握题旨。要专注地听取教师的提问，快速领悟题旨，这样才不会答非所问，善于补救，坦诚直言。若一时未能完全领会提问的意图、指向，可以虚心、诚恳地以求教的口吻请提问人再重复一遍。若是意识到自己回答有误，应立刻勇敢地承认，并主动纠正，获得重新答问的机会。

2．化解难度，先易后难。若遇到答辩教师连续发问，可选取容易的问题先答，再攻克难题。这样可以保证自信心不受困扰，有效地发挥能力、水平。

3．简洁明快，不枝不蔓。应干净利落，不可随意尽兴发挥和扩展问题。这样才能在有限的时间里完成任务，避免言多失误。

4．谨慎试探，善于进退。若遇到难题，如题目过深，范围过广，可谨慎地用“设问法”限制题意，或用“余留法”采用商询式的肯定方式作答，使答问较主动，便于简述自己的见解。

答问时还要把握好进退幅度。如答辩教师听得满意，可稍作发挥，进一步阐述，以“扩大战果”；但也要注意见好就收，以免画蛇添足。

（五）论文答辩的程序

答辩由答辩人（学生）和主答辩者（教师）共同配合进行。它历经如下三个程序：

1．自述。答辩开始时，一般先由答辩学生做 15 分钟左右的自述。简要说明论文的写作意图，课题研究的背景，选用的研究方法，论文的中心论点、分论点、小论点，论文选用的主要材料，全文结构的基本特点，本论文课题研究的发展方向和前景，论文存在的不足等。可采取演讲式或宣读式来完成这部分内容。自述完毕，即可礼貌地请主持答辩的专家、教授提问。

2．问答。问答是指答辩学生就答辩教师所提出的问题一一作答。答辩学生可充分表述自己的学术见解，介绍学术研究成果及其价值，以使答辩教师考查确认论文的真实性和价值。通过问答，可以促进学术交流，促进论文作者认识的深化。

3．宣布结果。答辩结束后，答辩教师经过商议，由主答辩教师当场宣布论文与答辩是否通过的结论，再经过“合议评级”程序，为论文评出成绩等级。成绩通常书面通知答辩学生。一般按优、良、中、及格、不及格标准评定成绩。

答辩结束后，作者根据答辩中发现的问题，可对论文进行修改、完善，进一步提高自己的学术水平和论文的质量。

本章小结

◎ 总结、调研文书是处理日常事务，用来总结经验、研究分析问题、指导工作、沟通信息的实用性文书。在写作中要深入调查研究，获取真实的材料；态度上和方法上要实事求是，所拟工作皆应可行。其格式是约定俗成的，写作时应当遵守，语言要准确、简练。

◎ 总结、述职报告、调查报告等报告类文书的正文一般都是由前言、主体和结尾组成的。前言叙述概况或撰写文章的目的，主体陈述过程、原因和结果，结尾概括全文结论。总结切忌写成“流水账”，要总结经验、找出差距。述职报告切忌将集体或他人的成绩不恰当地归为已有，要正确对待成绩和问题。调查报告要充分占有调查材料，选择典型材料，在写作中体现调查方法，分析问题要实事求是。

◎ 经济活动分析报告判定经济活动运行的好坏标准，应以原先的计划指标为主要依据，以既往的实绩为对照值。首先要找出分析其实绩与计划指标的差异或（和）与既往实绩的差异；然后要深入分析造成差异的原因，以及各种不同因素影响的程度；最后针对主要矛盾或矛盾的主要方面，提出相应的对策意见。差异包括成功与不足两个方面，经济活动分析以发现不足并寻求改进为主要任务。

◎ 简报类文书要以新信息为主，注意组编材料的典型性和相关性。正文要真实、简短。简报的格式要正确、完整。

◎ 撰写专业论文，要求文章具有科学性、实用性和严谨性。要做以下这三点，一是要用科学的认识论指导工作，使之具有科学的方法；二是材料要真实可靠；三是表述要讲究逻辑方法，材料必须能够支持观点。

应知、应会目标鉴定

一、应知目标鉴定

1．正确说出总结的写作结构和常用的几种主体结构方式。

2．正确说出述职报告的写作结构及与工作总结的异同。

3．正确说出经济活动分析报告的结构体式和主要分析方法。

4．正确说出简报的特点及组成要素。

5．正确说出调查报告的结构特征和主要调查方式、方法。

6．正确说出专业论文的写作过程，写作内容和结构。

7．利用互联网或其他途径查找总结，述职报告，经济活动分析报告，调查报告，简报等案例，并做出相应评析。

二、应会目标鉴定

1．根据实际需要写作规范、具体的总结。

（1）指出下面一份总结存在的问题并加以评改。

大二学年个人总结

一个学年很快就过去了，但这次的心情与以前有很大不同，归心似箭的心情早被考试不理想的惆怅所掩盖。想想若是考得不好如何向父母交代？尤其这次我为了应付英语四级着实花了很多时间，以致把其他功课都拉下了，所以说关于这次考试我的复习工作是做得很不充分的，可现在想想却是得不偿失啊。尤其我现在对于能不能过四级还是缺乏把握的，不管这次考试结果如何，下学期我都得加倍努力了，而且一定改掉以往偏科的老毛病，争取每门课都踏踏实实地学。

上大二的我们也早已走出那座象牙塔，开始尝试接触社会。记得大一的时候还时常会为自己作为一名计算机系的学生而有那么点优越感。现在却被那些从人才市场上反馈的一些消息给打击。现在我不得不为将来即将面临的就业危机而做好准备。本来嘛，众所周知我们学校的牌子不是很硬；二来我们计算机行业的就业形势也越来越紧张了；三来我是名女生，一名学计算机的女生。早就听说现在许多企业发话说“宁愿要最差的男生也不用最好的女生。”说起来真让人气愤。但面对这些偏激的社会现象，我们又能怎么办呢，唯今之计只有从改善自身条件做起。

来学校两年多也早已习惯大学生活紧张又轻松的气氛，课程虽然还是安排得很紧凑，但课余时间明显增多了，令我真正感受到大学生活是如此的丰富多彩，已经熟识的朋友早已没有大一刚入学时的拘束与隔阂。至今为止我与宿舍的人相处融洽，虽然偶尔会有点小过节，但也很快能冰释前嫌，所以有的时候，我很庆幸我能来到这里，不然也不会交到那么多知心的朋友了。大学不仅是一个交流知识的场所，亦是我们学习做人处世，接触社会的好场所。我感觉我现在所接受的教育也是各个层面的，所以我一定会好好利用这份难得的机会，珍惜这段宝贵的时间，严格要求自己，力求做一名合格的大学生。

（2）结合自身实际写作一份社会实践活动总结或进入大学后至今的学习、工作总结。

2．根据实际需要正确写作经济活动分析报告。

（1）根据下列材料，起草一份经济活动分析报告。

H公司半年铝锭生产实现利润3.48亿元，已提前完成了全年的利润计划。公司上半年共生产铝锭6.68万吨，完成年计划的51.99%，比上年同期增产1.53吨，增幅达28.9%；生产氧化铝20.83万吨，完成年计划的54.10%，比上年同期增产1.45万吨，增幅达7.5%；生产铝土矿41.79万吨，完成年计划的56.79%，比上年同期增产1.23万吨。上半年销售铝锭6.709 8万吨，完成年计划的52.10%；销售氧化铝8 908吨，完成年计划44.50%，实现销售收入12.03亿元，完成年计划64.2%；上缴各种税费1.17亿元，为全年计划的60.73%；归还长期贷款本金1.44亿元，使公司资产负债率下降到79.47%。

（2）下面是一份专题（单项）经济活动分析报告，内容已符合主题的要求，但其表述形式不符合应用文观点鲜明、层次清楚等要求。请按经济活动分析报告的一般模式加以修改。

××印刷厂3月份成本分析报告

20××年我厂提出实现利润25万元的奋斗目标，截止到3月底，我厂已完成利润10.3万元，完成了年计划的41.24%。计划完成得虽好，但生产成本却逐月上升，2月份每千印成本为45.23元，百元产值成本为59元；3月份每千印成本65元，百元产值成本70元；3月份千印成本比2月份增加19.73元，百元产值成本增加11元。3月份成本增高的主要原因是纸张价格上涨，2月份787凸版纸每张单价为0.147元，3月份则涨到0.148元，月纸张费用增加221.166元。每千印成本增加0.128元，百元产值成本增0.14元。再有，千印油墨费增高。3月份共完成1 725.25千印，消耗油墨352.5千克，共计3 066.20元，每千印成本增加16.50元，百元产值成本增加10.50元。另外，辅助生产费用和企业管理费偏高。3月份辅助生产费比2月份增高983.09元，企业管理费3月份比2月份增高494.13元。辅助生产费用增加的主要原因是领用大型工具多，设备备件多。企业管理偏高的原因是购买办公用品和招待费多。鉴于上述情况，我们建议：①制定千印油墨消耗定额，把千印油墨消耗控制在0.1千克/千印左右。②建立健全设备的维修、保养制度和工具出库保管制度。③企业管理费的支出要严格控制、合理使用。

××印刷厂财务科

20××年×月×日

（3）写一篇与所学专业紧密结合的经济活动分析报告。

3．以3～4人为一小组，抓住校园、社会或与自己所学专业相关的市场热门话题，开展一次调查活动。要求制订切实可行的调查计划，撰写一篇调查报告和调查总结，设计一个精美的封面，装订成册。

4．结合学院的某个专题活动，如校园文化节、运动会、技能节等活动编写一份动态简报。

5．班团干部或学生会干部写作一份述职报告，在班里宣读，其他同学评议。

6．结合专业学习，选择一个既有现实意义又感兴趣的选题，写作一篇专业小论文，要求观点明确、有一定的新意，论据充分，论证严密。

第七章

公务文书写作技巧

应知目标

- 认识公文的特点以及在日常工作中的作用，了解现行公文种类和行文关系。
- 了解现行 15 种公文的适用范围。
- 懂得通知、通报、报告、意见、请示、批复、函、纪要的基本结构及写作的注意事项。
- 懂得请示与报告的区别。
- 懂得请批函与请示、答复函与批复、答复报告的区别。
- 懂得纪要与会议记录的区别。

应会目标

- 掌握公务文书的写作格式。
- 能熟练写作公文类通知。
- 能熟练写作表彰通报、批评通报和情况通报。
- 能熟练写作工作报告、情况报告和答复报告。
- 能熟练写作请示、批复。
- 能熟练写作实施意见和建议意见。
- 能熟练写作公函。
- 能熟练写作纪要。

第一节　公务文书概述

情景导入

作为秘书，公司各个部门起草的主要文稿一般先由陈婷初审，然后再交给总经办主任审核，陈婷在审稿过程中发现，公司各个部门起草的文件，或多或少存在着一些问题，有些文种使用错误，有些行文规则有问题，没有按照 2012 年 4 月中共中央办公厅与国务院办公厅发布的《党政机关公文处理工作条例》（中办发〔2012〕14 号）行文，为了提高工作效率，陈婷请示总经办主任同意后，决定组织各个部门文稿起草人举办一次公文写作规范的专题培训。

陈婷经过分析，决定从现有公文的文种、适用范围、格式规范、语言规范、常用文种的写作技巧等几个方面着手，开展本次培训。

必备知识

一、公文的含义

党政机关公文。又叫红头文件，简称公文。《党政机关公文处理工作条例》（中办发〔2012〕14号）总则第三条规定：党政机关公文是党政机关实施领导、履行职能、处理公务的具有特定效力和规范体式的文书，是传达贯彻党和国家方针政策，公布法规和规章，指导、布置和商洽工作，请示和答复问题，报告、通报和交流情况等的重要工具。公文同样适用于企事业单位处理公务活动。

二、公文的特点

（一）政治性和政策性

公文的基本内容是国家机关的指挥意志、行动意图、公务往来与活动情况的系统实录，直接反映了国家政权的意志与根本利益，是实施管理、发布法规、下达指示的特定形式，它与人民群众的利益和社会生活密切相关，具有很强的政策性。

（二）权威性和约束力

公文被称为机关的喉舌，有法定的作者和读者，其作者是公文的制发机关。文学作品人们可看也可不看，学术论文的内容和观点人们可以赞同也可以批评，行政公文的内容则需要人们理解、执行，具有明显的法定权威性。领导机关发布的决定、决议、批复等有领导权威；权力机关发布的法律、法规、条例等有法律权威；行政机关发布的政令、意见、通告等有指挥权威。总之，上级各级机关发布的公文，下级各级组织必须切实遵照执行，不得违反，这是公文权威性的表现。

（三）规范性和标准化

公文必须符合一定的要求和标准。公文的内容，包括公文的主题、材料、结构和语言，要符合行文规则与客观实际。公文的制作、使用、处理程序要严格按照《党政机关公文处理工作条例》有关规定办理。公文文体和写作格式要标准化，包括字体、字号、字距、行距等都要符合《党政机关公文格式》相关要求。

（四）严谨性和庄重性

公文的语言、语气必须符合发文机关的职权范围、发文目的、特定文体表达的需要，把握上行文、下行文和平行文的不同用语。语言首先要准确，含义明确，合乎语法规范，标点妥帖，词语的轻重、褒贬色彩等恰当，使用公文专用语言。其次，要严谨庄重，使用规范现代汉语书面语言，切忌口语化。

三、公文的作用

（一）领导指挥作用

公文可以用来记录和传达上级指示精神，指导布置工作，宣传方针政策，帮助人们提高认识，统一思想，统一步调。

（二）行为规范作用

公文可以用来传达指示方针、政策，发布法律、法规、政令，规范人们的行为。

（三）联系纽带作用

公文可以用来反映情况，请示工作，交流经验，互通情况，商洽工作，起到联系知照作用。

（四）依据凭证作用

公文还是上级机关贯彻意图，下级机关根据意图执行的凭证依据。

四、公文的种类

公文种类简称文种。根据根据 2012 年 4 月中共中央办公厅、国务院办公厅发布的《党政机关公文处理工作条例》（中办发〔2012〕14 号）第二章规定，现行公文文种有 15 种：

1．决议。适用于会议讨论通过的重大决策事项。

2．决定。适用于对重要事项做出决策和部署、奖惩有关单位和人员、变更或者撤销下级机关不适当的决定事项。

3．命令（令）。适用于公布行政法规和规章、宣布施行重大强制性措施、批准授予和晋升衔级、嘉奖有关单位和人员。

4．公报。适用于公布重要决定或者重大事项。

5．公告。适用于向国内外宣布重要事项或者法定事项。

6．通告。适用于在一定范围内公布应当遵守或者周知的事项。

7．意见。适用于对重要问题提出见解和处理办法。

8．通知。适用于发布、传达要求下级机关执行和有关单位周知或者执行的事项，批转、转发公文。

9．通报。适用于表彰先进、批评错误、传达重要精神和告知重要情况。

10．报告。适用于向上级机关汇报工作、反映情况，回复上级机关的询问。

11．请示。适用于向上级机关请求指示、批准。

12．批复。适用于答复下级机关请示事项。

13．议案。适用于各级人民政府按照法律程序向同级人民代表大会或者人民代表大会常务委员会提请审议事项。

14．函。适用于不相隶属机关之间商洽工作、询问和答复问题、请求批准和答复审批事项。

15．纪要。适用于记载会议主要情况和议定事项。

按行文关系这 15 种公文可以分为上行文、平行文、下行文。

上行文：向上级机关报送的公文，如请示、报告等。

平行文：同级机关和不相隶属机关之间来往的公文，如函。

下行文：向下级机关发送的公文，如命令、决定、通知、通报、批复等。

按紧急程度公文分为特急、加急、常规。

按密级公文分为绝密、机密、秘密、普通。

能力技巧

一、公文的写作格式

公文纸张规格：A4（297 毫米×210 毫米）型纸。

公文装订要求：左侧装订。

排版规格：排版一律从左至右横排，正文用 3 号仿宋字，一般每面排 22 行，每行排 28 个字，特定情况可作适当调整。

公文页码：一般用 4 号半角宋体阿拉伯数字，编排在公文版心下边缘之下，数字左右各放一条一字线；一字线上距版心下边缘 7 毫米。单页码居右空一字，双页码居左空一字。公文的版记页前有空白页的，空白页和版记页均不编排页码。公文的附件与正文一起装订时，页码应当连续编排。

公文格式各要素划分为版头、主体、版记三部分。

（一）版头

1. 份号。涉密公文应当标注份号，份号一般用 6 位 3 号阿拉伯数字，顶格编排在版心左上角第一行。

2. 密级和保密期限。如需标注密级和保密期限，一般用 3 号黑体字，顶格编排在版心左上角第二行；保密期限中的数字用阿拉伯数字标注。秘密等级和保密期限之间用“★”隔开。

3. 紧急程度。如需标识紧急程度，一般用 3 号黑体字，顶格编排在版心左上角；如需同时标注份号、密级和保密期限、紧急程度，按照份号、密级和保密期限、紧急程度的顺序自上而下分行排列。

4. 发文机关标志。由发文机关全称或规范化简称后面加“文件”组成，也可以使用发文机关全称或者规范化简称。发文机关标志居中排布，上边缘至版心上边缘为 35 毫米，推荐使用小标宋体字，颜色为红色，以醒目、美观、庄重为原则。

联合行文时，发文机关标志可以并用联合发文机关名称，也可以单独用主办机关名称。如需同时标注联署发文机关名称，一般应当将主办机关名称排列在前；如有“文件”二字，应当置于发文机关名称右侧，以联署发文机关名称为准上下居中排布。

5. 发文字号。由发文机关代字、年份和发文顺序号组成。编排在发文机关标志下空二行位置，居中排布。年份、发文顺序号用阿拉伯数字标注；年份应标全称，用六角括号“〔〕”括入；发文顺序号不加“第”字，不编虚位（即 1 不编为 01），在阿拉伯数字后加“号”字，如：浙物产〔2014〕8 号。

上行文的发文字号居左空一字编排，与最后一个签发人姓名处在同一行。联合行文时，使用主办机关的发文字号。发文字号之下 4 毫米处印一条与版心等宽的红色反线。

6. 签发人。上行文应当标注签发人姓名。由“签发人”三字加全角冒号和签发人姓名组成，居右空一字，编排在发文机关标志下空两行位置。“签发人”三字用 3 号仿宋体字，签发人姓名用 3 号楷体字。

联合行文上行文，标上每个单位签发人，按照发文机关的排列顺序从左到右、自上而下依次均匀编排，一般每行排两个姓名，回行时与上一行第一个签发人姓名对齐。发文字号与最后一个签发人姓名处在同一行并使红色反线与之的距离为 4 毫米。

（二）主体

1. 标题。由发文机关名称、事由和文种组成。一般用 2 号小标宋体字，编排于红色分隔线下空两行位置，分一行或多行居中排布；回行时，要做到词意完整，排列对称，长短适宜，间距恰当，标题排列应当使用梯形或菱形。

2. 主送机关。主送机关即公文的主要受理机关，应当使用机关全称、规范化简称或者同类型机关统称。在标题下空一行，左侧顶格用 3 号仿宋体字。

3. 正文。公文首页必须显示正文。一般用 3 号仿宋体字，编排于主送机关名称下一行。文中结构层次序数依次可以用“一、”“（一）”“1.”“（1）”标注；一般第一层用黑体字，第二层用楷体字，第三层和第四层用仿宋体字标注。

4. 附件说明。公文如有附件，在正文下空一行左空两字用 3 号仿宋体字标识“附件”，后标全角冒号和名称。两份以上附件需用阿拉伯数字标出附件顺序号。如：

附件：1. ×××××
　　　2. ×××××××××××××××××××××××××
　　　　 ××××××××××

附件名称后不加标点符号。附件名称较长需回行时，应当与上一行附件名称的首字对齐。

5. 发文机关署名、成文日期和印章。

发文机关署名：署发文机关全称或者规范化简称。

成文日期：署会议通过或者发文机关负责人签发的日期。联合行文时，署最后签发机关负责人签发的日期。成文日期一般右空四字编排，用阿拉伯数字将年、月、日标全，年份应标全称，月、日不编虚位（即 1 不编为 01）。印章用红色，不得出现空白印章。

单一机关行文时，一般在成文日期之上、以成文日期为准居中编排发文机关署名，印章端正、居中下压发文机关署名和成文日期，使发文机关署名和成文日期居印章中心偏下位置，印章顶端应当上距正文（或附件说明）一行之内。

联合行文时，一般将各发文机关署名按照发文机关顺序整齐排列在相应位置，并将印章一一对应、端正、居中下压发文机关署名，最后一个印章端正、居中下压发文机关署名和成文日期，印章之间排列整齐、互不相交或相切，每排印章两端不得超出版心，首排印章顶端应当上距正文（或附件说明）一行之内。

当公文排版后所剩空白处不能容下印章或签发人签名章、成文日期时，可以采取调整行距、字距的措施解决。

6. 附注。这是指公文印发传达范围等需要说明的事项。公文如有附注，用 3 号仿宋体字，居左空两个字加圆括号标识在成文时间下一行。

7. 附件。这是指公文正文的说明、补充或者参考资料。附件应当另面编排，并在版记之前，与公文正文一起装订。“附件”二字及附件顺序号用 3 号黑体字顶格编排在版心左上角第一行。附件标题居中编排在版心第三行。附件顺序号和附件标题应当与附件说明的表述一致。附件格式要求同正文。

如附件与正文不能一起装订，应当在附件左上角第一行顶格编排公文的发文字号并在其后标注“附件”二字及附件顺序号。

（三）版记

版记中的分隔线与版心等宽，首条分隔线和末条分隔线用粗线（推荐高度为 0.35 毫米），中间的分隔线用细线（推荐高度为 0.25 毫米）。首条分隔线位于版记中第一个要素之上，末条分隔线与公文最后一面的版心下边缘重合。

1. 抄送机关。除主送机关外需要执行或者知晓公文内容的其他机关，应当使用机关全称、规范化简称或者同类型机关统称。如有抄送机关，一般用 4 号仿宋体字，在印发机关和印发日期之上一行、左右各空一字编排。“抄送”二字后加全角冒号和抄送机关名称，回行时与冒号后的首字对齐，最后一个抄送机关名称后标句号。

2. 印发机关和印发日期。公文的送印机关和送印日期。一般用 4 号仿宋体字，编排在末条分隔线之上，印发机关左空一字，印发日期右空一字，用阿拉伯数字将年、月、日标全，年份应标全称，月、日不编虚位（即 1 不编为 01），后加“印发”二字公文下行文版式：

二、公文的常用版式

下行文首页版式见图 7-1。

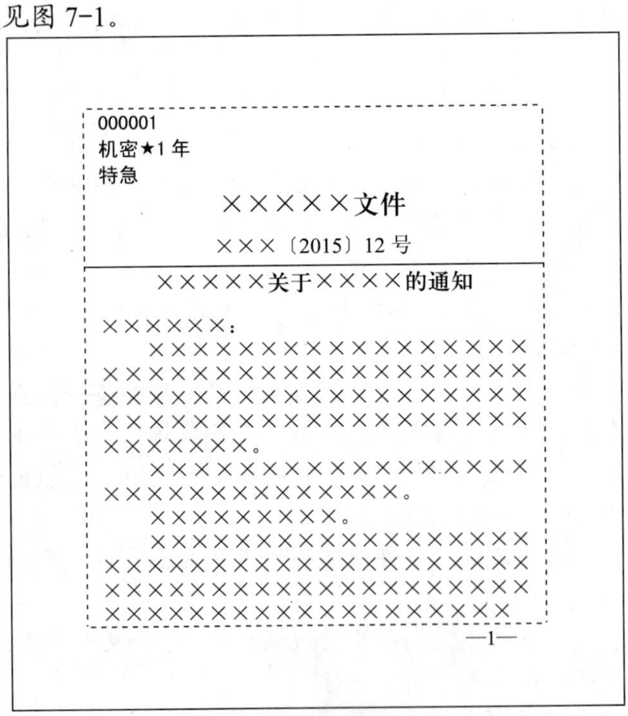

图 7-1　下行文首页版式

注：虚线所示为版心，印制公文时并不出现。

联合行文下行文首页版式见图 7-2。

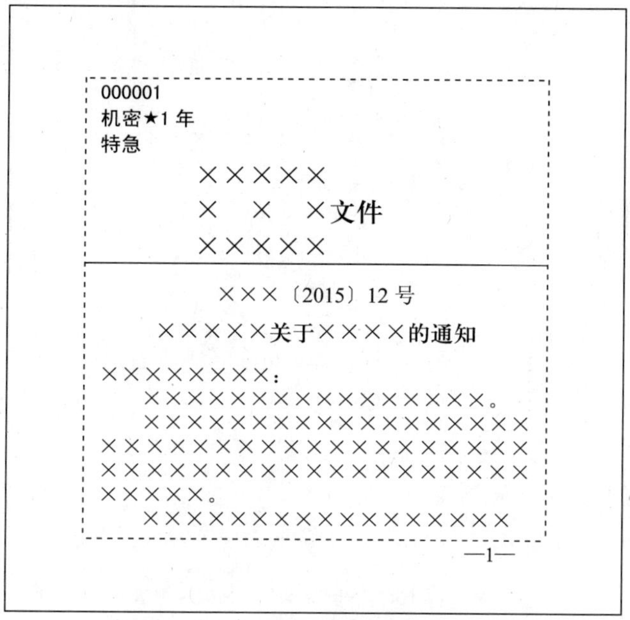

图 7-2　联合行文下行文首页版式

注：虚线所示为版心，印制公文时并不出现。

上行文首页版式见图 7-3。

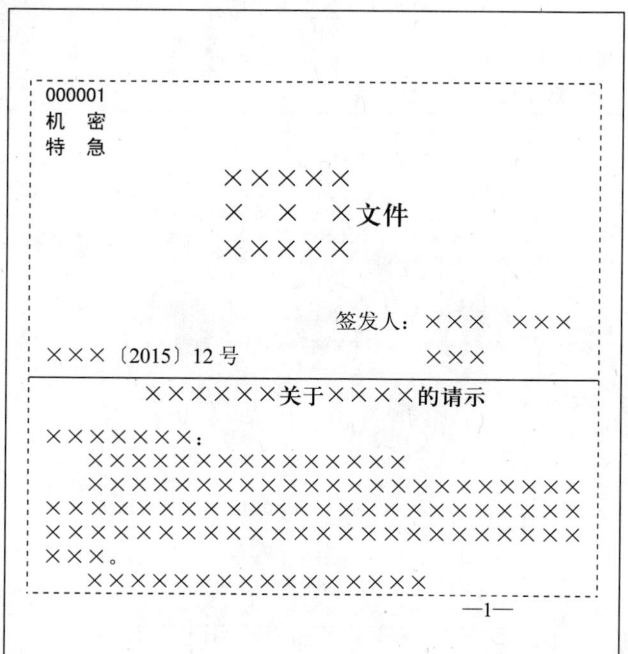

图 7-3　联合行文上行文首页版式

注：虚线所示为版心，印制公文时并不出现。

公文末页版式见图 7-4。

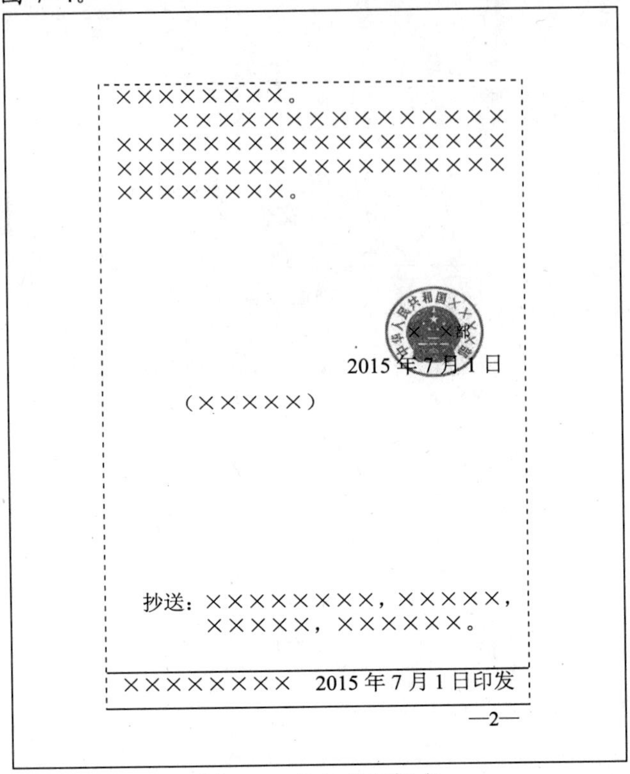

图 7-4　公文末页版式

注：虚线所示为版心，印制公文时并不出现。

联合行文末页版式见图 7-5。

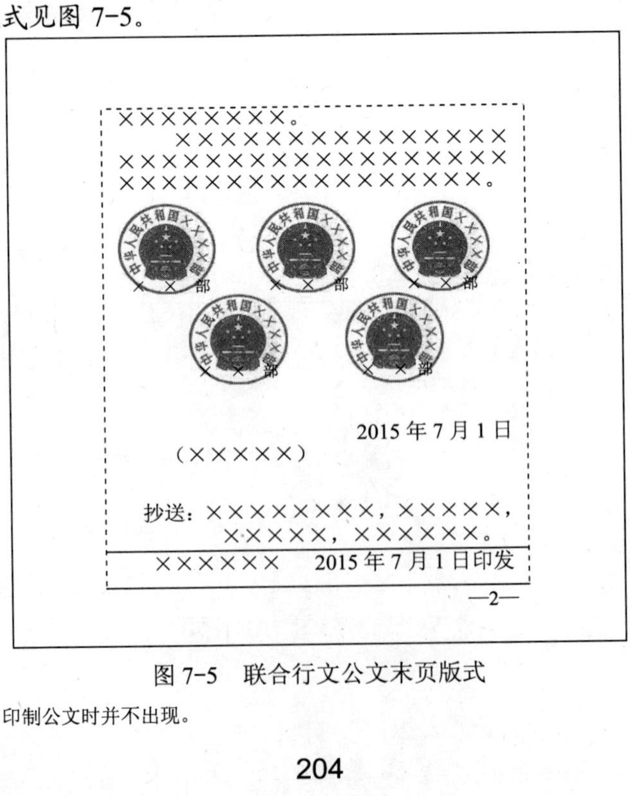

图 7-5　联合行文公文末页版式

注：虚线所示为版心，印制公文时并不出现。

附件说明页及带附件末页版式见图 7-6、图 7-7。

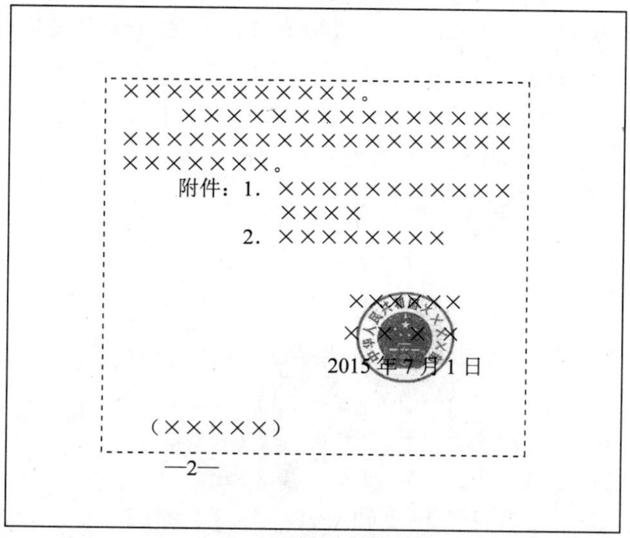

图 7-6　附件说明页版式

注：虚线所示为版心，印制公文时并不出现。

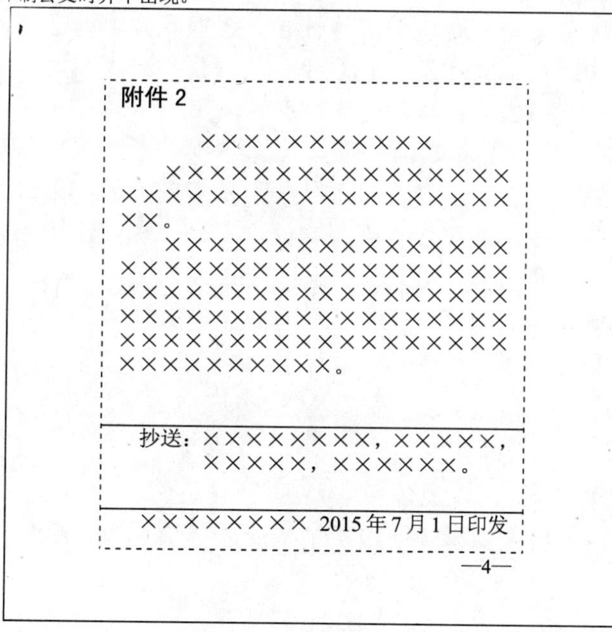

图 7-7　带附件公文末页版式

注：虚线所示为版心，印制公文时并不出现。

三、公文的写作要求

公文起草应当做到：

1. 符合国家法律法规和党的路线方针政策，完整准确体现发文机关意图，并同现行有关公文相衔接。

2. 一切从实际出发，分析问题实事求是，所提政策措施和办法切实可行。

3. 内容简洁，主题突出，观点鲜明，结构严谨，表述准确，文字精练。

4. 文种正确，格式规范。

5. 深入调查研究，充分进行论证，广泛听取意见。

公文的语言、语气必须符合发文机关的职权范围、发文目的、特定文体表达的需要，要把握上行文、下行文和平行文的不同用语。

相关能力拓展

党政机关公文处理工作条例

（中办发〔2012〕14号，2012年4月）

第一章 总 则

第一条 为了适应中国共产党机关和国家行政机关（以下简称党政机关）工作需要，推进党政机关公文处理工作科学化、制度化、规范化，制定本条例。

第二条 本条例适用于各级党政机关公文处理工作。

第三条 党政机关公文是党政机关实施领导、履行职能、处理公务的具有特定效力和规范体式的文书，是传达贯彻党和国家的方针政策，公布法规和规章，指导、布置和商洽工作，请示和答复问题，报告、通报和交流情况等的重要工具。

第四条 公文处理工作是指公文拟制、办理、管理等一系列相互关联、衔接有序的工作。

第五条 公文处理工作应当坚持实事求是、准确规范、精简高效、安全保密的原则。

第六条 各级党政机关应当高度重视公文处理工作，加强组织领导，强化队伍建设，设立文秘部门或者由专人负责公文处理工作。

第七条 各级党政机关办公厅（室）主管本机关的公文处理工作，并对下级机关的公文处理工作进行业务指导和督促检查。

第二章 公文种类

第八条 公文种类主要有：

（一）决议。适用于会议讨论通过的重大决策事项。

（二）决定。适用于对重要事项做出决策和部署、奖惩有关单位和人员、变更或者撤销下级机关不适当的决定事项。

（三）命令（令）。适用于公布行政法规和规章、宣布施行重大强制性措施、批准授予和晋升衔级、嘉奖有关单位和人员。

（四）公报。适用于公布重要决定或者重大事项。

（五）公告。适用于向国内外宣布重要事项或者法定事项。

（六）通告。适用于在一定范围内公布应当遵守或者周知的事项。

（七）意见。适用于对重要问题提出见解和处理办法。

（八）通知。适用于发布、传达要求下级机关执行和有关单位周知或者执行的事项，批转、转发公文。

（九）通报。适用于表彰先进、批评错误、传达重要精神和告知重要情况。

（十）报告。适用于向上级机关汇报工作、反映情况，回复上级机关的询问。

（十一）请示。适用于向上级机关请求指示、批准。

（十二）批复。适用于答复下级机关请示事项。

（十三）议案。适用于各级人民政府按照法律程序向同级人民代表大会或者人民代表大会常务委员会提请审议事项。

（十四）函。适用于不相隶属机关之间商洽工作、询问和答复问题、请求批准和答复审批事项。

（十五）纪要。适用于记载会议主要情况和议定事项。

第三章 公文格式

第九条 公文一般由份号、密级和保密期限、紧急程度、发文机关标志、发文字号、签发人、标题、主送机关、正文、附件说明、发文机关署名、成文日期、印章、附注、附件、抄送机关、印发机关和印发日期、页码等组成。

（一）份号。公文印制份数的顺序号。涉密公文应当标注份号。

（二）密级和保密期限。公文的秘密等级和保密的期限。涉密公文应当根据涉密程度分别标注“绝密”“机密”“秘密”和保密期限。

（三）紧急程度。公文送达和办理的时限要求。根据紧急程度，紧急公文应当分别标注“特急”“加急”，电报应当分别标注“特提”“特急”“加急”“平急”。

（四）发文机关标志。由发文机关全称或者规范化简称加“文件”二字组成，也可以使用发文机关全称或者规范化简称。联合行文时，发文机关标志可以并用联合发文机关名称，也可以单独用主办机关名称。

（五）发文字号。由发文机关代字、年份、发文顺序号组成。联合行文时，使用主办机关的发文字号。

（六）签发人。上行文应当标注签发人姓名。

（七）标题。由发文机关名称、事由和文种组成。

（八）主送机关。公文的主要受理机关，应当使用机关全称、规范化简称或者同类型机关统称。

（九）正文。公文的主体，用来表述公文的内容。

（十）附件说明。公文附件的顺序号和名称。

（十一）发文机关署名。署发文机关全称或者规范化简称。

（十二）成文日期。署会议通过或者发文机关负责人签发的日期。联合行文时，署最后签发机关负责人签发的日期。

（十三）印章。公文中有发文机关署名的，应当加盖发文机关印章，并与署名机关相符。有特定发文机关标志的普发性公文和电报可以不加盖印章。

（十四）附注。公文印发传达范围等需要说明的事项。

（十五）附件。公文正文的说明、补充或者参考资料。

（十六）抄送机关。除主送机关外需要执行或者知晓公文内容的其他机关，应当使用机关全称、规范化简称或者同类型机关统称。

（十七）印发机关和印发日期。公文的送印机关和送印日期。

（十八）页码。公文页数顺序号。

第十条　公文的版式按照《党政机关公文格式》国家标准执行。

第十一条　公文使用的汉字、数字、外文字符、计量单位和标点符号等，按照有关国家标准和规定执行。民族自治地方的公文，可以并用汉字和当地通用的少数民族文字。

第十二条　公文用纸幅面采用国际标准 A4 型。特殊形式的公文用纸幅面，根据实际需要确定。

第四章　行 文 规 则

第十三条　行文应当确有必要，讲求实效，注重针对性和可操作性。

第十四条　行文关系根据隶属关系和职权范围确定。一般不得越级行文，特殊情况需要越级行文的，应当同时抄送被越过的机关。

第十五条　向上级机关行文，应当遵循以下规则：

（一）原则上主送一个上级机关，根据需要同时抄送相关上级机关和同级机关，不抄送下级机关。

（二）党委、政府的部门向上级主管部门请示、报告重大事项，应当经本级党委、政府同意或者授权；属于部门职权范围内的事项应当直接报送上级主管部门。

（三）下级机关的请示事项，如需以本机关名义向上级机关请示，应当提出倾向性意见后上报，不得原文转报上级机关。

（四）请示应当一文一事。不得在报告等非请示性公文中夹带请示事项。

（五）除上级机关负责人直接交办事项外，不得以本机关名义向上级机关负责人报送公文，不得以本机关负责人名义向上级机关报送公文。

（六）受双重领导的机关向一个上级机关行文，必要时抄送另一个上级机关。

第十六条　向下级机关行文，应当遵循以下规则：

（一）主送受理机关，根据需要抄送相关机关。重要行文应当同时抄送发文机关的直接上级机关。

（二）党委、政府的办公厅（室）根据本级党委、政府授权，可以向下级党委、政府行文，其他部门和单位不得向下级党委、政府发布指令性公文或者在公文中向下级党委、政府提出指令性要求。需经政府审批的具体事项，经政府同意后可以由政府职能部门行文，文中须注明已经政府同意。

（三）党委、政府的部门在各自职权范围内可以向下级党委、政府的相关部门行文。

（四）涉及多个部门职权范围内的事务，部门之间未协商一致的，不得向下行文；擅自行文的，上级机关应当责令其纠正或者撤销。

（五）上级机关向受双重领导的下级机关行文，必要时抄送该下级机关的另一个上级机关。

第十七条　同级党政机关、党政机关与其他同级机关必要时可以联合行文。属于党委、政府各自职权范围内的工作，不得联合行文。

党委、政府的部门依据职权可以相互行文。

部门内设机构除办公厅（室）外不得对外正式行文。

第五章 公文拟制

第十八条 公文拟制包括公文的起草、审核、签发等程序。

第十九条 公文起草应当做到：

（一）符合党的理论路线方针政策和国家法律法规，完整准确体现发文机关意图，并同现行有关公文相衔接。

（二）一切从实际出发，分析问题实事求是，所提政策措施和办法切实可行。

（三）内容简洁，主题突出，观点鲜明，结构严谨，表述准确，文字精练。

（四）文种正确，格式规范。

（五）深入调查研究，充分进行论证，广泛听取意见。

（六）公文涉及其他地区或者部门职权范围内的事项，起草单位必须征求相关地区或者部门意见，力求达成一致。

（七）机关负责人应当主持、指导重要公文起草工作。

第二十条 公文文稿签发前，应当由发文机关办公厅（室）进行审核。审核的重点是：

（一）行文理由是否充分，行文依据是否准确。

（二）内容是否符合党的理论路线方针政策和国家法律法规；是否完整准确体现发文机关意图；是否同现行有关公文相衔接；所提政策措施和办法是否切实可行。

（三）涉及有关地区或者部门职权范围内的事项是否经过充分协商并达成一致意见。

（四）文种是否正确，格式是否规范；人名、地名、时间、数字、段落顺序、引文等是否准确；文字、数字、计量单位和标点符号等用法是否规范。

（五）其他内容是否符合公文起草的有关要求。

需要发文机关审议的重要公文文稿，审议前由发文机关办公厅（室）进行初核。

第二十一条 经审核不宜发文的公文文稿，应当退回起草单位并说明理由；符合发文条件但内容需作进一步研究和修改的，由起草单位修改后重新报送。

第二十二条 公文应当经本机关负责人审批签发。重要公文和上行文由机关主要负责人签发。党委、政府的办公厅（室）根据党委、政府授权制发的公文，由受权机关主要负责人签发或者按照有关规定签发。签发人签发公文，应当签署意见、姓名和完整日期；圈阅或者签名的，视为同意。联合发文由所有联署机关的负责人会签。

第六章 公文办理

第二十三条 公文办理包括收文办理、发文办理和整理归档。

第二十四条 收文办理主要程序是：

（一）签收。对收到的公文应当逐件清点，核对无误后签字或者盖章，并注明签收时间。

（二）登记。对公文的主要信息和办理情况应当详细记载。

（三）初审。对收到的公文应当进行初审。初审的重点是：是否应当由本机关办理，是否符合行文规则，文种、格式是否符合要求，涉及其他地区或者部门职权范围内的事项是否已经协商、会签，是否符合公文起草的其他要求。经初审不符合规定的公文，应当及时退回来文单位并说明理由。

（四）承办。阅知性公文应当根据公文内容、要求和工作需要确定范围后分送。批办性公文应当提出拟办意见报本机关负责人批示或者转有关部门办理；需要两个以上部门办理的，应当明确主办部门。紧急公文应当明确办理时限。承办部门对交办的公文应当及时办理，有明确办理时限要求的应当在规定时限内办理完毕。

（五）传阅。根据领导批示和工作需要将公文及时送传阅对象阅知或者批示。办理公文传阅应当随时掌握公文去向，不得漏传、误传、延误。

（六）催办。及时了解掌握公文的办理进展情况，督促承办部门按期办结。紧急公文或者重要公文应当由专人负责催办。

（七）答复。公文的办理结果应当及时答复来文单位，并根据需要告知相关单位。

第二十五条　发文办理主要程序是：

（一）复核。已经发文机关负责人签批的公文，印发前应当对公文的审批手续、内容、文种、格式等进行复核；需做实质性修改的，应当报原签批人复审。

（二）登记。对复核后的公文，应当确定发文字号、分送范围和印制份数并详细记载。

（三）印制。公文印制必须确保质量和时效。涉密公文应当在符合保密要求的场所印制。

（四）核发。公文印制完毕，应当对公文的文字、格式和印刷质量进行检查后分发。

第二十六条　涉密公文应当通过机要交通、邮政机要通信、城市机要文件交换站或者收发件机关机要收发人员进行传递，通过密码电报或者符合国家保密规定的计算机信息系统进行传输。

第二十七条　需要归档的公文及有关材料，应当根据有关档案法律法规以及机关档案管理规定，及时收集齐全、整理归档。两个以上机关联合办理的公文，原件由主办机关归档，相关机关保存复制件。机关负责人兼任其他机关职务的，在履行所兼职务过程中形成的公文，由其兼职机关归档。

第七章　公 文 管 理

第二十八条　各级党政机关应当建立健全本机关公文管理制度，确保管理严格规范，充分发挥公文效用。

第二十九条　党政机关公文由文秘部门或者专人统一管理。设立党委（党组）的县级以上单位应当建立机要保密室和机要阅文室，并按照有关保密规定配备工作人员和必要的安全保密设施设备。

第三十条　公文确定密级前，应当按照拟定的密级先行采取保密措施。确定密级后，应当按照所定密级严格管理。绝密级公文应当由专人管理。

公文的密级需要变更或者解除的，由原确定密级的机关或者其上级机关决定。

第三十一条　公文的印发传达范围应当按照发文机关的要求执行；需要变更的，应当经发文机关批准。

涉密公文公开发布前应当履行解密程序。公开发布的时间、形式和渠道，由发文机关确定。

经批准公开发布的公文，同发文机关正式印发的公文具有同等效力。

第三十二条　复制、汇编机密级、秘密级公文，应当符合有关规定并经本机关负责人批准。绝密级公文一般不得复制、汇编，确有工作需要的，应当经发文机关或者其上级机关批准。复制、汇编的公文视同原件管理。

复制件应当加盖复制机关戳记。翻印件应当注明翻印的机关名称、日期。汇编本的密级按照编入公文的最高密级标注。

第三十三条　公文的撤销和废止，由发文机关、上级机关或者权力机关根据职权范围和有关法律法规决定。公文被撤销的，视为自始无效；公文被废止的，视为自废止之日起失效。

第三十四条　涉密公文应当按照发文机关的要求和有关规定进行清退或者销毁。

第三十五条　不具备归档和保存价值的公文，经批准后可以销毁。销毁涉密公文必须严格按照有关规定履行审批登记手续，确保不丢失、不漏销。个人不得私自销毁、留存涉密公文。

第三十六条　机关合并时，全部公文应当随之合并管理；机关撤销时，需要归档的公文经整理后按照有关规定移交档案管理部门。

工作人员离岗离职时，所在机关应当督促其将暂存、借用的公文按照有关规定移交、清退。

第三十七条　新设立的机关应当向本级党委、政府的办公厅（室）提出发文立户申请。经审查符合条件的，列为发文单位，机关合并或者撤销时，相应进行调整。

第八章　附　　则

第三十八条　党政机关公文含电子公文。电子公文处理工作的具体办法另行制定。

第三十九条　法规、规章方面的公文，依照有关规定处理。外事方面的公文，依照外事主管部门的有关规定处理。

第四十条　其他机关和单位的公文处理工作，可以参照本条例执行。

第四十一条　本条例由中共中央办公厅、国务院办公厅负责解释。

第四十二条　本条例自 2012 年 7 月 1 日起施行。1996 年 5 月 3 日中共中央办公厅发布的《中国共产党机关公文处理条例》和 2000 年 8 月 24 日国务院发布的《国家行政机关公文处理办法》停止执行。

第二节　通知的写作

情景导入

为进一步提升公司员工职业技能水平，培养职工爱岗敬业和创新创业精神，提升员工整体素质，上虞市恒盾伞业有限公司决定开展一次职工技能比武大赛，为确保比赛的顺利进行，同时专门成立比赛组委会。公司要求陈婷起草相关文件，部署技能比武事宜，同时起草技能比武组委会成立文件。

陈婷经过分析，明确部署职工技能比武大赛和成立组委会都需要用通知行文。

必备知识

一、通知的含义

通知适用于发布、传达要求下级机关执行和有关单位周知或者执行的事项，批转、转发公文。通知一般为普发性的下行文，即机关、企事业单位发给相关的下属机关、公司或部门。

二、通知的特点

（一）使用范围广

通知的内容广泛，可涉及国家生活和社会生活的各个方面。下达指示，部署工作，告知事项，联合举办活动，转发上级、同级、下级机关的公文，任免干部，召开会议等，均可使用通知。

（二）使用频率高

由于通知涉及内容较广，是上情下达的重要工具，因而使用频率很高。

三、通知的种类

按通知的内容可分为批示性（批转和转发性）通知、贯彻周知性通知、会议通知、任免通知等。

能力技巧

一、通知的写作技巧

（一）批示性通知的写作技巧

批示性通知指转发上级机关和不相隶属机关的公文、批转下级机关的公文所用的通知。

1. 批示性通知的标题。一般由发文机关+批转（转发）+被转发文件名称+的通知组成，如“国务院批转农业部关于加强农业承包合同管理意见的通知”。

注意：被转发文件名不用加书名号，如转发文件的文种是通知，可省略最后的“通知”。如“浙江省人民政府转发国务院关于开展全国物价大检查的通知”。

2. 批示性通知的正文。批转、转发通知正文须把握两点：一是对批转、转发的文件提出意见，表明态度，如“同意”“请认真贯彻执行”“望遵照执行”“请结合实际参照执行”等；二是写明所批转、转发文件的目的和意义，提出执行要求等。

（二）贯彻周知性通知的写作技巧

贯彻周知性通知指上级机关对下级机关某一项工作作出指示和安排或就某一具体事项布置工作、交代任务所用的通知。

1. 贯彻周知性通知的标题。一般由发文机关+事由+文种（通知）组成。如“浙江省物产集团公司关于开展全国节能宣传周和全国低碳日活动的通知”。

2. 贯彻周知性通知的正文。通常由发文缘由、具体任务、执行要求等组成。发文缘由要简洁明了，说理充分。任务一般分条写，要具体明确、条理清楚、详略得当，充分体现此类通知的政策性、权威性、原则性。执行要求要切实可行，便于受文单位具体操作。

3. 贯彻周知性通知结束语。通知一般用“以上通知，请认真贯彻执行”“特此通知”“望转属知照”等结束语。

（三）会议通知的写作技巧

1. 会议通知的标题。一般由发文机关+关于召开+会议名称+文种（通知）组成。如“上虞市恒盾伞业有限公司关于召开安全生产管理工作会议的通知”。

2. 会议通知的正文。一般应写明召开会议的原因、目的、名称、议题、时间、地点、参加会议的人员、需准备的材料等。

3. 会议通知的结束语。会议通知一般用“特此通知”结束，或省略。

（四）任免通知的写作技巧

任免通知一般只写决定任免、聘用的机关、依据，以及任免、聘用人员的具体职务即可。

案例评析

【案例一】

浙江省物产集团公司　浙江省人力资源和社会保障厅
关于举办2013年浙江物产“中大元通杯”汽车修理工岗位（机电）职业技能竞赛的通知

各有关单位:

为不断满足浙江物产集团的汽车板块发展对人才和素质的需求，加快培养建设一支具有较高文化素质和职业技能水平的职工队伍，选拔和培养机动车维修高技能人才，普及汽车维修检测诊断新技术、新工艺，在集团内倡导和推行“诚信、质量、效率、规范”的服务理念，决定举办浙江物产“中大元通杯”汽车修理工岗位（机电）技能大赛。现将有关事项通知如下:

一、指导思想

紧密结合汽车业务板块各单位汽车修理工技术业务工作实际，以售后服务的实际过程的“岗位练兵、技术比武”为活动载体，提高职工队伍整体技术素质，充分发挥职工群众在促进公司科学、稳健发展中的主力军作用。

二、竞赛组织

竞赛由浙江省物产集团公司、浙江省人力资源和社会保障厅主办，浙江物产元通汽车集团有限公司、浙江经济职业技术学院、浙江省物产集团公司工会、浙江物产中大元通集团股份有限公司工会承办，浙江省省部属企事业工会协办。竞赛设立组委会（组委会名单见附件1），组委会设办公室，具体负责大赛的组织安排和协调、管理工作、参赛选手资格的审查。办公室设在物产集团综合管理部，联系人：辛琪，电话：86344593。下设大赛联络处在中大元通集团工会办公室，联系人，王文龙，电话：85898918。

三、竞赛活动安排

（一）比赛项目

大赛设立以机电维修部分的理论与实操竞赛项组成，分为“综合理论测试”“维护保养作业与规范”“制动部分保养更换与规范”“机电排故与分析”4个项目分段进行。

（二）大赛分段

1. 第一阶段为组织发动、理论复习、技术练兵、预选拔、报名阶段，10月31日前完成。

由汽车业务6大板块（汽车业务部）组织所属各参赛单位，选拔优秀选手，报名参赛。

选拔工作的岗位数量和受训职工人数不少于本单位在岗人数的70%，并由各汽车业务板块将培训工种（岗位）、受训职工数量、培训内容与时间、培训效果等综合情况汇总后，报大赛报名处（物产元通汽车集团党群与人力资源部）备案。

2. 第二阶段为浙江物产“中大元通杯”汽车维修工岗位（机电）技能大赛阶段。

（三）比赛时间、地点

时间暂定为2013年11月下旬，地点：杭州市下沙——浙江经济职业技术学院。

四、参赛人数和条件

（一）必须以浙江省内的汽车板块各4S店为参赛单位，每个汽车4S店需选派2人组成一个参赛队参加比赛。参赛选手须为物产集团HR系统2013年6月30日前在册职工。

（二）参赛店、选手应符合以下条件：

1. 参赛选手应有3年以上实际工作经历，需持有国家道路运输从业人员从业资格证中级工（四级）以上（含中级工（四级））条件。

2. 在工作或学习中表现突出，并经过本4S店预选拔或推荐的选手。

3. 已获得过全国和浙江省技术能手称号的选手不再参加此次比赛。

五、大赛内容

本次大赛采取竞赛项目与实际生产维修相一致的形式，并通过竞赛方式来有效检验业务能力水平，考核各竞赛项作业效率规范、专业标准规范、技师检修能力，赛项选定是汽车维修作业中具有共性通用的部分，又体现团队、个人相结合，并具有技师型技能难度系数为竞赛项目。

大赛内容分综合理论知识考核和实际操作技能考核，具体考核内容和有关事项详见《技能大赛技术文件》（附件2）。技术咨询支持，由元通汽车运营管理部负责，联系人：钱华，电话：85375778。

六、成绩评定

团体赛成绩和个人决赛成绩计算，详见《技能大赛技术文件》（附件2）。

七、表彰奖励

本次大赛设置“十佳汽车维修技术能手”“优秀汽车维修技术能手”荣誉称号，采取物质奖励、荣誉鼓励相结合的方式，对优秀团体与个人进行表彰奖励。

（一）个人奖

1. 对获得决赛综合成绩前3名（理论和实操成绩均合格）的选手，由省人力资源与社会保障厅授予“浙江省技术能手”的荣誉称号，颁发荣誉证书。

2. 对获得决赛综合成绩前5名（理论和实操成绩均合格）的选手，由省人力资源和社会保障厅核发汽车修理工国家二级职业资格证书。

3. 对参加决赛前10名选手，由浙江省物产集团公司授予“十佳汽车维修技术能手”荣誉称号。

4. 对第11～20名选手，由浙江省物产集团公司授予“优秀汽车维修技术能手”称号。

对上述获奖选手的奖金安排。第一名3000元，第二名2600元，第三名2300元，第四至六名各2000元，第七至十名各1500元，第十一至十五名各1000元，第十六至二十名各600元。

（二）团体奖。团体奖取参赛单位的团体成绩前8名，颁发奖杯或奖牌。

（三）组织奖。大赛设置“优秀组织奖”，表彰比武大赛组织工作出色的汽车业务部。按照每个汽车业务部内前8名参赛选手（团体赛）成绩总和，作为“优秀组织奖”评定依据。成绩总和前3名的汽车业务部将颁发“优秀组织奖”奖杯或奖牌、奖金各3 000元。

（四）各参赛单位要把选手获奖成绩，存入个人档案，作为技术考核、工资晋升、评先创优的重要依据。

八、其他有关事宜

（一）大赛所需经费由承办单位承担及赞助单位支持，大赛工作人员、选手的交通费、食宿费自理。

（二）各参赛单位领队、选手应统一着汽车品牌用装，按时参赛。

（三）各参赛单位领队和观摩人员总共不超过2人。

（四）各基层工会应积极配合所属参赛单位选手选拔、培训和比赛等事宜。大赛报名处：元通汽车党群与人力资源部。联系人：柳楠、瞿英，电话：85345003、85456715，邮箱：ytbs@126.com。

附件：1. 2013 年浙江物产“中大元通杯”汽车修理工岗位（机电）职业技能竞赛组委会成员名单

2. 技能大赛技术文件

浙江省物产集团公司　浙江省人力资源和社会保障厅

2013 年 9 月 23 日

【评析】这是一份贯彻周知性通知，开头交代技能竞赛的目的，主体部分从指导思想、比赛的组织、内容安排、参赛条件、评优评奖、具体要求等方面做了明确的说明，内容细致、条例清楚，便于参赛单位组织参赛。

【案例二】

浙江省林业局转发国家林业局
关于进一步改革和完善集体林采伐管理的意见的通知

各市、县（市、区）林业局：

现将《国家林业局关于进一步改革和完善集体林采伐管理的意见》（林资发〔2014〕61号）转发给你们，并提出如下意见，请一并遵照执行。

一、进一步推进采伐限额分配“阳光操作”

根据省政府《关于做好“十二五”期间森林限额采伐管理工作的通知》（浙政发〔2011〕42号）中关于“采伐总限额2 000立方米以上的县（市、区），要及时将采伐限额分解下达到乡镇”的规定，县级人民政府要按照公开、公正、公平的原则，依据森林资源总量、可采资源比例和森林抚育等任务情况，将采伐指标科学分解到各乡镇、集体林场、相关集体林业合作组织及企事业单位等；乡镇政府进一步将采伐限额分解到村，村再分配到户，让广大林农和森林经营者对采伐林木心中有数。采伐指标分配要通过网络、报刊、公告栏等方式及时公示，接受社会公众监督。严禁截留、倒卖采伐指标和将采伐指标分配给没有森林资源的单位和个人。

二、进一步推动编制森林经营方案“重心下沉”

各地要把采伐管理与森林科学经营紧密联系起来，不断完善采伐限额管理办法和机制，鼓励、支持和推动集体林场、乡镇或行政村、林业合作组织、相关企事业单位等不同经营主体编制科学可行的森林经营方案，并督促其严格实施，构建以森林经营方案为基础确定森林采伐限额的林木采伐管理体系和森林经营体系。

三、做好与《浙江省林木采伐管理办法》实施的衔接工作

（一）经济林、薪炭林以及非林地上的林木，其采伐年龄由经营者自主决定。

（二）竹子的抚育采伐不需要办理林木采伐许可证。

（三）原竹、竹材、以竹材为主辅原材料的家具和竹制工艺品、竹制半成品、竹制成品、竹炭，竹胶板，竹材类、竹胶板与其他材料的合成制品等，均不纳入凭证运输木材的管理范围。

浙江省林业厅

2014 年 6 月 12 日

【评析】这是一份较为详细的转发性通知，开头直接交代转发文件名称，接着写明相关执行要求，语言表述上体现下行文的风格。

【案例三】

浙江省省委教育工委办公室
关于召开党史和党的文献资料征集工作布置会的通知

各在杭高校，厅有关处室、直属单位：

为贯彻落实中央有关精神，按照省委办公厅要求，定于 2014 年 5 月 5 日召开党史和党的文献资料征集工作布置会。现将有关事项通知如下：

一、会议内容

贯彻落实中央有关精神，传达省委办公厅会议要求；布置党史和党的文献资料征集工作相关任务。

二、参加人员

各在杭高校办公室分管档案工作负责人或档案馆负责人 1 人，厅人事处、宣教处、教育报刊总社、教育技术中心、杭州外国语学校负责人各 1 人。

三、时间和地点

时间：5 月 5 日（星期一）下午 4：00 开始，会期不超过 1 小时。

地点：浙江教育大厦 18 楼会议室（杭州市文晖路 321 号）。

四、其他事项

请各单位于 5 月 5 日上午 12：00 前将参会人员的姓名、单位、职务、联系方式报我委办公室，联系人：胡凌秋，电话（传真）：0571—88345699。

省委教育工委办公室

2014 年 5 月 4 日

【评析】这是一份会议通知，会议目的简洁明了，会议时间、主题、议程、要求具体明确，便于受文单位了解和准备。

第三节　通报的写法

情景导入

上虞市恒盾伞业有限公司职工技能比武大赛取得了圆满成功，公司决定对获奖的个人和团体进行表彰。此外，公司决定对今年一季度各部门经营业绩情况在全公司范围内进行通报，以便使各部门进一步了解公司总体经营状况、存在的差距，明确下一阶段努力的方向。

陈婷通过分析，明确了这两篇文书都可以用通报的形式发文，前者是表彰通报，后者是情况通报。

必备知识

一、通报的含义

通报适用于表彰先进，批评错误，传达重要精神和告知重要情况。通报也是普发性的下行文。

通报和通知一样，都具有传达、告知作用，都是普发性下行文。但发文目的、发文内容不同。通知主要是让下级机关了解事情、完成工作、明确怎样做，内容主要是告知事项；通报是让下级机关了解事情的好坏，受到教育，提高认识，奖励或告诫，内容主要是表扬或批评。

二、通报的种类

按通报的性质和功用，可分为表彰性通报、批评性通报和情况通报。

三、通报的作用

（一）表彰先进，弘扬正气

表彰性的通报主要目的是号召人们学习先进人物的崇高精神，宣传先进典型的经验，以点带面，推动工作。

（二）批评错误，抵制歪风

批评性通报主要通过对严重违法乱纪事件进行曝光，既教育事件当事人，又教育广大干部和群众，起到警诫作用。

（三）通报情况，指导工作

情况通报主要是将工作中出现的新情况、新问题、新经验或者注意的问题，及时传达给下级，指导工作，对不良倾向抓住苗头采取对策，防止蔓延。

总之，通报是重要的下行公文之一，它发自领导机关，用来指导和推动工作，具有表彰作用、惩戒作用和指导工作的作用。

能力技巧

通报的写作技巧如下：

一、标题

通报的标题由发文机关、事由、文种构成。如“建设部关于表彰全国城市园林绿化先进集体先进个人的通报”“中央纪委、中央组织部关于李××同志违反换届工作纪律问题的通报”。

二、正文

（一）表彰性通报和批评性通报正文

1. 概括事实，通报事由。如果是通报事件，要交代事件发生的时间、地点、简单经过、结果；如果通报综合情况，则分条列项写出综合情况。表彰性通报要突出主要先进事迹，批评性通报要抓住主要错误事实。

2. 分析事实，做出决定。如是先进事迹，要指出先进性的体现，值得学习与发扬的精神，以及所具有的普遍意义，在此基础上提出表彰决定；如是错误事件，则分析错误的性质、原因、产生的后果、危害等，继而提出通报批评，说明处理情况。

3. 提出要求，做出指示。号召学习先进或吸取教训，引以为戒。

（二）情况通报正文

情况通报一般开头交代通报缘由或概括基本情况，再用“现将有关情况通报如下:”引起下文；主体部分交代通报的具体情况，如做法、取得的成效等，一般要结合典型事例和数据来说明；结尾提出存在的问题和今后的要求，一般在最后针对具体问题提出应采取的对策等。

案例评析

【案例一】

浙江省人民政府关于表彰2013年浙江省政府质量奖获奖企业的通报

浙政发〔2014〕10号

各市、县（市、区）人民政府，省政府直属各单位:

2013年，各地、各有关部门认真实施《浙江省质量强省建设“十二五”规划》，全省质量建设取得了积极成效，涌现出一批质量管理先进、经营绩效显著、社会形象良好的优秀企业。为表彰和激励先进，经严格评审，省政府决定授予杭州鸿雁电器有限公司、杭州杭氧股份有限公司、浙江菲达环保科技股份有限公司、德华兔宝宝装饰新材股份有限公司、浙江联宜电机股份有限公司等5家企业“2013年浙江省政府质量奖”，授予巨石集团有限公司、得力集团有限公司、浙江开元酒店管理有限公司、浙江横店影视城有限公司、露笑科技股份有限公司等5家企业“2013年浙江省政府质量奖提名奖”。

希望获奖企业珍惜荣誉，再接再厉，进一步发挥标杆作用，在质量强省建设中再立新功。全省广大企业要以先进为榜样，牢固树立责任意识和诚信意识，强化质量管理，提高质量水平，不断增强核心竞争力，为促进提质增效、打造浙江经济“升级版”做出更大的贡献。

浙江省人民政府

2014年4月11日

（来源：浙江省人民政府官网）

【评析】这份表彰性通报，先简要概述表彰依据和目的，再提出表彰决定，最后对获奖企业和其他企业提出希望和要求。

【案例二】

浙江省安全生产委员会办公室
关于台州大东鞋业有限公司“1·14”重大火灾事故的通报

各市、县（市、区）安全生产委员会，省级有关部门：

2014 年 1 月 14 日 14 时 52 分，温岭市台州大东鞋业有限公司发生火灾，经当地消防部门奋力抢救，从火灾现场救出 17 名被困员工。事故共造成 16 人死亡、5 人受伤，火灾过火面积约 800 平方米。这是我省近年来一次死亡人数最多的重大火灾事故，损失重大、影响恶劣。

事故发生后，中央领导、省委省政府领导、公安部领导高度重视，国务院副总理马凯，国务委员、公安部部长郭声琨，国务委员王勇，省委书记夏宝龙，省委副书记、省长李强，省委副书记王辉忠，副省长毛光烈等领导先后做出重要批示，要求全力做好伤员救治和死亡人员家属抚慰工作，尽快查明事故原因，严肃追究相关人员的责任，全面排查安全隐患，坚决防范重特大事故的发生，确保人民群众生命财产安全。

经初步调查，起火建筑为三层砖混结构，厂房主体建筑约 1 080 平方米，企业主擅自在主体建筑东、南、北侧违章搭建了与之相连的单层铁皮棚用于生产。建筑物内未设置封闭楼梯间、消防应急照明、疏散指示标志等消防设施；通往室外楼梯的疏散用门未采用平开门；企业内部安全管理混乱，员工安全教育培训和应急逃生演练不到位。这些都是导致火灾发生时人员逃生困难，以致造成重大伤亡的重要原因。此次火灾事故充分暴露出一些企业安全基础薄弱、主体责任不落实、事故防范和应急处置能力差、员工教育培训不到位等问题。同时，也反映出我省一些地方安全检查不够彻底、日常监管不到位、仍然存在盲区和死角等问题。

为贯彻落实各级领导重要指示精神，坚决防止类似事故再次发生，切实保障人民群众生命财产安全，各地要深刻汲取此次事故教训，以更坚决的态度、更有力的措施、更严格的标准，认真抓好安全生产大排查大整治相关工作的落实。

一、坚决守住安全红线，强化各级责任落实

当前正值寒冬季节，风干物燥，加之春节临近，生产、储存、销售进入旺季，用火、用电、用气、用油大量增加，人流、物流集中，各类引发火灾事故的因素增多，火灾防控形势日益严峻。各地、各部门要进一步切实增强责任意识，按照习近平总书记近期关于安全生产工作的重要指示批示精神，坚守安全红线，把牢安全底线，将“一厂出事故、万厂受教育，一地有隐患、全省受警示”的要求落到实处。按照“党政同责、一岗双责、分级负责”和“管行业必须管安全、管业务必须管安全、管经营必须管安全”的要求，进一步搞好安全常识教育和事故警示教育，强化各项事故防控措施，坚决预防和遏制重特大事故尤其是群死群伤恶性火灾事故的发生。

二、立即开展安全大检查，严格排查整治隐患

要按照省安全生产委员会《关于立即组织开展全省安全生产大排查大整治专项行动的通知》（浙安委明电〔2014〕1 号）要求，搞好本地区、本行业安全生产大检查工作，深入排查整治安全隐患，坚决堵塞漏洞。各级领导要认真分析当地安全生产形势和问题，带队开展检查，督促基层抓好工作落实。要充分发挥基层安全网格管理作用，广泛发动群众参与安全隐患排查，切实做到排查全覆盖、隐患零容忍、整治见实效。特别是对那些人员密集劳动场所存在消防通道不畅、消防设施缺失、员工未经安全教育培训和应急逃生演练等严重问题的企业，要发现一处整改一处，对不能立即整改到位的，该封的封，该查的查，该停的停，该破产的要破产。凡存在重大安全隐患的企业和单位，要督促限期整改，对整改不到位的要严肃追责；对排查责任不落实、排查留有死角或排查发现问题不报告，导致事故发生的，要严肃追究处理相关人员的责任。

三、坚决整治违法建筑，消除滋生事故隐患的源头

各地要加快拆除影响本地区安全生产的违法建筑和产生火灾隐患的违章搭建，组织相关部门全面排查，摸清底数、综合治理。特别是对依托主体建筑的违法违章搭建、破坏防火分隔和防火分区的连廊、采用彩钢板等易燃可燃材料搭建的违章简易用房，要督促立即拆除。对违法违章建筑集中连片的区域性消防安全问题，各级政府要组织有关部门出台整治规划，制订针对性的整改方案，明确整改措施、进度、责任人，彻底消除历史顽疾。

四、加强安全宣传教育，提升应急处置能力

各地要充分利用媒体，广泛宣传安全用火用电、燃放烟花爆竹、火灾报警和初起火灾扑救、逃生自救等消防安全常识。要深刻剖析近期火灾事故教训，播放典型火灾案例宣传片，加强对群众的警示教育，广泛发动单位、场所组织开展针对性的灭火和逃生疏散演练，提高群众逃生自救和处置初起火灾能力。各地和有关部门要从人员、装备、设施、预案等方面做好灭火应急救援各项保障工作，加强灭火和应急疏散演练，提高初起火灾扑救处置能力，确保一旦发生事故能够快速反应、有效处置。

浙江省安全生产委员会办公室

2014 年 1 月 17 日

【评析】这是一份突发事件的通报，先概述事故发生的时间、地点、概况以及处理情况，接着为避免类似事故的再度发生，提出四条有针对性的措施，这是通报的真正目的。

第四节　报告的写作

情景导入

上虞市恒盾伞业有限公司收到了上虞市政府关于开展环境保护目标责任书落实情况检查的通知，要求各企业先对本公司环境保护目标责任书落实情况进行自查，并形成书面报告，市政府将在各单位自查的基础上组织现场抽查，并通报抽查情况。

陈婷分析，本次任务艰巨，自查报告关系到公司的形象，必须先对照公司与市政府签订的环境保护目标责任书，逐一进行自查，对公司已经采取的措施和取得的成效、存在的问题、今后的举措等一一弄清楚，在此基础上形成报告，上报市政府。

必备知识

一、报告的含义

报告适用于向上级汇报工作，反映情况，回复上级机关的询问。报告是典型的上行文，因而在写作时必须有签发人。

公文报告不同于一般的调查报告、经济活动分析报告、考察报告、英模报告、会议报告等，这些不属于公文。

二、报告的种类

按内容划分，公文报告有工作报告、情况报告、回复报告。

按性质划分，有综合报告和专题报告。综合性报告是将全面工作或一个阶段许多方面的工作综合起来写成的报告，具有综合性、广泛性的特点。专题性报告是针对某项工作、某一问题、某一事件或某一活动写成的报告，具有专一性的特点。

能力技巧

报告的写作技巧如下：

一、标题

报告标题由“发文机关+事由+的报告”组成。如“全国农资打假督查情况报告”“浙江经济职业技术学院2014届毕业生就业情况报告”。

二、正文

（一）工作报告正文

工作报告的写作结构与工作总结基本相同，只不过总结是自我总结，工作报告是向上级汇报，因此，在语气表达上略有差别。

开头：写明工作的基本情况，包括工作的背景，取得的总体成绩，简单的自我评价，与总结的开头基本相同，最后用一句“现将工作的有关情况报告如下”承上启下。

主体：写出工作的主要成绩，一般须运用典型事例和数据说明。

结尾：交代存在的问题、今后的建议和打算。如工作已顺利完成，这部分可以省略。

（二）情况报告正文

开头：概述基本情况，包括时间、地点、经过、结果等；

主体：分析情况发生的原因、造成的影响和后果、处理情况等；

结尾：向上级表态，表明今后将采取的措施等。

从上可以看出情况报告与情况通报的区别与联系：

1. 结构基本相同：都是先概述事实经过，再分析原因，处理情况。
2. 行文关系不同：情况通报为普发性下行文，情况报告则发上行文。
3. 结尾不同：情况通报对下级提要求和希望，情况报告向上级表态。

（三）回复报告正文

开头：回复报告是针对上级的询问，做出答复的报告。其开头必须交代回复依据，一般分下列三种情况：

1. 如收到上级问询函，开头一般这样写：《关于××函》（××函〔××××〕×号）收悉，现将……问题报告如下……

2. 如接到上级问询电话，开头一般这样写：×月×日电悉，关于……问题报告如下……

3. 如接到上级通知，要求完成某一工作后写一份答复报告，开头一般这样写：按照《关于……的通知》（×发〔××××〕×号）精神，现将本单位……情况报告如下……

主体：回复事项，即针对上级询问的问题一一回复。

三、结束语

报告一般以“特此报告”“专此报告”等作结束语，也可省略。

案例评析

【案例一】

江门市国家环境保护模范城市复核工作报告

省政府：

自 2004 年我市荣获国家环境保护模范城市称号以来，江门市委、市政府十分珍惜和爱护这一来之不易的荣誉，以实施“环境优市”发展战略为抓手，加大环境基础设施建设投入，积极推进工业污染集中控制，深入开展环境综合整治，进一步提升环境质量和城市品位，促进了社会经济可持续发展，实现了人与自然和谐相处。目前，江门侨乡的城市环境魅力日益彰显，先后荣获了全国文明城市、中国优秀旅游城市、国家园林城市、国家卫生城市、中国人居环境范例奖、水环境治理优秀范例城市、全国双拥模范城等众多国家级荣誉，被世界银行誉为发展中国家城市可持续发展的典范。

一、国家环保模范城市复核工作进展情况

根据环保部《关于进一步做好创建国家环境保护模范城市复核和再评估工作的通知》（环办[2010]129 号）和省环保厅《关于切实做好国家环境保护模范城市复核和预评估工作的函》（粤环函[2010]1420 号）精神，我市全面启动了国家环保模范城市复核工作，成立了以市长为组长的复核工作领导小组，印发了《江门市迎接国家环境保护模范城市复核工作方案》，市委书记刘海同志出席江门市国家环保模范城市复核动员会议并作重要讲话。经过全市上下的共同努力，我市在污染减排、重金属污染防治、水源地保护和流域综合整治等方面取得了明显成效，于 2011 年 12 月通过了省环保厅组织的复核预评估。围绕省复核预评估专家组提出的整改建议，市政府制定了《江门市国家环境保护模范城市复核整改方案》，将整改任务分解下达到各市、区政府和有关单位，并把重点项目列入市政府主要考核目标和倒逼项目。为推进复核整改工作，庞国梅市长主持召开了江门市国家环保模范城市复核整改工作会议，要求全市各级各有关单位把复核整改工作作为当前的要务和急务狠抓落实，确保各项整改任务真正落到实处。市政府分管领导多次召开现场办公会议，并对部分责任单位进行工作约谈，督促和指导相关单位落实整改任务。目前，我市复核整改各项任务已全部完成，城市环境综合整治工作进一步深化，26 项考核指标经自评均已达标。

二、巩固提高国家环保模范城市工作取得的成效

2004年以来，我市始终把成功创模当作新起点，不断深化污染防治与生态保护工作，国家环保模范城市建设成果得到不断巩固，进一步改善了城市环境质量，提升了城市品位，提高了城市综合竞争力和可持续发展能力。

一是综合实力显著提升。2011年全市实现生产总值1 830亿元，人均生产总值3.9万元，地方财政一般预算收入119亿元，规模以上工业总产值4 200亿元，实现了生产总值、人均生产总值、地方财政一般预算收入、规模以上工业总产值比2006年翻一番的目标，经济增长的质量和效益进一步提升。在省实施珠三角《规划纲要》评估考核中，我市获得第一名的优异成绩。

二是环境质量保持良好。2011年，全市城镇集中式饮用水水源地各项水质指标符合Ⅱ－Ⅲ类标准；市内河道考核断面主要水质指标符合地表水环境功能区划要求；全市大气环境质量保持在国家二级标准水平，市区空气质量日报优良率达99.4%；城市区域环境噪声平均值55.7分贝，交通干线噪声平均值69.2分贝，均优于相应功能区环境噪声标准限值。

三是治污能力明显增强。市区生活污水处理率、生活垃圾无害化处理率和工业废水排放达标率稳步提升，二氧化硫、烟尘、机动车尾气、餐饮业油烟等治理工作取得较大进展，重污染行业统一规划统一定点、清洁生产审核等工作加快推进，全市循环经济和清洁生产水平显著提高。

四是长效机制不断完善。环境与发展综合决策制度进一步完善，主要污染物总量指标前置审核、重点污染行业统一规划统一定点等机制得到全面落实，从政策制定、规划开发到项目引进均实行环境保护前端参与和一票否决。党政领导干部环保实绩考核不断强化，环境质量、污染减排等指标纳入到县处级党政领导班子和领导干部落实科学发展观考核评价体系，为落实地方政府对辖区环境质量负责确立了制度保障。

三、国家环保模范城市持续改进工作的主要做法

市委、市政府十分重视巩固和提升环保工作，不断健全"党委政府组织领导，人大、政协指导监督，环保部门统一监管协调，有关部门分工负责，全社会积极参与"的工作机制，市委、市政府每年将环保工作纳入重要工作考核目标，市人大、市政协每年定期开展全市性环保工作视察和调研，全市各级各单位认真履行职责，扎实推进各项环保工作，齐抓共管，形成合力，促进我市国家环保模范城市工作再上新台阶。

（一）紧紧把握"三个坚持"，实施生态优先发展战略，促进经济社会协调发展

1. 坚持环境优市，走可持续发展道路。（具体内容略）

2. 坚持以人为本，维护群众环境权益。大力推进民生环保建设，定期开展"整治违法排污企业，保障群众身体健康"环保专项行动，努力解决影响群众健康的突出环保问题，让环境保护的成果惠及侨乡人民。2011年，我市围绕"六个重点"（重点企业、重点行业、重点项目、重点流域区域、重点环境问题、重点信访案件），集中对涉重金属污染、规模化畜禽养殖等行业企业开展了专项执法检查，共出动执法人员2万多人次，检查企业8 600多家，立案330宗，处罚超过金额800万元，申请强制执行36宗，停产企业48家，限期治理1家，限期整改270家，为遏制环境污染，保障群众环境权益，维护环境安全提供了环境保障。高度重视环境信访调处工作，建立环境信访台账，落实领导包案制度，实行重点信访案件挂牌督办，及时化解环境污染纠纷。2011年，全市共接受群众环境信访7 000多宗，全部依时办结。

3. 坚持环保宣教，实现环境共建共享。（具体内容略）

（二）加快推进"三项工程"，不断完善环保基础设施，提升污染防治能力和水平

1. 加大环境保护投入，实施环保设施建设工程。（具体内容略，下同）

2. 着力建设宜居城市，实施环境综合整治工程。

3. 加强环保能力建设，实施环保能力提升工程。

（三）认真落实“三大举措”，大力削减污染物排放，不断提升城乡环境质量

1. 大力推进治污减排，按期完成减排任务。（具体内容略，下同）

2. 狠抓饮用水源保护，确保群众饮水安全。

3. 加大环保调控力度，促进产业转型升级。

四、下一步工作措施

国家环保模范城市建设是一个持续推进的过程，只有起点，没有终点。我市将认真贯彻落实第七次全国环保会议、全省环保工作会议和市十二次党代会精神，紧紧围绕“加快转型升级，建设幸福侨乡”的奋斗目标，积极探索环保工作新方法、新路子和新举措，加快推进生态文明建设，不断丰富和提升国家环保模范城市的内涵和水平，努力把江门侨乡建设成为珠三角生态型宜居典范城市。

（一）强化环境调控，大力促进绿色发展。（具体内容略，下同）

（二）落实重点工程，扎实推进污染减排。

（三）深化污染防治，持续改善环境质量。

（四）突出风险防范，切实保障环境安全。

（五）推进生态建设，加强农村环境保护。

（六）提升监管能力，完善环境执法体系。大力推进环境监察机构和环境监测站标准化建设，到 2015 年各级环境监察机构和环境监测站实现全面达标。进一步加强机动车排气、固体废物污染、核与辐射安全的监管和环境信息、环境宣教能力建设。加强环境应急能力建设，在全市建立统一领导、分类管理、条块结合、分级响应的环境应急体系，进一步提高应对突发环境事件的处置能力。

江门市人民政府

2012 年 5 月 16 日

（来源：江门环境保护网站，内容有删减）

【评析】这是一份专题工作报告，开头概括工作的基本情况，取得的主要成绩；主体部分结合数据和案例分条列项写出工作开展的主要举措；最后写出今后工作措施。

【案例二】

灵台县公路运输管理所

关于关于旅客服务质量投诉情况回复的报告

市运管局运政执法支队:

你支队于 2012 年 9 月 11 日转来旅客电话投诉一份,现将投诉调查处理有关情况报告如下:

一、投诉事由

“甘 L-29245 号车，平凉发往灵台，在盘旋路揽客，拉一名乘客，由于上厕所，回来后，车已经开走，乘客叫了辆出租车，追赶他的行李，现在乘客要求赔偿 400 元租车费和行李包丢失的 700 元现金。投诉人为杨瑞锋。

二、调查情况

我所接到投诉后，高度重视，立即安排运政执法人员对当事人进行依法询问立案调查，经调查：执行此班线的甘 L-29245 号车系东运集团灵台运输有限责任公司客车，客运线路为

灵台至平凉客运班线，车主为吴为，事发时间为2012年9月8日，事发地点为平凉盘旋路，车主吴为对投诉人反映情况基本认同，但对投诉人杨瑞锋反映行李包丢失的700元现金持怀疑态度。为了弄清事实真相，对投诉人和车主负责，我们经过同投诉人杨瑞锋取得联系，本着实事求是的态度，动之以情，晓之以理，张炳锋最后说出实话，是对此事很生气，说气话，行李包内根本没有700元现金这回事。

三、处理情况

为了进一步提高道路客运服务质量，打击违规经营行为，针对以上旅客投诉反映的问题，我们对当事人甘L-29245号车主吴为做出以下处理决定：

（一）由于车主吴为的过错，导致乘客延误乘车返家，由车主吴为赔偿旅客杨瑞锋从平凉至灵台出租车费320元。

（二）由于车主吴为的过失，导致乘客未能乘此车返家，乘客说行李包内丢失了700元现金，是在特定环境下说的气话，双方达成了谅解，不再追究。

（三）车主吴为无视法规规定，出站后在站外揽客，违反了《道路旅客运输及客运站管理规定》第七章第89条（一）款，给予1 000.00元行政处罚。

（四）对此次违规经营行为在全行业进行通报。

附件：1. 行政处罚复印件1张

2. 收款单复印件1份

灵台县公路运输管理所

2012年9月27日

（来源：灵台县公路运输管理局网）

【评析】这是一份回复报告，开头写出答复依据—— 接到投诉，主体部分有针对性地进行了回复，写明了事实情况和处理情况。

第五节 请示的写作

情景导入

随着公司业务的进一步拓展，上虞市恒盾伞业有限公司原有的厂房已经不能满足业务发展的需求，需要进行扩建。陈婷接到任务，需要就新建厂房一事拟文报市政府审批。

思考：陈婷该用哪一文种拟文呢？

必备知识

一、请示的含义

请示适用于向上级机关请求指示、批准。

请求指示指在工作中遇到重大或疑难问题，请求上级机关给予指示。

请求批准指遇到须经上级批准才能办理或必须处理，但本单位又无权处理的事项，请求上级批准。

二、请示的特点

（一）上行性

请示是典型的上行文，向上级机关呈送，但不得直接送领导者个人，也不能同时抄送同级或下级机关。如有双重领导，主送机关也只能是一个，有必要时抄送另一个上级机关。

（二）请求性

注意上行语气，不能用命令语言。待批事项一般用“拟”。

三、请示和报告的区别与联系

请示和报告都是上行文，都有向上级汇报情况、陈述意见的内容。但请示和报告是两种不同的公文，在现实使用中不能将两者混淆，更不能写成“请示报告”。其主要区别有：

（一）行文时间不同

请示的事项是要等上级机关批准后才能处理实施的，必须事前行文。报告所涉及的事项大都是已经完成或者正在进行中的，一般事后或事中行文。

（二）行文目的不同

请示的目的在于请求上级指示或批准，为上级批复提供依据；报告的目的是向上级反映情况、汇报工作，为上级机关提供信息和经验教训或答复上级的询问。

（三）行文结果不同

上级机关收到请示，不管同意与否，均必须及时批复；收到报告，大多是了解下级工作情况，没有特殊情况可以不回答。

能力技巧

一、请示的写作技巧

（一）标题

与其他公文一样，请示的标题由“发文机关+事由+请示”组成，如“浙江经济职业技术学院关于开设物联网技术专业的请示”。

（二）正文

1. 开头。一般写请示缘由，包括请求指示的前因后果或请求批准的政策依据和本单位的实际情况等。这部分要写充分，便于上级机关充分了解情况，决定指示或是否批准。

2. 主体。即请示事项，具体提出对请示事项的意见、建议。这部分要具体、明确，便于上级机关作明确答复。

（三）结束语

请示的结束语一般比较委婉，如“以上意见妥否，请批示”“当否，请审批”“妥否，请批复”等。

二、请示的写作要求

（一）行文规范

请示必须按隶属关系逐级请示，不可越级请示。请示事项单一，坚持“一文一事”原则，不搞多头请示。请示的主送机关只能一个，如双重领导，必要时可抄送另一个上级机关。但不能写给领导者个人。

（二）格式规范

请示不能与报告混用。切忌写成“关于……的请示报告”。请示是上行文，必须写上签发人。为了便于上级批复，一般在附注处写上联系人、联系电话。

案例评析

【案例一】

××县财政局重建基层财政所办公楼的请示报告

××市财政局、城建局、国土局、物资局：

我局所属的××区、××区、×××三个财政所因受灾被洪水淹毁。现决定重建三个区财政所办公楼三幢，建筑面积×××平方米，用作办公室和职工宿舍，共需资金×××万，扩大征土地××亩[1]，钢材××吨、水泥××吨。

特此报告

××县财政局（印章）
××年××月××日

【评析】此文是一篇错误的例文，一是将请示与报告混淆，二是多头请示，三是请示理由和情况不够具体充分。

【案例二】

浙江经济职业技术学院关于筹建学校董事会的请示

浙江省物产集团公司：

一直以来，我校在集团公司正确领导下，依托集团强大的产业背景，围绕服务区域经济社会发展和集团战略升级需要，深化校企合作，强化专业建设，致力课程改革，提升师资素质，着力培养面向现代流通为主的生产性服务业的高素质、高级技能型专门人才，取得了长足的发展。为贯彻《国家中长期教育改革和发展规划纲要（2010—2020）》，落实《教育部 财政部关于进一步推进“国家示范性高等职业院校建设计划”实施工作的通知》精神，进一步深化学校管理体制改革和机制创新，集聚政、行、企、校多方办学资源，建设国际知名，国

[1] 1亩=666.6平方米

内特色鲜明的高职院校，学校拟筹建浙江经济职业技术学院董事会（以下简称“学校董事会”），现将有关筹建事项汇报请示如下：

一、筹建学校董事会的必要性

《国家中长期教育改革和发展规划纲要》明确指出：“探索建立高等学校理事会或董事会，健全社会支持和监督学校发展的长效机制。探索高等学校与行业、企业密切合作共建的模式，推进高等学校与科研院所、社会团体的资源共享，形成协调合作的有效机制，提高服务经济建设和社会发展的能力”，为深化学校办学体制机制改革指明了方向。

申请筹建学校董事会，拟在与集团公司等行业龙头企业深度合作的基础上，吸纳县（市）政府与当地龙头企业、国家与省两级物流行业协会共同参与学校办学指导决策，形成社会各界共同参与的办学新体制。一是有利于发挥政、行、企等社会各方在学校办学过程中的作用，在政策支持与投入环境方面获得更大的优势；二是有利于充分发挥董事单位协助学校进行宏观决策、筹措办学资金、整合多方资源，审议学校办学方向、规模、专业设置、招生就业等重大问题，提升办学质量；三是有利于充分发挥董事单位依托产业发展支持学校办学的积极性，参与学校办学质量评价，畅通毕业生通向相关企业的渠道，培养“下得去、留得住、用得上”的高素质高级技能型人才，提升学校服务行业企业和产业发展的能力，实现多方合作共赢。

二、筹建学校董事会的可行性

经过这些年的创新实践，学校具备了筹建学校董事会的基础和条件。

一是体制机制创新已有多年的实践探索。多年来，学校探索并实践集团公司提出的“校企合作，服务区域产业转型升级”的办学模式，成立了“浙江物产集团产业发展研究和教育产业发展理事会”，下设“一办三中心”（产教办公室、研发中心、培训中心、人才培养中心），通过“龙头引领、战略合作、制度保障、需求对接、设施共享、人才共用、信息互通”，探索实践校企融合的开放办学模式的体制机制创新。学院与合作企业建立的物流产业学院（隶属合作制），汽车快修连锁产业学院（股份合作制），技术应用性公司以及与阿里巴巴等企业的合作均为学校董事会的成立奠定了坚实的基础。

二是与国家和省物流行业协会的合作日趋深入。学校是中国物流采购联合会常务理事单位、浙江省物流与采购协会副会长单位，中物联在学校建立了“中国物流与采购联合会物流产业发展与职业技能研究中心”，集聚行业、企业和各级各类学院的信息与智力优势，为学校提升人才培养质量，提升行业影响力搭建了平台；也为学校开展物流产业转型升级相关前沿项目研究，服务产业与社会发展提供了资源支撑平台，为学校董事会的成立创造了有利的条件。

三是与县（市）域地方政府合作的时机渐趋成熟。学校正在积极探索与县（市）域政府、地方龙头企业合作共赢的政府主导型体制与机制创新。与三门县等政府签订了各方共赢的合作协议，达到有效集聚各方资源，合作办学、合作发展的目的。学校与上虞市政府签订了协议，合作共建“上虞产学研一体化实践教学试验基地”，通过地方政府出土地，地方龙头企业建生产基地，学校配套建实训设施及其他教学投入，探索建立政企校合作、产学研一体化、中高职连锁的多方共赢的办学新机制。学校与下沙开发区共建的现代物流科创园也已正式运作。这些探索实践为学校董事会的成立准备了充足的前提。

三、学校董事会构架与功能

（一）学校董事会构架

学校董事会以学校与浙江物产集团等行业龙头企业为基础，吸收县（市）政府与当地龙头企业、国省两级物流行业协会共同参与。董事会下设“1办4委1中心”，即董事会办公室（含秘书处）、学校发展规划委员会、基金筹措委员会、人才培养与就业委员会、技术服务与培训委员会、产业发展与职业技能研究中心。

董事会由下列成员单位构成：学校、浙江物产集团及其成员单位、铁路建设投资公司、萧山国际机场等紧密合作企业；上虞市、三门县、武义县政府以及当地龙头骨干企业；中国物流与采购联合会等行业协会；杰出校友等。董事长拟请浙江物产集团公司董事长担任；副董事长由物产集团公司分管教育的领导、国省两级物流行会领导、相关龙头骨干企业领导、相关县（市）领导、学校党政主要领导担任，校长为执行副董事长；相关县（市）政府分管教育领导以及当地龙头骨干企业委派相关领导担任常务董事。

（二）学校董事会主要职能

学校董事会是指导咨询决策型机构，其主要职能是协助学校进行宏观决策：一是创造良好的办学外部环境，通过多方合作，筹措办学资金、改善办学条件，落实政策措施，实现良好的政策支持和投入环境支持；二是积聚和整合多方办学资源，包括高层次人才资源、设施设备资源和其他资源；三是发挥董事会在学校发展定位方向、教育教学改革、专业优化布局、招生就业服务、管理水平提升等方面的咨询指导作用；四是在董事会各方的协作下，进行产业与企业发展战略与布局、校企合作共赢机制创新等方面的研究，为相关董事单位的可持续发展提供高质量的毕业生和员工技术培训与技术研发等服务，提升人才培养质量和社会服务能力，提升办学活力，最终实现学校的可持续发展。

若集团公司同意建立学校董事会，学校将与拟列入董事会的相关单位进行沟通协商，以获得合作支持。建立健全相关组织机构、章程和运行机制，并于2012年初成立运作。

以上请示妥否，请予批复！

浙江经济职业技术学院

2011年11月8日

【评析】这篇例文开头先写请示缘由和依据，接着联系实际提出了成立学校董事会的必要性和可行性，请示理由充分。最后，对请示事项，董事会的构架和职能作较为具体、明确的说明，便于上级机关批准。

第六节　批复的写作

情景导入

陈婷所在公司的营销科因经常有临时性任务需要外出或接待外来客户，向公司领导提出了购置一量商务车的要求，公司总经理办公会议研究，在车型和价格等符合目前政府有关车辆购置政策的前提下，同意购买。请总经办拟文答复。

思考：陈婷该用哪一文种答复呢？

必备知识

一、批复的含义

批复适用于答复下级机关的请示事项。批复是下行文。

二、批复的特点

批复是上级机关答复下级机关请示事项的答复性公文，具有权威性、针对性和指示性等特点。

（一）权威性

批复发自上级机关，代表着上级机关的权力和意志，对请示事项的单位有约束力，特别是那些关于重要事项或问题的批复，常常具有明显的法规作用。

（二）针对性

凡是批复，必须是针对下级机关请示事项而发，内容单纯，针对性强。

（三）指示性

批复的目的是指导下级机关的工作，因此批复在表明态度以后，还应当概括地说明方针、政策以及执行中的注意事项。

能力技巧

一、批复的写作技巧

（一）标题

批复的标题由“发文机关+事由+批复”组成。批复的事由大致有两种写法，一种“关于”加上请示的事项，如“国务院关于天津市城市整体规划的批复”；另一种是“关于”加“同意”加请示事项，如“国务院关于同意天津古海岸与湿地等十六处自然保护区为国家级自然保护区的批复”。

（二）正文

批复的正文一般由三个部分组成：

1. 引语。批复的开头通常要引述请示的字号、标题、请示事项、内容等作为批复的依据，如“你单位《关于××××的请示》（××〔2014〕×号）收悉。现批复如下……”

2. 主体。批复的主体部分应针对下级机关请示的事项。如下级单位请求指示的，即给予明确的指示。如下级单位请求批准的，首先表示同意与否的态度，如不同意还要阐述不同意的理由；如同意一般也要站在上级单位立场上提出希望和要求。

3. 结尾。一般写上结束语：“特此批复”“此复”等，也可省略。

二、批复的写作要求

要写好批复还应注意以下几点：

（一）要态度鲜明

答复请示事项针对性要强，答复要明确、具体、简明扼要，表达要准确无误。

（二）要全面周详

要核实请示缘由的真实性，研究请示所提意见或建议的可行性，有些情况应先作调查研究。凡请示事项涉及其他部门或地区的问题，批复前都要与其协商，取得一致意见。

（三）要迅速及时

要及时批复，以免贻误工作。对不按行文的正常渠道办理或一文多头的请示，应予以纠正，以免误事。

案例评析

【案例一】

浙江省物价局关于明确宗教场所用水价格类别的批复

嘉兴市物价局：

你局《关于明确宗教场所用水价格类别的请示》（嘉发改物〔2014〕146 号）收悉。鉴于省物价局《关于简化水价分类规范执行范围实行差别水价政策加快“腾笼换鸟”工作的通知》（浙价资〔2013〕1 号）未明确宗教场所用水价格和污水处理费的类别，经研究，现明确宗教场所（指经县级及以上人民政府宗教事务部门登记的寺院、宫观、清真寺、教堂等宗教活动场所）的生活用水执行居民生活用水价格和居民生活污水处理费标准。

浙江省物价局

2014 年 6 月 11 日

【评析】这是一篇针对请求指示的批复，开头引用请示标题，交代批复依据，接着站在上级的立场上做出明确指示，为下级机关行事提供依据。

【案例二】

国务院关于同意设立青岛西海岸新区的批复

国函〔2014〕71 号

山东省人民政府：

《山东省人民政府关于申请设立青岛西海岸新区的请示》（鲁政呈〔2013〕26 号）收悉。现批复如下：

一、同意设立青岛西海岸新区。青岛西海岸新区位于胶州湾西岸，包括青岛市黄岛区全部行政区域，其中陆域面积约 2 096 平方公里、海域面积约 5 000 平方公里。青岛西海岸新区区位条件、科技人才、海洋资源、产业基础、政策环境等综合优势明显，具备推进陆海统筹、城乡一体、军民融合发展的独特条件。要以海洋经济发展为主题，服务于青岛建设区域性经济中心和国际化城市的发展定位，把建设青岛西海岸新区作为全面实施海洋战略、发展海洋经济的重要举措，为促进东部沿海地区经济率先转型发展、建设海洋强国发挥积极作用。

二、青岛西海岸新区建设要以邓小平理论、“三个代表”重要思想、科学发展观为指导，统筹海洋经济与陆域经济、经济建设与国防建设、资源开发与生态保护、新型工业化与新型城镇化，以全面深化改革为动力，坚持高起点规划、高标准建设、高水平管理，推进创新驱动和体制机制创新，大力发展海洋经济和海洋新兴产业，加强生态文明建设，深化对外对内开放，努力发展成为海洋科技自主创新领航区、深远海开发战略保障基地、军民融合创新示范区、海洋经济国际合作先导区、陆海统筹发展试验区，为探索全国海洋经济科学发展新路径发挥示范作用。

三、山东省人民政府要切实加强对青岛西海岸新区建设的组织领导，完善工作机制，明确工作责任，加大支持力度，积极探索与现行体制协调、联动、高效的管理方式，积极稳妥扎实推进青岛西海岸新区建设发展。要认真做好青岛西海岸新区发展总体规划的编制工作，规划建设必须符合土地利用总体规划、城市和镇总体规划、海洋功能区划、环境保护规划、水资源综合规划等相关专项规划的要求。要执行国家统一财税政策，着力优化空间布局，切实节约集约利用土地，严格保护耕地和基本农田，合理开发利用海洋资源、有效保护海洋生态环境，抓紧开展环境影响评价，切实保护和节约水资源。要进一步明确发展思路，突出发展重点，创新发展方式，统筹推进青岛西海岸新区发展，涉及的重要政策和重大建设项目要按规定程序报批。

四、国务院有关部门要按照职能分工，加强对青岛西海岸新区建设发展的支持和指导，进一步细化各项政策措施，在有关规划编制、政策实施、项目安排、机制创新、全面深化改革、扩大对外开放等方面给予积极支持。发展改革委要会同有关部门做好有关重大发展政策的落实工作，加强沟通协调，帮助解决青岛西海岸新区发展过程中遇到的困难和问题，为推动青岛西海岸新区建设发展营造良好的环境。

设立并建设好青岛西海岸新区，对于全面实施海洋战略、创新军民融合机制、深化海洋管理体制改革、推进深远海开发与陆海统筹发展和建设海洋强国具有重要意义。各有关方面要统一思想、密切配合、开拓创新、扎实工作，共同推动青岛西海岸新区持续健康发展，努力开创山东半岛蓝色经济区发展的新局面。

国务院

2014年6月3日

【评析】这篇批复开头引用请示标题，交代批复依据，主体先表明态度，接着站在上级的立场上对批复事项和相关部门提出了具体要求，便于下级机关执行。批复没有直接写给青岛市政府，而是写给山东省政府，体现了逐级发文的原则。

第七节　意见的写作

情景导入

上虞市政府下发《提升市属企业管理提升活动方案》（征求意见稿），先到各个企业征求修改建议，上虞市恒盾伞业有限公司收到征求意见稿之后，组织各个层次的员工进行了座谈讨论，公司要求总经办将大家的意见建议汇总后形成文稿上报市政府。

思考：陈婷该如何行文呢？采用哪一文种行文？

必备知识

一、意见的含义

意见适用于对重要问题提出见解和处理办法。

意见既可以是上行文，提出工作见解、建议和参考意见；又可以是下行文，阐明工作原则、方法和参考意见等；也可以是平行文，对不相隶属机关的有关专门工作做出评估、鉴定和咨询等。

二、意见的作用

意见主要有指导性和建议性作用。上级机关制发的意见，对下级机关工作具有原则上的指导作用。下级机关对超出自己职权范围的问题，向上级机关呈送意见，对上级批准或认可起到建议参考作用。因此，意见是上级机关对下级机关的工作实施领导与指导，实行行政措施的主要手段，也是各职能部门对上级机关提供处理某专项问题和制定有关政策的建议的重要途径。

三、意见的种类

按性质和用途可分为指导性意见、实施性意见和建议性意见等几种。

（一）指导性意见

这是党政机关用于布置工作的下行文，是对某一时期的某一方面的工作提出的大体构想。它指示了一个时期内某项工作的要点、原则和努力方向，一般没有具体的办法和措施。它的特点是注重原则性和灵活性、规定性和变通性的结合。如《浙江省人民政府国有资产监督管理委员会关于在省属企业开展管理提升活动的指导意见》。

（二）实施性意见

贯彻某一重要决定或中心工作所制定的实施方案的下行文，它重在阐发上级的有关精神，提出较为具体的行动方案和工作安排，指导下级工作。如《浙江省人民政府关于整顿和规范经济秩序的实施意见》。

（三）建议性意见

这是向上级提出工作建议、设想的上行文，它分呈报性建议意见和呈转性建议意见。呈报性建议意见是向上级机关提出某方面的建议，供上级机关决策参考；如，《上虞市恒盾伞业有限公司关于对<提升市属企业管理提升活动的方案>的建议意见》；呈转性建议意见是有关职能部门就某项专门工作提出设想和打算，呈送领导审定后，批转更大范围的有关方面执行的意见，所以又叫待批性意见。如，《浙江省财政厅关于公务员医疗补助的意见》，上报省政府审批同意后由省政府直接发文。

能力技巧

一、意见的写作技巧

（一）标题

意见的标题也是由“发文机关+事由+文种”组成。如《浙江省物产集团公司关于进一步推进集团与浙江经济职业技术学院产学研结合的实施意见》。

（二）正文

意见的正文一般由开头（发文缘由）、主体（意见条文）两部分组成。有的意见有执行要求结尾。

1. 开头。即发文缘由，这是意见的开头部分，主要写出发布意见的背景、依据、目的、意义等，一般用“特制定本实施意见”“现提出以下意见”等过渡到下文。

2. 主体。即意见条文，这是意见的主要内容，一般以条文形式分述目标、任务、实施要求、措施办法、建议事项等。要把对重要问题的见解或处理办法一一写明。如是内容繁多的意见，可列小标题作为大层次，再分条表述。不同层次意见有不同要求。高层次领导机关发布的指导意见比较原则；下层机关的意见则比较具体、操作性强；实施性意见要将任务、措施、步骤和实施监督等要素写得具体、可行。

3. 执行要求。有些意见需要对贯彻执行提出一些要求，可以列入条款，也可以单独写一段简练的结束文字。如无必要，此项可省略。待批性意见可以写上“以上意见如无不妥，请批转……执行”等结束语。

二、意见的写作要求

（一）注意与相近文体的区别

如与通知的区别，下行文的意见与通知有相似之处，但意见除措施、步骤、实施要求外，还需对意见的正确性、切实可行性予以阐发、说明。又如呈转性建议意见，通常是行政职能部门需要在较大范围内开展工作，而采取的措施、办法超出了本部门的职权范围，必须借助上级的权威加以推动时才能用，但不能写成报告或请示。

（二）注意行文的得体

指示性、实施性意见的语气要注意严肃、平和、决断，但不能过分使用命令性词语。呈转性建议意见，是形式上的上行文，实质上目的在于经上级批转后交有关部门执行，提出的意见、建议主要不是针对上级，而是针对下级和有关方面而提出，撰写时尤其要注意行文的得体。

案例评析

【案例一】

教育部关于积极推进高等职业教育考试招生制度改革的指导意见

教学〔2013〕3号

各省、自治区、直辖市高等学校招生委员会、教育厅（教委），新疆生产建设兵团教育局，有关部门（单位）教育司（局）:

为贯彻落实党的十八大精神和教育规划纲要，顺应时代要求，着力构建现代职业教育体系和技术技能人才培养“立交桥”，提高我国高素质技术技能人才培养水平和国际竞争力，更好地服务全面建成小康社会的需要，现就积极推进高等职业教育考试招生制度改革提出以下指导意见:

一、高等职业教育考试招生制度改革的总体要求

高等职业教育考试招生制度改革，要立足适应经济社会发展需要，着眼优化教育结构和提高教育质量，遵循高等职业教育人才选拔和培养规律，促进普通高中和中等职业学校实施素质教育，为学生发挥个性潜能提供多样化选择。按照有利于科学选拔人才、促进学生健康发展和维护社会公平的原则，逐步与普通高校本科考试分离，重点探索“知识+技能”的考试评价办法，为学生接受高等职业教育提供多样化入学形式。逐步形成省级政府为主统筹管理，学生自主选择、学校多元录取、社会有效监督的中国特色高等职业教育考试招生制度。

二、建立和完善多样化的高等职业教育考试招生方式

（一）建立以高考为基础的考试招生办法。对报考高等职业学校的考生增加技能考查内容，招生学校依据考生相关文化成绩和技能成绩，参考综合素质评价，择优录取。相关考试科目、内容、方式和录取办法由省级高等学校招生委员会确定。技能科目主要考查考生通用技术基础、职业倾向和职业潜能等内容，可由省级高等学校招生委员会组织统一考试，也可使用考生普通高中学业水平考试有关科目成绩或由招生学校组织校考。文化成绩可结合考生普通高中学业水平考试成绩，使用考生部分高考科目成绩或由省级高等学校招生委员会另行组织高等职业教育入学统一考试。

（二）改革单独考试招生办法。国家示范性、省级示范性高等职业学校和现代学徒制试点学校等，可于高考前，在本地符合当年高考报名条件的考生范围内，单独组织文化和技能考试，并根据考生文化成绩和技能成绩，参考考生普通高中综合素质评价结果，择优录取。文化和技能的考试科目、内容、方式和录取办法由招生学校确定，并报省级高等学校招生委员会备案。进行单独考试招生的学校由所在地的省级教育行政部门确定。鼓励技术密集型产业集中地区及高等教育相对发达地区，适度扩大单独考试招生的高等职业学校范围和录取规模。

（三）探索综合评价招生办法。办学定位明确及招生管理规范的高等职业学校的农林、水利、地矿等行业特色鲜明且社会急需的专业，可于高考前，在本地符合当年高考报名条件的考生范围内，依据考生普通高中学业水平考试成绩和综合素质评价结果，综合评价，择优录取。招生学校、专业及规模由学校所在地的省级教育行政部门确定。

（四）完善面向中职毕业生的技能考试招生办法。各省级高等学校招生委员会要加强中等职业学校毕业生对口升高职的专业技能考试，进一步完善以专业技能成绩为主要录取依据的招生办法。要充分考虑现代职业教育体系建设对中、高等职业学校的衔接要求，以及中等职业学校毕业生的升学需求，合理确定招生规模。

（五）规范中高职贯通的招生办法。高等职业学校要进一步优化面向初中应届毕业生的三二分段制和五年一贯制招生专业结构，以艺术、体育、护理、学前教育以及技术含量高、培养周期长的专业为主，合理安排招生计划。三二分段制学生完成中等职业教育阶段培养任务后，通过省级高等学校招生委员会组织的考试或经省级高等学校招生委员会授权的高等职业学校组织的考试的，可被有关高等职业学校录取。五年一贯制学生完成中等职业教育阶段学习任务并达到相关要求后，可直接进入高等职业教育阶段学习。

（六）实施技能拔尖人才免试招生办法。对于获得由教育部主办或联办的全国职业院校技能大赛三等奖及以上奖项或由省级教育行政部门主办或联办的省级职业院校技能大赛一等奖的中等职业学校应届毕业生，和具有高级工或技师资格（或相当职业资格）、获得县级劳动模范先进个人称号的在职在岗中等职业学校毕业生，经报名地省级教育行政部门核实资格、高等职业学校考核公示，并在教育部阳光高考平台公示后，可由有关高等职业学校免试录取。

三、建立健全以省级政府为主的管理体制

高等职业教育考试招生制度改革事关考生切身利益、社会稳定和教育发展大局，涉及面广、影响因素多，要以省级政府为主统筹管理和组织实施。各省（区、市）要加强组织领导，统筹规划，周密部署，抓紧制定配套政策和实施方案，并报教育部备案。要认真总结已有工作经验，充分借鉴国际国内有益做法，不断完善考试科目、内容、方式和录取办法，提高高等职业教育人才选拔的科学性。要深入实施高校招生阳光工程，进一步加大信息公开力度，确保公平公正。要全面深入宣传改革的意义和相关政策，争取各方理解支持，为改革平稳顺利实施营造良好社会氛围。

教育部

2013 年 4 月 15 日

【评析】这是一则对推进高等职业教育考试招生制度改革专项工作的指导指导意见，开头简单交代发布意见的背景和目的，接着提出总体要求，在此基础上提出了具体措施和保障措施。因是指导性意见，内容比较原则，各省教育厅收文后一般会结合实际制订实施意见。

【案例二】

天津市河东区审计局关于 2014 年审计项目计划安排意见

区人民政府:

2014 年是贯彻落实党的十八届三中全会精神、全面深化改革的第一年，是加快建设美丽河东、推动完成“十二五”规划目标任务的关键一年。为树立科学审计理念，创新审计方式，有效整合审计资源，努力提高审计质量，2014 年全区审计项目计划安排如下:

一、2014 年审计工作思路

紧紧围绕全区改革发展稳定的中心工作和重点任务，运用“制度加科技”的办法，进一步加强公共资金使用、公共权力运行和公共部门履职尽责情况的审计监督，促进理好财、用好权、尽好责，履行好审计法定职责，为经济社会可持续发展提供服务和保障。

二、2014 年审计项目安排

2014 年审计计划安排本着“突出重点、保障质量、整合资源、统筹兼顾”的原则，认真完成区委、区政府和上级审计机关交办的各项审计任务。2014 年初步计划安排审计项目 43 个，其中：预算执行审计项目 5 个（其中：部门预算执行审计项目 4 个）；经济责任审计项目 35 个；市审计局统一组织审计项目 3 个。此外，计划安排造价审核项目 120 个。

（一）财政预算执行审计

积极深化财政审计大格局，以促进财政管理科学化、精细化，提高预算约束力、完善预算编制和执行管理，维护财政安全为目标，以预算执行为主线，财政专项资金为重点，关注国家宏观政策落实、预算分配依据和标准、预算管理职责履行等情况。在掌握 2013 年预算执行总体情况的基础上，审计重心下移，加大专项审计和部门审计力度。

（二）部门预算执行审计

以促进规范部门预算管理，健全内控制度，提高财政资金使用绩效为目标，全面掌握 2013 年度部门预算收支的总体情况，重点关注预算编制及执行、账户管理、非税收入管理、专项资金管理、政府采购、部门职责履行以及落实中央“八项规定”、厉行节约、反对浪费等方面情况。着力规范一级预算单位管理，加大二、三级预算单位延伸审计力度。2014 年计划安排对区教育局、区科委、区民政局、区人力社保局等部门开展部门预算执行情况审计。

（三）经济责任审计

坚持从财务收支的真实性、合法性入手，以权力行使和责任落实为重点，监督和检查部门“一把手”依法履职情况，重点关注政策执行、经济决策、责任落实、管理措施等环节，客观评价领导干部任职期间依法履职和廉洁自律情况。根据区委组织部委托，2014 年初步计划对 35 个处级单位 34 位领导干部开展任期经济责任审计。

（四）工程预（结）算造价审核

以促进提高项目管理水平和政府建设资金使用绩效为目标，加强政府性投资建设项目的审计监督，根据区教育局、区建委、区市容园林委的委托，开展工程预（结）算造价审核工作。重点关注工程造价真实性和资金投入的效益性，前移审计监督关口，防止高估冒算、虚增成本等问题，提高政府投资效益，有效节约政府建设资金。2014 年，经与有关部门研究，计划安排造价审核项目 120 个。

（五）加强内部审计机构的管理和指导

根据《关于加强财务管理防范财务风险若干意见》（东党办〔2013〕5 号）文件精神，依据《河东区开展二、三级基层单位内部定期审计工作意见》的有关规定，继续组织有基层单位主管部门的内审机构，以加强财务管理、规范财务行为、反对奢侈浪费、促进增收节支为目标，以内控制度建设及执行情况为重点，组织开展 2014 年度河东区二、三级基层单位内部定期审计工作，内外联动，逐步达到消除审计盲点和隐患的目的。以内审会员单位扩面工作为抓手，以完善内审培训、服务、信息交流等工作为手段，切实加强内部审计队伍建设和能力建设，提高内审工作质量。

（六）配合天津市审计局开展的审计项目

1．城镇保障性住房安居工程跟踪审计。以促进落实城镇保障性安居工程政策和提高建设质量，促进保障性住房分配公开、公平、公正为主要目标，按照市审计局的统一部署和要求，对我区 2013 年度城镇保障性安居工程开展跟踪审计。重点关注城镇保障性安居工程建设资金筹集、管理和使用情况，保障性住房分配情况，目标任务完成情况和以前年度发现问题整改等方面情况。

2．社会抚养费征收管理和使用情况的审计调查。以摸清我区社会抚养费收支管理总体情况为目标，按照市审计局的统一部署和要求开展审计调查，全面摸清我区社会抚养费征收管理和使用状况，重点关注征收管理模式、征收标准执行、收费流程、审批程序、票据管理等情况，揭示和反映管理不规范、挤占挪用等突出问题，提出对策建议。

3．“美丽天津·一号工程”建设重点项目实施效果和资金管理使用情况跟踪审计。以加快推进美丽天津建设，促进实现“四清一绿”行动预期效果为目标，按照市审计局的统一部署和要求开展跟踪审计，重点关注我区一号工程重点项目规划执行、工作目标实现、监管责任部门履职程序、流程、履职效果、资金管理使用等方面的情况，揭示资金管理、项目建设、治理效果、长效机制建立等方面存在的隐患和突出问题，深入剖析问题产生原因，提出对策建议。

（七）其他审计

根据审计署、市审计局和区委、区政府交办的审计任务，开展审计项目工作。

以上意见如无不妥，请批转执行。

附件：河东区审计局 2014 年审计项目计划表

天津市河东区审计局

2013 年 12 月 20 日

【评析】这是一则呈转性建议意见。由于这种意见是有关职能部门（区审计局）就某项专门工作2014年审计项目安排）提出设想和打算，呈送领导机关（区政府）审定后，批转更大范围的有关方面执行的意见。因此，形式上是上行文，实质上还是下行文的语气，提出工作的具体措施、要求。

思考：区政府同意后，应该采取哪一文种行文？

第八节 函的写作

情景导入

随着公司业务的不断发展，上虞市恒盾伞业有限公司急需引进应用型技术技能型人才，同时在职员工的职业素质和综合能力也需要进一步提升。为了提高人才引进和员工培训的针对性，经公司董事会研究，决定与绍兴工业职业技术学院开展校企合作，一方面在学校开设恒盾订单班，另一方面利用学校教学实施和教师资源为企业开展系列培训。总经办主任要求陈婷起草文书，与绍兴工业职业技术学院商议合作事宜。

思考：陈婷应该用哪一文种行文？

必备知识

一、函的含义

函适用于不相隶属单位之间相互商洽工作、询问和答复问题、请求批准和答复审批事项。

函是一种以平行文为主的公文，而且是公文中唯一的平行文。也就是说，不管行文内容是什么，只要是不相隶属单位之间行文就一定用函。

二、公函与商函的联系与区别

公文的函适用于不相隶属单位之间商洽工作、询问和答复问题、请求批准和答复审批事项。商函也是没有隶属关系的企业之间商务往来，相互商洽、相互询问和答复问题的公文，从往来关系看，商函与公函具有一致性。

但两者使用主体不同：商函的使用主体是企业或企业的代表人；公函的使用主体是国家机关、社会团体和企事业单位，不能用于个人。

从制作上看：公函要执行公文格式的规定；商函没有严格的规定，一般按照惯例来写作。

从文书内容上讲：商函仅限于交易磋商，而公函的内容比较宽泛。

三、函的种类

（一）按照内容分类

1．商洽函。商洽函用于不相隶属的单位商洽办理某一事项、请求协助解决某一问题，部门之间联系工作，人事部门办理人事调动等。

2．问询函。问询函用于向同级业务管理机关或不相隶属的机关询问有关政策、工作情况或某一问题。

3．请批函。请批函用于向有关业务主管部门请求批准。

4．答复函。答复函用于答复有关单位询问的事项，或答复同级单位的请批事项。

（二）按往来关系分类

1．来函。即主动发出的函，也叫去函、发函。

2．复函。即答复函。

能力技巧

一、函的写作技巧

（一）标题

函的标题也是由“发文机关+事由+文种”组成。如“湖北省人民政府关于会计师事务所改制中产权界定问题的函”；答复函要在标题中写明“复函”，如“中华人民共和国财政部关于会计师事务所改制中产权界定问题的复函”。

（二）正文

1. 发函的写作。发函即主动与对方单位商洽工作、询问问题、征求对方意见、请求批准事项等所用的函。

开头：写清发函缘由，即商洽、询问、请求批准的理由、依据等。此处不必像写私人信函那样写客套话，而是开门见山，直奔主题。

主体：写发函事项，即商洽、询问、请求批准的主要事项。这部分要求具体明确。

结束语：如要求对方答复，就写明“特此函达，请函复”“特此函询，请函告”等用语；如无须对方回答，则写上“特此函达”“特此函告”等用语。

2. 复函的写作。

开头：复函的开头跟答复报告、批复等相似，交代复函的依据，即针对哪个函作答复。一般引用来函的标题、字号等。如“你厅《关于咨询环境工程设计资质管理有关问题的函》（藏建城函〔2014〕18号）收悉。经研究，答复如下……”

主体：写明答复事项，即针对来函商洽、询问或要求批准的事项一一作答。要求态度明确。

结束语：一般用“特此函复”“此复”等作结语。

二、信函格式

《党政机关公文格式》第10条规定公文的特定格式，其中对信函的格式规定如下：

发文机关标志使用发文机关全称或者规范化简称，居中排布，上边缘至上页边为30毫米，推荐使用红色小标宋体字。联合行文时，使用主办机关标志。发文机关标志下4毫米处印一条红色双线（上粗下细），距下页边20毫米处印一条红色双线（上细下粗），线长均为170

毫米，居中排布。如需标注份号、密级和保密期限、紧急程度，应当顶格居版心左边缘编排在第一条红色双线下，按照份号、密级和保密期限、紧急程度的顺序自上而下分行排列，第一个要素与该线的距离为3号汉字高度的7/8。发文字号顶格居版心右边缘编排在第一条红色双线下，与该线的距离为3号汉字高度的7/8。标题居中编排，与其上最后一个要素相距两行。第二条红色双线上一行如有文字，与该线的距离为3号汉字高度的7/8。首页不显示页码。版记不加印发机关和印发日期、分隔线，位于公文最后一面版心内最下方。

信函版式见图7-8。

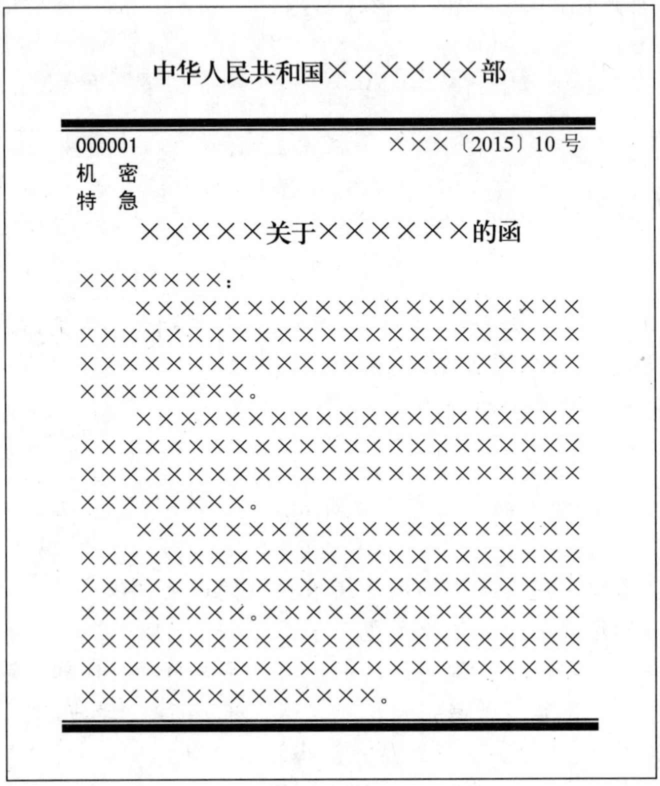

图7-8　信函格式首页版式

三、函的写作要求

（一）正确使用文种

凡是向不相隶属的机关，无论是高级别、低级别还是相同级别行文，一律使用“函”。注意区分：向上级机关请求批准用请示，向不相隶属机关请求批准用函；答复上级机关用报告，答复下级机关用批复，答复不相隶属机关用复函。

（二）语言得体简明

函一般开门见山，无须像写私人信件那样问候、寒暄、客套。一般一事一函，简洁明了。态度诚恳有礼，注意使用礼貌用语，既要符合本单位的职权身份，又要尊重对方、讲究礼节，不能强人所难，忌用指令性语言。

案例评析

【案例一】

××市统计局关于请求拨款的函

市财政局:

我局原有 132 平方米砖瓦结构车库（平房）一处，因年久失修于今年雨季突然倒塌，急需修复。经测算，共需资金 30 万元。因我局除财政拨款外无另外资金来源，故请能予临时拨款为盼，以便解决车辆越冬之急需。

特此函请，请审批。

附件：维修图纸与预算

××市统计局

2015 年 9 月 8 日

【评析】此文属于请批函，因统计局与财政局属于不相隶属的同级关系，因此，不能用请示，这份函用简洁的语言将请批缘由和事项交代得清楚、明白，最后用附件将维修图纸与预算进一步明确，以便市财政局审批。

【案例二】

浙江华立机械研究所关于与××工业大学建立全面协作关系的函

××工业大学:

近年来，我所与你校双方在一些科学研究项目上互相支持，取得了一定的成绩，建立了良好的协作基础。为了巩固成果，建议我们双方今后能进一步在学术思想、科学研究、人员培训、仪器设备等方面建立全面的交流协作关系，特提出如下意见:

一、定期举行所、校之间学术讨论与学术交流。

二、根据所、校各自的科研发展方向和特点，对双方共同感兴趣的课题进行协作。

三、根据所、校各自人员配备情况，校方在可能的条件下对所方研究生、科研人员的培训予以帮助。

四、双方科研教学所需要高、精、尖仪器设备，在可能的条件下，提供对方利用。

五、加强图书资料和情报的交流。

以上各项，如蒙同意，建议互派科研主管人员就有关内容进一步磋商，达成协议，以利工作。

特此函达，务希研究见复。

浙江华立机械研究所

2014 年 5 月 18 日

【评析】此文属于商洽函，就双方合作事宜征询对方单位意见，来函缘由简洁明了，商洽事宜明确，最后结束语标明需要对方答复。

【案例三】

浙江省文化厅关于200平方米以下公众聚集场所是否须经消防安全检查许可的复函

××局：

你局《关于200平方米以下公众聚集场所是否需经消防安全检查许可一事的请示》（奉文市〔2014〕1号）已收悉。经研究，现答复如下：

国务院《互联网上网服务营业场所管理条例》第十一条第二款、第三款规定，“申请人完成筹建后，持同意筹建的批准文件到同级公安机关申请信息网络安全和消防安全审核。公安机关应当自收到申请之日起20个工作日内做出决定；经实地检查并审核合格的，发给批准文件”“申请人持公安机关批准文件向文化行政部门申请最终审核”。浙江省公安消防总队《关于明确消防执法若干问题的通知》（浙公消〔2014〕12号）规定，“建筑面积未达到200平方米的公众聚集场所，可以不办理消防安全检查许可”。其中“可以不办理”属选择性表述，执行部门有自由裁量权。建议你局向消防部门函询，如消防部门已明确，建筑面积未达到200平方米的网吧无须办理消防安全检查许可的，你局可依据消防部门意见核发《网络文化经营许可证》。

特此函复。

浙江省文化厅

2014年6月3日

（来源：浙江省人民政府网）

【评析】此文为复函，开头引用来函标题、字号，交代复函依据，主体对来函所问问题依据相关政策给予明确答复。

第九节 纪要的写作

情景导入

顾先生是上虞市恒盾伞业有限公司一车间主任，有一天，公司总经理到顾先生负责的车间召开现场座谈会，了解该车间改革情况。总经理肯定了该车间改革成绩，希望顾先生将本次座谈会的记录整理成会议纪要，下发到其他部门推广学习。顾先生非常高兴，当晚就将所做的会议记录认真整理打印出来，第二天交给总经理之前，顾先生觉得稳妥起见还是找总经办把把关，陈婷看了以后告知顾先生不合要求，须按照纪要要求修改。

思考：什么是纪要？跟会议记录到底有什么区别？

必备知识

一、纪要的含义

纪要适用于记载会议主要情况和议定事项。

二、纪要与会议记录的区别

（一）性质不同

会议记录是在会议进行当中，是对会议做的原始记录，按会议进行的顺序，无选择地、全方位地进行记录，属于事务文书。

纪要是在会后，根据会议记录内容，有选择地记载会议的主要精神和议定事项，按一定的逻辑顺序整理，属于公务文书。

（二）功能不同

会议记录一般不公开，无须传达或传阅，只作资料存档；纪要通常要在一定范围内传达或传阅，要求贯彻执行。

三、纪要的特点

（一）提要性

纪要不同于会议记录，不能事无巨细、有闻必录。必须对会议记录进行整理，择取其要，提炼出精华，概括出主要精神，归纳出主要事项。

（二）决议性

纪要一经下发，便对有关单位和人员产生一种指示作用和约束力，实际上起着决议的某些作用。

（三）存档性

某些纪要，如学术研讨会、座谈会，并非一定要贯彻执行，只是为了通报会议情况，让有关人员周知，在必要时查阅，存档备查。

四、纪要的种类

（一）办公会议纪要

办公会议即例会。重要的例会一般要写出会议上的主要议题、决定的事项。

（二）工作会议纪要

较重要的工作会议，如总结工作、交流经验、研究政策、制订措施等，需要将会议精神形成纪要下达到下级。

（三）座谈会议纪要

某些专题的座谈会，需要将参加座谈会代表人物发言的主要精神、意见加以整理归纳、下达。

能力技巧

一、纪要的写作技巧

（一）标题

纪要的标题一般有两种写法:

1. 由“主办单位+会议名称+纪要”构成，如“杭州市人民政府企业改制专题会议纪要”“浙江经济职业技术学院思想政治教育座谈会纪要”。

2. 由“会议名称+纪要”构成，如“海关工作联席会议纪要”“关于××地区放宽政策和发展第三产业现场办公会议纪要”。

（二）正文的写作技巧

1. 开头。纪要开头一般交代会议概况，包括会议的背景、依据和目的，会议名称、时间、地点，与会人员和主持人，领导人出席会议的情况，会议的主要议题等。

2. 主体。纪要主体需要概括会议主要精神、研究的问题、讨论的意见、提出的任务要求等。常用的写法有三种。

（1）条目式：把讨论的问题、议定的事项，按主次或其他逻辑顺序一条条列出。

（2）综合概括式：把会议讨论研究的问题，与会者统一的认识和看法，会议议定的事项等，综合概括成几个部分或段落，主要的内容详写，次要内容略写。按主次顺序或内容的逻辑顺序。

（3）发言摘要式：把典型的、代表性的发言要点摘录出来，按发言顺序或内容性质先后写。

一般情况下，一篇会议纪要会综合几种方式写。

二、纪要格式

《党政机关公文格式》规定纪要格式：

纪要标志由“××××纪要”组成，居中排布，上边缘至版心上边缘为35毫米，推荐使用红色小标宋体字。

标注出席人员名单，一般用3号黑体字，在正文或附件说明下空一行左空二字编排“出席”二字，后标全角冒号，冒号后用3号仿宋体字标注出席人单位、姓名，回行时与冒号后的首字对齐。

标注请假和列席人员名单，除依次另起一行并将“出席”二字改为“请假”或“列席”外，编排方法同出席人员名单。

纪要格式如图7-9所示，也可以根据实际制定。

浙江省人民政府
专题会议纪要
〔2015〕×号

浙江省人民政府办公厅　　　　　　　　　　　　　　　　2015年5月16日

××。

出席：×××、×××、×××、×××、×××、×××。

请假：×××、×××、××。

列席：×××、×××、×××、×××、×××。

注意：由于纪要不加盖印章。因此，不能单独行文，而以通知为载体下发。

三、纪要写作要求

（一）吃透精神、领会实质

一定要仔细研析会议记录，分析每一位发言者的发言，归纳会议决议，全面吃透会议精神，领会好会议实质，把握好会议基调，确保传达的会议精神不失真、不跑调。

（二）抓住要点，删繁就简

纪要不等于会议记录，不需要面面俱到，动笔前要对记录进行归纳整理，找出要点，删繁就简，做到既体现会议的精神又不繁杂啰唆。

（三）把握风格、语言得体

对于复杂纷繁的内容，一般用“会议指出”“会议认为”“会议强调”“与会者一致认为”等惯用语自然分层，以体现清晰的条理。

案例评析

2012年中秋节国庆节浙江省假日旅游协调会议专题会议纪要

9月13日下午，受王建满副省长委托，省政府副秘书长谢济建主持召开全省假日旅游协调会议，专题研究部署2012年中秋节和国庆节假日旅游工作。方敬华、叶真、冯海军、王仕星、刘建新、任忠、沈强、卓春雷、傅宏章以及省公安厅、省工商局、省质监局、省安监局、省食品药品监管局、杭州铁路办事处、杭州萧山机场公司等单位相关负责人参加了会议。会议听取了省假日办及有关部门关于中秋节和国庆节假日旅游准备工作的汇报，并进行了研究和讨论。

会议认为，党中央、国务院和省委、省政府高度重视今年假日旅游工作，全国假日旅游部际协调会议下发了《关于做好2012年中秋节、国庆节假日旅游工作的通知》。特别是今年国庆与中秋两节相连形成8天长假，并首次实施重大节假日免收小型客车通行费政策，这些因素将进一步拉动旅游消费需求，带动旅游出行人数的增长，做好中秋节、国庆节假日旅游工作的任务十分艰巨。为此，全省各级假日旅游协调机构和各成员单位要进一步增强政治意识、大局意识、安全意识和服务意识，按照全国假日旅游部际协调会议精神和省假日办的有关通知要求，认真做好各项工作，努力实现“安全、质量、秩序、效益”四统一的假日旅游工作目标，确保人民群众度过欢乐祥和的中秋节、国庆节，以优异成绩迎接党的十八大胜利召开。会议要求：

一、要高度重视

各级、各有关部门要坚决克服麻痹松懈思想，充分认识做好今年中秋节、国庆节假日旅游工作的重要意义，进一步提高工作的主动性和前瞻性。各市、县（市、区）政府要加强组织领导，周密部署工作，细化任务分工，落实政府领导责任。旅游主管部门及相关单位要密切配合，建立工作协同机制，保持联络顺畅，及时处置应急事件，落实部门监管责任。景区景点和旅游业主单位要认真做好各项准备工作，努力提高服务水平，落实企业主体责任。加强应急值守，各部门要坚持主要领导挂帅，严格落实假日期间领导带班制度和24小时值班制度，确保信息畅通、反应迅速、处置得当。特别是针对当前社会关注的热点敏感问题，各级政府和相关部门要高度重视，严防可能引发的相关事件，认真做好应对和妥善处理工作，确保社会稳定。发生突发性重大问题要按规定及时上报并妥善处置，杜绝瞒报、误报、漏报、迟报。

二、要确保安全有序

安全工作是今年中秋节、国庆节假日旅游工作的重中之重。节前及节日期间，铁路、交通、民航、公安等部门要全面开展安全隐患排查，坚决杜绝重、特大旅游交通事故的发生；各级假日旅游协调机构节前要组织开展安全大检查，特别要加强对旅游交通集散地、旅游住宿设施、旅游景区、旅游餐饮场所、客运索道与大型游乐设施、旅游节庆活动以及旅游包车、旅游场所场（厂）内专用机动车辆等游客密集场所和重点环节的安全检查，及时排除安全隐患，增强安全保障能力；高速公路所在地政府和交通部门要针对重大节假日免收小型客车通行费政策实施后可能出现车辆增多的问题做好周密部署，特别是高速公路发生车辆交通事故要及时妥善处置。公安交警部门要加强交通疏导，对于大中城市周边公路收费站和景区附近公路收费站，要增派警力，全力做好通行保畅工作，防止出现大范围车辆拥堵；相关企业要提前做好交通应急预案，各繁华商业区、各大景区（点）要及时做好车辆引导、停车等预案。旅游等相关部门要督促指导各景区、公园、游乐园按照接待容量合理安排游览活动，切实控制好高峰时段游客总量，加强应急演练，合理疏导游客，严防拥堵、踩踏等事件发生。各级、各部门要切实把监测、预警和应急防范工作放在首位，完善相关预案，加强演练，特别是做好恶劣天气、地质灾害、群体性事件、公共卫生事件、恐怖事件等突发事件的应急处置工作。任何节庆活动都要按照“谁主管、谁负责，谁主办、谁负责，谁审批、谁负责”的原则，切实把安保责任落到实处，严防群死群伤事故。

三、要丰富产品供给

各地旅游部门要充分发挥旅游业对刺激消费、扩大内需、推动经济发展的带动和促进作用，千方百计满足人民群众假日旅游需求。要结合实际，突出特色、丰富内涵、完善配套，积极开发适合多层次消费需求的假日旅游产品，开展乡村旅游、城市周边度假休闲游；将旅游与文化深度结合，开发旅游专题活动、节庆活动等大众化产品和自驾游、自助游、生态游等个性化产品；积极开展工业旅游、中医药养生旅游、森林旅游、红色旅游等，增加旅游产品供给。

四、要加强服务保障

积极引导旅游企业增强诚信意识，加强行业自律，规范旅游服务行为。旅游接待单位要提高信息咨询、住宿餐饮、导游等服务质量和水平，重点旅游景区（点）要做好重点地段扩容、安全防护设施修缮、旅游高峰时段车辆、人员分流以及售票、餐饮供应等服务工作。公安、交通、工商、卫生、旅游、物价、质监、食品药品监管等部门要发挥联合执法作用，加大对旅游市场监管，要按照职责分工开展旅游市场秩序专项检查，重点针对农家乐和大排档的餐饮卫生以及旅游包车、价格、合同、广告等重点环节开展综合整治；严厉打击黑车黑导、欺客宰客、强迫消费及旅行社非法转让经营资格等行为。各级假日旅游协调机构要组织相关部门及时有效处理游客投诉，把各种矛盾化解在萌芽状态，严密防范因投诉问题而引发的群体性事件。

会议强调，各地、各部门要围绕做好中秋节、国庆节假日旅游工作，加强沟通与协作，进一步形成一级抓一级、层层抓落实的工作机制，全力以赴做好假日旅游工作。全省各级假日旅游协调机构要切实发挥作用，做好综合协调工作。各级宣传部门要加强舆论引导和信息服务，组织新闻媒体做好宣传报道，引导和促进理性旅游消费，及时提供和发布交通、旅行、气象、卫生等相关信息。

【评析】此文是一篇专题会议纪要。开头概括了会议概况：时间、地点、主持人、参加者、主要议题等。主体采用条目式，将会议的主要精神和议定的事项按照递进关系分条列项阐述，以会议认为、会议要求、会议强调等加以综合概括，思路清晰、条理清楚，内容明确。

相关能力拓展

会议工作方案

一、会议工作方案的含义

会议工作方案是在会议准备阶段组织安排会议工作的前期计划性文书，是一种为大型的或重要的会议所做的预设方案。会议工作方案，要在会议召开前，对会议预期效果、整个日程做出全面、具体的计划安排，使会议能顺利进行，取得完满的结果。会议工作方案有时还需要送达上级机关请示核准，带有某种请示或请示附件的性质。

二、会议工作方案写法技巧

（一）标题

规范的会议工作方安标题写法应由召开单位、事由（会议名称）和文种类别（方案）“三要素”组成。个别情况有省略会议召开机关的。如“浙江经济职业技术学院第六届职工代表大会工作方案”“新技术推广交流会工作方案”等。

（二）正文

会议工作方案正文通常由开头、主体和结尾三部分构成。

开头部分应写明制文（开会）的缘由、单位、会议名称、会议时间、地点、会期等。

主体部分要写出会议的议题、日程、与会人员、会务工作、会场准备、后勤保障等内容，相当一般方案中“主要目标”“实施步骤”和“政策措施”三项。这部分内容要具体、明确，如会务工作包括一切有关事务，会前需要准备的文件、资料、发言稿、会议通知，会场准备、与会人员接待，会中的各种服务、会议记录、随时情况汇总、会议简报编写、会后整理记录、撰写会议纪要，以及与会人员的返回安排等均要一一落实到人。

结尾语部分的写作，要根据会议方案的性质而定，属下级机关请示上级机关的，可写上类似请示报告结尾的用语。如“以上方案，当否，请批示”等。

（三）落款

写明会议工作方案的制订者和制订时间。制订者指负责会议工作整体组织与协调的部门或机构名称，如公司总经理办公室或会议筹备工作办公室等。

案例评析

2013 中国汽车论坛会议方案

一、论坛指导单位

中华人民共和国科学技术部

中华人民共和国工业和信息化部

中国机械工业联合会

二、论坛主办方

中国汽车工业协会（CAAM）

三、论坛支持单位

世界汽车组织（OICA）

四、论坛承办方

中国汽车工业协会（CAAM）

五、论坛嘉宾

主要包括：OICA 主席、副主席、秘书长，中国政府官员，中国主要汽车生产企业负责人，国际汽车公司 CEO，演讲嘉宾、专家和学者等。

六、参会人员

中国汽车整车和零部件企业负责人、国际汽车公司 CEO、科研院所、学校专家和学者、协会年会代表、相关行业或组织的代表、新闻媒体等。

七、论坛时间

2013 年 4 月 20 日—4 月 21 日

八、论坛地点

中国上海市浦东新区星河湾大酒店

九、论坛主题

新增长形势下中国和世界汽车产业发展——战略、品牌、国际化

十、论坛基本议程

（一）2013 年 4 月 20 日 16:30—18:30，“2013 中国汽车论坛”闭门峰会。

（二）2013 年 4 月 20 日 19:00—21:00，“2013 中国汽车论坛”欢迎晚宴。

（三）2013 年 4 月 21 日 8:30—12:30，“2013 中国汽车论坛”主论坛。

（四）2013 年 4 月 21 日 14:00—18:00，同时举行四个“2013 中国汽车论坛”专题论坛。

十一、论坛主要内容

（一）闭门峰会内容：

闭门峰会邀请国家发改委、工信部、商务部、科技部、环保部等汽车相关主管部门的主管领导参加并介绍汽车工业相关管理工作。邀请世界汽车组织及各国汽车协会主席参加，邀请中国主要汽车企业领导人、全球汽车公司 CEO 参加提出当前最关心的问题与产业发展建议，进行现场沟通和交流。

（二）欢迎晚宴：全体代表

（三）主论坛内容：（8:30—12:30）

1. 领导致辞

8:30—8:40　中国汽车工业协会会长致辞

8:40—8:50　世界汽车组织（OICA）主席致辞

2. 主旨讲演

8:50—9:20　中国汽车强国战略思考——中国汽车工业协会秘书长

3. 主题讲演

9:20—9:40　全球汽车产业发展与展望——通用汽车公司

9:40—10:00　东风汽车发展战略与规划——东风汽车公司
10:00—10:20　中国汽车产业战略与政策的未来——工业和信息化部产业政策司
10:20—10:40　当前全球及中国经济形势与展望——国务院发展研究中心
10:40—11:00　茶歇
11:00—12:30　互动交流

4. 专题论坛内容：本次论坛共设四个专题论坛（14:00—18:00）

（1）专题论坛一：新增长形势下的汽车产业发展战略规划

14:00—14:20　世界汽车工业发展的现状与未来格局——世界汽车组织（OICA）秘书长
14:20—14:40　中国汽车及零部件产业未来几年发展趋势——国家发展和改革委员会
14:40—15:00　一汽集团“十二五”发展规划——中国第一汽车集团
15:00—15:20　广汽集团整车及零部件发展规划——广州汽车集团股份有限公司
15:20—15:40　长安集团发展战略及零部件产业布局——中国长安汽车集团股份有限公司
15:40—16:00　茶歇
16:00—16:20　北汽集团发展战略及零部件发展规划——北京汽车集团有限公司
16:20—16:40　上汽集团自主品牌发展战略及零部件采购策略——上海汽车集团股份有限公司
16:40—17:00　跨国汽车公司在华发展战略与规划——通用汽车公司
17:00—18:00　互动：新增长形式下的挑战与机遇，汽车强国战略、产业发展战略和企业发展战略的探索

（2）专题论坛二：新形势下的汽车品牌与国际化

14:00—14:20　韩国汽车国际化发展之路——韩国汽车工业协会
14:20—14:40　中国汽车出口策略分析——商务部机电和科技产业司
14:40—15:00　积极拓展海外市场、提升重型商用车国际影响力——中国重型汽车集团有限公司
15:00—15:20　奇瑞汽车海外发展战略——奇瑞汽车股份有限公司
15:20—15:40　茶歇
15:40—16:00　江淮轿车品牌发展战略——安徽江淮汽车集团有限公司
16:00—16:20　吉利集团国际品牌发展战略——浙江吉利控股集团有限公司
16:20—16:40　中国汽车产业自主品牌发展战略分析——长城汽车股份有限公司
16:40—17:00　构建汽车零部件国际品牌——北京京西重工有限公司
17:00—18:00　互动：企业品牌的打造与国际化道路

（3）专题论坛三：建设和谐绿色汽车社会

14:00—14:20　中国汽车环保政策取向——环境保护部污染物排放总量控制司
14:20—14:40　25 个城市示范推广节能与新能源汽车介绍——科学技术部高新技术发展及产业化司
15:00—15:20　中国新能源汽车产业发展现状剖析——中国汽车工业协会
　　全球车用能源发展战略比较分析——中国汽车工程研究院
15:20—15:40　茶歇
15:40—16:00　中国车用油品状况分析——第一汽车集团技术中心

16:00—16:20　汽车节能发展新趋势——博世（中国）投资有限公司
16:20—16:40　自动驾驶技术引领未来世界——美国汽车联盟
16:40—17:00　未来汽车行业车联网技术——德国汽车工业协会
17:00—18:00　互动：中国新能源车辆发展趋势
（4）专题论坛四：汽车市场发展与交通解决方案
14:00—14:20　全球汽车市场前景分析——意大利汽车工业协会
14:20—14:40　中国汽车市场现状与趋势——中国汽车工业协会市场贸易委员会
14:40—15:00　中国轿车市场分析——一汽-大众销售有限公司
15:00—15:20　中国商用车市场分析——东风商用车公司
15:20—15:40　茶歇
15:40—16:00　最新汽车召回制度的实施情况介绍——国家质量监督检验检疫总局
16:00—16:20　日本解决城市交通问题对策——日本汽车工业协会
16:20—16:40　城市限购成因与效果——北京交通发展研究中心
16:40—17:00　大型城市限行限购对汽车产业影响分析——中国汽车工业协会
17:00—18:00　互动：2025年无缝交通—现在如何行动

十二、“2013中国汽车论坛”组委会（名单略）

十三、“2013中国汽车论坛”组委会执委会（名单略）

十四、经费预算

总计××万元，详见附表

“2013中国汽车论坛”筹备小组
2013年3月8日

【评析】这个会议工作方案采用条款形式，逐项一一罗列，写作要项比较齐全，方案具体而明白。

会议记录

一、会议记录的含义

在会议过程中，由记录人员把会议的组织情况和具体内容记录下来，就形成了会议记录。“记”有详记与略记之别。略记是记会议大要，会议上的重要或主要言论。详记则要求记录的项目必须完备，记录的言论必须详细完整。若需要留下包括上述内容的会议记录则要靠“录”。“录”有笔录、音录和影像录几种，对会议记录而言，音录、像录通常只是手段，最终还要将录下的内容还原成文字。笔录也常常要借助音录、像录，以之作为记录内容最大限度地再现会议情境的保证。

二、会议记录的基本要求

1. 准确写明会议名称（要写全称），开会时间、地点，会议性质。
2. 详细记下会议主持人、出席会议应到和实到人数，缺席、迟到或早退人数及其姓名、职务，记录者姓名。

如果是群众性大会，只要记参加的对象和总人数，以及出席会议的较重要的领导成员即可。如果某些重要的会议，出席对象来自不同单位，应设置签名簿，请出席者签署姓名、单位、职务等。

3．忠实记录会议上的发言和有关动态。

会议发言的内容是记录的重点。其他会议动态，如发言中插话、笑声、掌声，临时中断以及别的重要的会场情况等，也应予以记录。

记录发言可分摘要与全文两种。多数会议只要记录发言要点，即把发言者讲了哪几个问题，每一个问题的基本观点与主要事实、结论，对别人发言的态度等，作摘要式的记录，不必“有闻必录”。某些特别重要的会议或特别重要人物的发言，需要记下全部内容。有录音机的，可先录音，会后再整理出全文；没有录音条件，应由速记人员担任记录；没有速记人员，可以多配几个记得快的人担任记录，以便会后互相校对补充。

4．记录会议的结果，如会议的决定、决议或表决等情况。

会议记录要求忠于事实，不能夹杂记录者的任何个人情感，更不允许有意增删发言内容。会议记录一般不宜公开发表，如需发表，应征得发言者的审阅同意。

三、会议记录的重点

会议记录应该突出的重点有：

1．会议中心议题以及围绕中心议题展开的有关活动。

2．会议讨论、争论的焦点及其各方的主要见解。

3．权威人士或代表人物的言论。

4．会议开始时的定调性言论和结束前的总结性言论。

5．会议已议决的或议而未决的事项。

6．对会议产生较大影响的其他言论或活动。

四、会议记录格式

一般会议记录的格式包括两部分：一部分是会议的组织情况，要求写明会议名称、时间、地点、出席人数、缺席人数、列席人数、主持人、记录人等。另一部分是会议的内容，要求写明发言、决议、问题。这是会议记录的核心部分。

会议记录格式一

会议名称：

会议时间：　　　　会议地点：

记录人：

出席与列席会议人员：

缺席人员：

会议主持人：　　　审阅：　　　　签字：

主要议题：

发言记录：

会议记录格式二

××公司办公会议记录

时间：二O××年×月×日×时
地点：公司办公楼五楼大会议室
出席人：××× ××× ××× ××× ×××
缺席人：××× ××× ×××
主持人：公司总经理
记录人：办公室主任刘××
主持人发言：（略）
与会者发言：×××
…………………………………………………………………………
散会
主持人：×××（签名）
记录人：×××（签名）
（本会议记录共×页）

本章小结

◎ 党政机关公文是党政机关实施领导、履行职能、处理公务的具有特定效力和规范体式的文书，是传达贯彻党和国家的方针政策，公布法规和规章，指导、布置和商洽工作，请示和答复问题，报告、通报和交流情况等的重要工具。

◎ 根据《党政机关公文处理工作条例》规定，现行公文分为决议、决定、命令（令）、公报、公告、通告、意见、通知、通报、报告、请示、批复、议案、函、纪要等15种。按照行文关系，可将这些公文分为上行文、平行文和下行文三种。

◎ 通知适用于发布、传达要求下级机关执行和有关单位周知或者执行的事项，批转、转发公文。通知属于普发性的下行文，一般要写清通知的缘由、具体事项和执行要求。

◎ 通报适用于表彰先进，批评错误，传达重要精神和告知重要情况。通报也是普发性的下行文。通报的写作一般先概括需要通报的事实情况，再分析事实的性质、原因等，最后提出希望、要求。

◎ 报告适用于向上级机关汇报工作，反映情况，回复上级机关的询问，属于上行文。工作报告类似工作总结；情况报告与情况通报有相同之处，结尾要向上级表明态度；回复报告要写明回复依据和回复事项。

◎ 请示适用于向上级机关请求指示、批准。请示属于上行文，但不能写给领导者个人，也不能越级请示或多头请示。写作请示必须写清请示缘由和请示事项。

◎ 批复适用于答复下级机关请示事项。批复是针对请示而写作的，必须写清批复依据和批复事项。与请示相同，批复也必须一文一事。

◎ 意见适用于对重要问题提出见解和处理办法。意见既可以是上级机关对下级机关的指导工作，也可以是下级机关向上级机关提出建议。呈转性建议意见上级机关批准后用通知形式转发。

◎ 函适用于不相隶属单位之间相互商洽工作、询问和答复问题，请求批准和答复审批事项。函是公文中唯一的平行文，向不相隶属机关请求批准、询问问题、答复事项等均用函。写函必须使用专门的信函格式。

◎ 纪要适用于记载会议主要情况和议定事项。纪要与会议记录不同，是根据会议记录内容，有选择地记载会议的主要精神和议定事项，按一定的逻辑顺序记载。纪要也有专门格式，不能单独行文，可以不盖公章，必须以通知的形式下发。

应知、应会目标鉴定

一、应知目标鉴定

1. 正确说出公文的种类和适用范围。

2. 评析下列两则公告。

（文一）

中国电信网站公告

中国电信网站成立以来，受到广大用户及众多新闻媒体的关注。许多网站及报纸、杂志转载网站文章。对此，我们作如下声明:

1. 中国电信网站以推广电信业务、普及电信知识为宗旨。我们同意有相同目标的媒体转载网站文章。

2. 转载中国电信网站文章请注明“由中国电信网站供稿”“转载自中国电信网站”字样，同时加注中国电信网站网址（www.chinatelecom.com.cn）。

3. 转载中国电信网站署名文章，不得更改作者署名。如要改编，须与网站联系，并征得作者同意。

（文二）

关于实行交通管制的公告

2014 年度环西湖马拉松赛将于 10 月 15 日上午 8 时至下午 3 时举行。为保证赛事的顺利进行，届时将对湖滨路、北山路、西山路和南山路实行交通管制，除警备车、救护车、消防车外，禁止其他机动车辆通行。

特此通知

杭州市公安局

2014 年 10 月 15 日

3. 正确说出议案与提案的不同。

4．正确说出公文通知的适用范围、行文关系、种类。

5．评析下列通知案例，说出哪里不规范的，并加以修改。

××区工商局、××区公安分局通知

全区各旅店业：

根据上级指示精神，对全区旅店业进行一次整顿，我们研究召开旅店业负责人会议，现将有关事项通知如下：

一、会议时间2015年4月5日在××招待所报到，会期两天。

二、参加会议人员：全区国营、集体、个体旅店业来一名负责人。不得缺席，否则按停业处理或取缔，并请各派出所和工商所负责人出席会议。

三、资料自备。

四、差旅费自理。

特此通知。

××区工商局

××区公安分局

2015年3月28日

6．正确说出通报的适用范围、种类，通报与通知的区别。

7．评析下列公文：

关于通报表彰社科研究管理先进集体和先进个人的通知

各单位：

为加强科研管理队伍建设，提高科研管理水平和工作效率，进一步激励科研管理队伍的荣誉感和责任感，决定对近三年来在哲学社会科学科研管理工作中取得显著成绩的先进集体和先进个人进行表彰。

经严格推荐和评审，现将表彰名单予以公布（见附件）

附件一：社科研究管理先进集体名单

附件二：社科研究管理先进个人名单

××科研所

2015年4月18日

8．正确说出报告的适用范围、种类；通报与报告的区别。

9．评析下列报告。

××县教育局关于乡镇中小学校舍普查情况的报告

×县教字[2015]第18号

县政府：

根据县政府2014年12月15日通知精神，我局会同各乡镇政府对全县××个乡镇所属中小学校舍情况进行了全面的调查。整个调查工作于2015年3月31日结束。现将有关情况报告如下：

一、全县乡镇现有中小学×××所，校舍总面积××万平方米。其中达标校舍面积为××万平方米，占总数的××%。

二、在未达标校舍中，属于严重危房已不能完全使用的占×%，经简单维修尚可在秋季开学继续正常使用的占××%。目前全县共有××所乡镇中小学校舍全部属于严重危房，需重新规划建设。

三、为解决危房校舍影响正常教学的问题，我局近两年来协调相关乡镇政府，尽可能就地就近临时安排，保证不中断教学。但由于校舍长期难以固定，导致相当部分学生流失，辍学现象一度达该类学校学生总数的××%。

四、为最大限度地缓解这一现象，在此次校舍情况普查前的一年中，我局已动用当年全县校舍维修经费的90%计××万元，尽可能保证一般可维修校舍的正常使用。故截至目前，此类校舍未致影响各相关学校的教学。

五、由于××所中小学校舍已不能继续使用，故普查过程中我局与相关乡镇政府共同考察，详细测算，拟定出重建校舍所需各项费用，列表如附件。为保证秋季新学年开学时新生能正常入学，并能进一步降低辍学率，请县政府考虑2013年5月底前一次性拨专款×××万元，由我局统一调配，各相关乡镇政府亦已做好准备，一俟经费到位，即可立即开工，力争2015年8月底前建好新校舍并交付使用。

以上报告，请予审阅。

附件：（略）

××县教育局

2015年4月10日

10．正确说出请示的适用范围，请示与报告的区别，请示写作注意事项。

11．修改下列公文

××职业技术学院拟派刘××等教师前往德国进修的请示报告

××省教育厅、××厅长：

我院是一所由中等职业技术学院发展成的一所新的高职院校，因新开了许多专业，教师数量和质量跟不上形势发展的需要。目前虽通过各种途径引进了部分教师，但仍不能满足教学要求。为此，我院决定通过各种途径培训教师。现德国××学院邀请我院青年教师刘××、李××于2015年9月前往该院进修（邀请书见附页）。我院决定派刘××、李××二人前往前去进修。刘、李两人已通过托福考试，具备出国条件，且专业对口。

另外，我院急需国际金融、证券期货等专业的教师，希望你厅能协助多分配几名研究生给我院，以充实师资力量。请尽早答复，勿误。

特此请示报告。

××职业技术学院

2015.6.10

12．正确说出函的适用范围，请批函与请示、答复函与批复、答复报告的区别。

13．正确列出信函式公文格式。

14．正确说出会议记录与纪要的区别。

15．评析下列纪要。

××大学2015年后勤办公会会议纪要

2015年1月13日，后勤管理处处长陈××主持召开了第1次后勤办公会议。

一、按照2015年后勤第二次党政联席会议确定的对2014年后勤财务公开的意见，计财处会计服务中心刘××副主任通报了《2014年后勤财务决算情况分析》，对后勤系统实行公开，接受监督。

二、副处长刘××、尹××，副书记李××、副主任王××分别就2015年寒假工作做了部署。会议要求后勤各单位一定要安排好假期工作，确保师生员工过一个安全、欢乐、祥和的新春佳节。

三、傅××书记传达了《关于做好全校处级领导干部届中考核及2014年度科以上管理干部岗位业绩考核工作的通知》精神和后勤党委关于对后勤处级领导班子和各单位负责人考核的实施意见，并做了要求。

四、会议听取了后勤党政领导班子成员届中考核述职，并进行了民主测评。

五、傅××书记就春节期间走访慰问离退休老同志和困难职工做了部署。

六、陈××处长传达了《××大学创收收入管理分配暂行办法》。要求后勤各单位要适应学校政策，加强成本核算，制定出符合单位实际的具体措施。并就近期工作做了部署：一是全力以赴开好保持共产党员先进性教育活动总结大会和后勤发展论坛会议；二是后勤职工要率先垂范，积极推进节约型校园建设；三是综合科要做好2014年后勤党政联席会和办公会会议纪要、2014年度机关正科、中心主任以上人员述职报告以及后勤发展论坛论文汇编工作。最后他对寒假安全工作做了进一步强调和部署，要求责任到人，措施到位，确保学校春节平安祥和。

参加：后勤党政领导、机关各科科长、中心主任、支部书记、挂靠单位负责人

列席：刘××　王××　孟××　刘××

报：张××副校长

送：党委、校长办公室、纪委、组织部、宣传部

发：后勤各科室、中心、幼儿园

二、应会目标鉴定

1．通过电脑制作公文规范格式模板。

2．根据材料写作规范的公文通知。

（1）根据下列材料写作规范的会议通知。

材料：××省人民政府于决定于2015年4月7日在杭州与中国科学院、中国工程院共同主办先进制造技术合作与交流大会。会议将举行“两院一省”先进制造技术合作项目签约仪式；进行百家院所、高校和我省百家企业、百个合作项目的“三百”对接合作活动。会议将邀请中国科学院、中国工程院部分院士以及下属院所（机构）负责人，各市分管工业的副市长，各市经贸委（经委）、发改委、科技局主任（局长），各县（市、区）长或分管工业的副县（市、区）长，各县（市、区）经贸局长，省级有关单位负责人，省先进制造业基地建设专家咨询组和企业家咨询组成员，在会上签订合作交流协议或合同的有关高校院所、企业负责人参加，同时邀请相关新闻单位派记者参加会议。由省经贸委负责邀请和通知省外代表，省内部分院所高校、企业代表以及部分专家学者参加会议。

（2）学校党委决定在全校范围内开展“提升高职生职业素质”专题活动，请以学校党委的名义发一份通知。

3．根据下列表扬信内容，以新辉中学的名义写作一份规范的通报。

表 扬 信

新辉中学领导：

3月5日中午，由于孩子在家玩火，造成一场大火灾，当时我们尚未下班。贵校学生周浩发现火情之后，不顾自己身体有病，奋不顾身冲进火海。由于火势很猛，屋里烟浓，周浩冲进屋后，房门马上被紧紧地吸住，外面的人进不去，大家都为周浩捏着一把汗。周浩在呼吸困难的情况下，临危不惧，急中生智，打破窗户玻璃，屋里压力减轻，门可以打开了。救火中，周浩发现立柜还有一盒五四式手枪子弹，在十分危险的情况下，毫不犹豫地捧起弹盒扔到窗外，避免了一场严重事故的发生。在周浩的带领下，大火终于扑灭，周浩同学却被烧焦了头发，烫伤了双手，该同学的英勇表现使所有在场的人赞不绝口。

贵校学生周浩不顾个人安危，临危不惧，挺身而出，抢救他人家庭财产。这一高尚行为为我们树立了良好的榜样。我们除向周浩同学学习外，特写信向贵校建议，请贵校领导把周浩的英雄事迹广为宣传，予以表彰。

此致

敬礼

刘 毅

2014年3月14日

4．根据下面新闻稿件，请以湖州市政府的名义起草一份报告。

浙江安吉发生矿山塌方事故 致使2名工人遇难

浙江在线5月3日讯（通讯员 夏秋艳 胡肖）5月2日下午2时许，湖州市安吉县天荒坪镇白水湾村石灰塘石矿发生大面积塌方，造成四人被埋。事故发生后，安吉县政府立即组织公安、安监、消防、国土、卫生等部门赶赴现场进行抢救，县领导陆为民、章新泉、凌建荣等先后赶到现场指挥救援工作。各部门在第一时间到场后立即展开营救工作，抢救被埋人员，同时维持好现场秩序，并安抚好伤者家属情绪。陆为民副县长当场批示：一定要不惜一切代价，最大限度抢救伤员。

经各部门紧急抢救，被埋四人全部被成功救出。

据事故现场了解，此次坍塌面积约300平方米，最大的石块重量达到一吨。当时四名工人正一字排开在山体上打洞，事故发生得很突然，当看到烟层时，石块已经大面积坍塌下来。

事故发生后2个小时，安吉县委县政府立即召开安全生产紧急会议。

湖州市委、市政府接报后高度重视，市委书记孙文友立即做出三点批示：一是要全力抢救伤员；二是要妥善处理好善后工作，确保稳定；三是各县区、各有关部门要举一反三，对矿山、旅游景点、食品安全、交通安全、企业生产及消防安全进行一次全面检查，进一步加强监管，确保生产安全。市委常委、常务副市长吴水霖，市委常委、秘书长吴国升等也就这一事故的处理工作提出了具体要求。

目前事故原因相关部门正在进一步调查之中，2名受伤人员已脱离生命危险，正在医院救治，其他2名矿工经医院抢救无效死亡。有关善后工作已经展开，整个事态基本稳定。

5．根据下列材料写一份请示。

杭州西溪大酒店为了适应旅游市场的需要，对酒店进行了一次较大规模的装修扩建，原有的管理人员和服务人员在数量和质量上无法满足客观需要，请以该店的名义给其所属上级杭州西溪实业总公司写一份公文，请求增加管理人员及服务人员。发文时间为2015年5月23日。

6．根据上题材料，代杭州西溪实业总公司写一份同意该请示的批复。

7．根据下列材料代学院起草一份规范的教学检查的实施性意见。

（1）检查主要内容：各专业计划的执行情况、教学进度、教学大纲的执行情况及效果，各专业理论教学、实践教学、教学管理存在的问题，教师教学态度、教学方法、教案、教学效果和批改作业等教学情况，实验、实训课程的组织管理措施及效果，学生出勤、课堂纪律等情况。

（2）检查时间第10周～11周，即4月17日～4月30日。

（3）检查方式：根据新修订的《教学工作质量检查暂行办法》（同时下发）实施检查，采用教师互评和学生评议相结合的方式。各教研室开展教师互相听课和评教活动，学院督导对各系进行抽查听课；各系召开教师和学生座谈会。

（4）其他要求：各系领导要高度重视，认真部署，要求实事求是完成此项工作；各系注意总结经验，对检查过程中发现的有关问题，上报教务处，并积极、及时地进行整改；各系在12周把教学检查工作的有关情况和《系（部）教师教学情况综合评定表》报教务处。

8．根据材料写作规范的函。

××县人民政府建设一高科技农业示范园，拟请××农业大学主持该园区的设计规划。请代拟一则函，并以收文单位的名义写一则复函。

9．根据下列会议记录写作会议纪要。

××市城南开发区管委会办公会议记录

时间：2015年4月8日上午

地点：管委会会议室

主持人：李××（管委会主任）

出席者：杨××（管委会副主任）、周××（管委会副主任管城建）、李××（市建委副主任）、肖××（市工商局副局长）、陈××（市建委城建科科长）及建委、工商局有关科室宣传人员，街道居委会负责人

列席者：管委会全体干部

记录：邹××（管委会办公室秘书）

讨论议题：

1．如何整顿城市市场秩序。

2．如何制止违章建筑、违章作业，维护市容市貌。

杨主任报告城市现状：我区过去在开发区党委领导下，各职能单位同心协力、齐抓共管，在创建文明卫生城市方面取得了一定成绩，相应的城市市场秩序有一定进步，市容街道也较可观。可近几个月来，市场秩序倒退了，街道上小商贩逐渐多起来，水果摊、菜担、小百货满街乱摆……一些建筑施工单位沿街违章搭棚。乱堆放材料，搬运泥土撒落大街、……这些情况严重地破坏了市容市貌，使大街变得又乱又脏，社会各界反应很强烈。因此今天请大家来研究：如何整顿市场秩序？如何治理违章建筑、违章作业、维护市容……

讨论发言（按发言顺序记录）：

肖××：个体商贩不按规定到指定市场经营，管理不得力、处理不坚决，我们有责任。这件事我们坚决抓落实；重新宣传市场有关规定，坐商归店、小贩归市、农民卖蔬菜副食到专门的农贸市场……工商局全面出动抓，也希望街道居委会配合，具体行动方案我们再考虑。

罗××（工商局市管科科长）：市场是到了非整不可的地步了。我们的方针、办法都有了，过去实行过，都是行之有效的，现在的问题是要有人抓，敢于抓落到实处。……只要大家齐心协力，问题是能够解决的。

秦××（居委会主任）：整顿市场纪律我们居委会也有责任。我们一定发动群众配合好，制止乱摆摊、乱叫卖的现象。

李××（建委副主任）：去年上半年创建文明卫生城市时，市府出了个 7 号文件，其中规定施工单位不能乱摆现场，工棚、工场不得临街设置，更不准侵占人行道；沿街面施工要有安全防护措施……今年有的施工单位不顾市府文件，在人行道上搭工棚、堆器材。这些违章作业严重地影响了街道整齐、美观，也影响了行人安全。基建取出的泥土，拖斗车装得过多，外运时沿街散落，到处有泥沙，破坏了街道整洁。希望管委会召集施工单位开一次会，重申市府 7 号文件，要求他们限期改正，否则按文件规定惩处，态度要明确、坚决。

陈××：对犯规者一是教育，二是要硬。“不教而杀谓之虐”，我们先宣传教育，如果施工单位仍我行我素不执行，那时按文件坚决处理，他们也就无话可说。

周××：城市管理我们都有文件、有办法，现在是贵在执行，职能部门是主力军，着重抓，其他部门配合抓。居委会把居民特别是“执勤老人”（退休职工）都发动起来，按 7 号文件办事，我们市区就会文明、清洁，面貌改观……

与会人员经过充分讨论、协商，一致决定：

1. 由工商局牵头，居委会和其他部门配合，第一周宣传、第二周行动，监督实施，做到坐商归店，摊贩归点，农贸归市，彻底改变紊乱状况。

2. 由管委会牵头，城建委等单位配合对全区建筑工地进行一次检查。然后召开一次施工单位会议，对违章建筑、建筑工场限期改正。一个月内改变面貌。过时不改者，坚决照章处理。

散会。

主持人（签名）
记录人（签名）
2015 年 4 月 8 日

参 考 文 献

[1] 朱利萍．秘书写作实务[M]．重庆：重庆大学出版社，2014.

[2] 杨润辉．财经写作[M]．北京：高等教育出版社，2006.

[3] 文全治．现代经济实用写作[M]．重庆：重庆大学出版社，2006.

[4] 程大荣，潘水根．商务文书写作理论与实务[M]．杭州：浙江大学出版社，2006.

[5] 俞纪东．经济写作[M]．上海：上海财经出版社，2009.

[6] 张健．应用写作[M]．北京：高等教育出版社，2005.

[7] 邱宣煌．财经应用文写作[M]．大连：东北财经大学出版社，2011.

[8] 白战锋．企业文书写作范本[M]．北京：经济管理出版社，2005.

[9] 张德实．应用写作[M]．北京：高等教育出版社，2008.

[10] 洪坚毅．经济文书写作[M]．北京：民族出版社，2005.

[11] 周立．应用写作与口头表达[M]．北京：北京工业大学出版社，2006.

[12] 胡占友．办公室文书写作与管理制度范本[M]．北京：中国纺织出版社，2008.

[13] 刘金同，范晓梅．应用文写作教程[M]．北京：清华大学出版社，2006.

[14] 杨文丰．现代应用文书写作[M]．北京：中国人民大学出版社，2011.

[15] 慕明春．现代商务写作[M]．西安：西安出版社，2009.